Heinz Grill

Initiatorische Schulung in Arco

Gemeinschaftsbildung und Kosmos

Die Individualität im Verhältnis zur Universalität

Karma und Reinkarnation

Heinz Grill

Initiatorische Schulung
in Arco

Gemeinschaftsbildung und Kosmos
Die Individualität im Verhältnis zur Universalität
Karma und Reinkarnation

Bibliografische Information der Deutschen Bibliothek
Die Deutsche Bibliothek verzeichnet diese Puplikation in der Deutschen Nationalbibliografie; detailierte bibliografische Daten sind im Internet über http://dnb.ddb.de abrufbar

Lammers-Koll Verlag e.K.
Leopoldstraße 1
D-75223 Niefern-Öschelbronn

ISBN 3-935925-61-1

Titelfoto: Bernd Lindner
Tierfotos: Martin Sinzinger, Georg Dieplinger, Amadeus Zenk
Asanafotos: Regina Junk

Gestaltung und Satz: Rosa Michlbauer, Albert Wimmer

Druck: Vochezer-Druck, D-83301 Traunreut

Inhalt

Gedicht 10

Verantwortung und Pflichten bei einer geistigen Schulung 11

Vortrag vom 19. Juli 2002

Das wichtigste Ideal der geistigen Schulung ist, dem Leben selbst eine Führung zu geben. Der Einzelne soll zu einer möglichst guten Gruppe von Menschen in Beziehung treten. Der Kampf zwischen dem asurischen Prinzip und dem *deva*-Prinzip. Verdrängungen. Die exoterische Umgangsart mit spirituellen Schriften. Das Gebot der Feindesliebe. Der Umgang mit den Kräften eines feindseligen Angriffes bei Śri Aurobindo, Dietrich Bonhoeffer, Viktor Frankl. Das Heiligenideal. Je mehr die Bewusstseinseele erwacht, desto mehr nimmt der Mensch die Tugend des Mitleidens und Mittragens auf. Die Verpflichtung, sich mit dem Leben auseinander zu setzen. Die Pflicht, das gemeinschaftliche Prinzip näher heranzubilden. Die Verpflichtung zu einer klaren Wahrheitsrede gegen Unrecht und falschen Autoritäten.

Die Verwandlung der Erwartungshaltung in aktive Sinnerfüllung 34

Vortrag vom 20. Juli 2002

Die Erwartungshaltung muss durch eine aktive, selbst erworbene Lebenssinngestaltung überwunden werden. Entwicklung eines weisen, überschauenden und führenden Bewusstseins. Übung zur Ausprägung einer Sinnesempfindung über den Lichtäther am Beispiel der Kartoffel, der Tomate, des Lorbeers und der Aprikose. Fehler, Verleumdungen und Missbrauch von Wissen auf dem geistigen Entwicklungsweg schwächen das Gemeinschaftsleben. Jeder Fortschritt wirkt sich erlösend auf das Totenreich aus.

Spirituell ausgerichtete Gemeinschaftsbildung in einer Bewusstseinsseelenentwicklung 46

Vortrag vom 20. Juli 2002

Gott soll sich im Menschen verwirklichen. Die geistige Inspirationsquelle ist nicht über dem Menschen, sondern im Menschen. Die Liebe möchte sich aus dem innersten Zentrum heraus entfalten. Der wesentlichste Gemeinschaftsaspekt ist die Beziehung zu einer geistigen Quelle. Die Gemeinschaft ist von innen durch ihren Geist und durch ihre realen Ziele getragen. Dasjenige, das wir aktiv ausgestalten durch eigenständige Entscheidung, führt zum geistigen Schatz. Die Gemeinschaft lebt durch den Einzelnen selbst. Disziplinierung des Bewusstseins. Stärkere und Schwächere. Ältere und jüngere Menschen. Mann und Frau. Eine Gemeinschaft darf nicht ausgenutzt werden. Der Opferweg des Bewusstseins.

Wie wirkt unsere Persönlichkeit auf andere? 67

Vortrag vom 21. Juli 2002

Das Wirken auf andere auf physischer Ebene, auf ätherischer Ebene, auf astralischer Ebene und auf der Ebene des transzendenten Existenzseins. Wie wirkt ein ästhetisches Lebensziel? Die Opferleistung. Wie wirkt das Ergründen geistiger Wahrheiten auf die Toten und auf den Aspiranten selbst? Kontrollmöglichkeiten und Störfaktoren beim Erringen eines geistigen Zusammenhangs. Das Aufnehmen eines neuen Astralleibes. Die Feuer-, Wasser- und Luftprobe.

Gedicht: Aspiration um Vollkommenheit 80

Seelsorge und Gemeinschaftsbildung 81

Vortrag vom 26. Juli 2002

Seelsorge und Gemeinschaftsbildung gehören zusammen. Das Gemeinschafts- und Harmoniebedürfnis zum Pflanzen- und Tierreich, zu anderen Menschen, zum Reich der Verstorbenen und zu Gott selbst und sein Zusammenhang zum Astralleib. Über den Einfluss der Toten auf das Harmoniebedürfnis. Die Bedeutung der Standpunktfindung und einer exoterischen Grundlage. Der Unterschied von irdischem Gesetz und geistigem Gesetz. Ausspruch von Paulus: »Ich tue nicht dasjenige, was ich von mir aus will, sondern ich tue immer dasjenige, was ich hasse ...«. Warum sich ungeklärte Konflikte nach dem Tod auf den Hinterbliebenen übertragen und bis zum Tod führen können. Edle Ideale verändern das Aussehen. Warum sind im Tierreich gerade die Raubtiere edle Geschöpfe? Schwärmerisches Leben führt im nächsten Leben zu dem Wunsch nach Erkenntnisbildung. Der geistig Schwache tötet den geistig Starken. Der Mensch kann die Voraussetzung schaffen, damit ein Tier nicht mehr das andere auffrisst.

Das kosmische Feld 104

Vortrag vom 27. Juli 2002

Beziehungsformen in der irdischen Welt unterscheiden sich von der seelischen Welt. Eine Seelsorgearbeit erfordert, Erkenntnisse aus der Seelenwelt jedes Mal neu herauszuarbeiten. Der geistigen Forschungsarbeit entgegen steht das Wesen der Angst. Individuelle und kollektive Angst. Über den *asura* und das fundamentalistische Prinzip. Das *deva*-Prinzip als Gegensatz. Beim Fundamentalismus ist das weibliche Prinzip ausgeschlossen. Gemeinschaftsbildung und Seelsorge gehören zusammen. Der Kampf von *deva* und *asura* am Beispiel von zwei Menschen die sich gegenseitig beeinflussen. Die Bedeutung der Entschlusskraft in einer geistigen Schulung. Das asurische Prinzip ist mit der Sexualität verwoben. Was geschieht bei einem sexuellen Missbrauch eines Kindes? Wie das Gemeinschaftsprinzip Traumen, die in der Kindheit entstanden sind, heilen kann. Der Kosmos als Ausdruck der Gemeinschaft. Die Verbindung der Planeten zu den Organen.

Das Werden einer neuen Kultur 125

aus einem Vortrag vom 28. Juli 2002

Wie Begegnungen von Menschen so stattfinden können, dass sie einander stärken. Die Bedeutung einer gegenseitigen Verantwortung und der Fähigkeit in Beziehung zu treten.

Die praktische Erstellung eines kosmischen Feldes 128

Der Kosmos als Vorbild für eine hierarchielose, pluralistische Gemeinschaft die unablässig nach Wahrheit strebt. Die sieben Stufen des Kosmischen Gebetes beinhalten verborgene Weisheiten die den Entwicklungsgang des Menschen beschreiben und es wäre ein großes Ziel wenn diese Stufen in das praktische Leben Einzug finden. Der *darśana* von Sathya Sai Baba als Beispiel eines kosmischen Feldes. Die Form der Pyramiden als Gleichnis wie ein kosmisches Feld sinnvoll aufgebaut wird. Seminare, Arbeitsinitiativen und Projekte sind zum Wohle der gesamten Menschheit, wenn sie im Sinne eines kosmischen Feldes aufgebaut sind.

Gedicht 140

Die Polarität von Mann und Frau 142

Vortrag vom 25. August 2002

Die nahe Verbindung der persönlichen Beziehungsverhältnisse mit dem universalen Beziehungsfeld. Durchdringung und Führung des Lebens vom Geist ausgehend. Voraussetzungen für größere Beziehungsfähigkeit. Der psychische Nachlass der Verstorbenen. Über *karma* und *saṃjyoti*. Weitung und Ordnung des Astralleibes als Forderung der geistigen Schulung. Das Beziehungsleben als Aufgabe für dieses Dasein anerkennen. Warum der Mann meist einen weiblichen Ätherleib und die Frau einen männlichen Ätherleib trägt und welche Entwicklungsmöglichkeiten damit verbunden sind.

Die Ätherstrahlungen und die *āsana* 159

Das Empfinden der verschiedenen Ätherstrahlungen am Beispiel der einbeinigen Kopf-Knie-Stellung.

Der Ätherleib in seinen Gliedern 163

Vortrag vom 27. August 2002

Im Ätherleib arbeitet das Gesetz des *karma*. Das bewusste Aufarbeiten der Vergangenheit. Die vier Glieder des Ätherleibes. Der Ätherleib ist der verbindende Leib. In Situationen der Angst beginnt der Ätherleib zu levitieren. Ausdauer stärkt den Ätherleib. Der Feueräther und die innere Wärme. Der Lichtäther und die Weite. Der chemische Äther und der Lebensäther. Die vier Äther und ihre Verbindung zu den Organen. Die Äther arbeiten im Widerstreit. Das sechseckige Kristall, ein Ausdruck für den Stein der Weisen.

Wie wirken spirituelle Übungen auf das Seelenreich der Verstorbenen? 186

Die Fähigkeit zur Beziehung. Das Ziel des Übens ist das Freiwerden von leidenschaftlichen Wünschen und Bindungen. Der Übende kann mit der Zeit ein Gefühl entwickeln, wie das jenseitige Reich auf seine in der Übung errungenen Gedanken reagiert. Jeder Mensch, der aus dem Irdischen abscheidet, hinterlässt bestimmte Wünsche für die Hinterbliebenen. Das selige Reich der Toten erwacht durch die Realitätserkenntnis der Menschen zu einem ersten, individuellen Fühlen. Das Üben, das in die lebendigen Tiefe eines Begriffes hineindringt, ist eine Seelsorge für die Toten. Das rechte Lesen. Die wahre Erkenntnis führt zur Erlösung der Toten.

Über Reinkarnation und *karma* 197

Erst der in ersten Zügen frei gewordene Mensch kann sich auf objektive Weise der *karma*-Lehre und dem wiederholten Erdenleben hinwenden. Die Auflösung des Egoismus geschieht durch das unendliche Bemühtsein um Vollkommenheit in einem Selbst. Der Hüter der Schwelle hält den Menschen vor der Sicht seiner früheren Erdenleben ab. Das frühere Dasein lebt im untergründigen Willen und Gefühlsleben weiter. Die zwei *bīja*-Kräfte.

Zwei ausgewählte Fallbeispiele zur Erforschung der früheren Inkarnation 204

Beschreibung von zwei Fällen mit der jeweiligen Frage nach dem karmischen Hintergund.

Einzel- und Gemeinschafts-*karma* 207

Vortrag vom 2. November 2002

Für die Erkenntnisforschung des *karma* muss Zeit, Disziplin und Wiederholung eingerechnet werden. Bei der Betrachtung können zwei Kräfte empfunden werden. *Karma* ist niemals Einzelarbeit, sondern Erlösungsarbeit für die Gemeinschaftlichkeit. Das Einzelschicksal hängt mit dem Kollektiven zusammen und umgekehrt.

Zwei Übungen zur Erkenntnisbildung des *karma* 212

Jede Tat besitzt einen Ursprung in der Vergangenheit und trägt für die Zukunft eine Folge mit sich. Eine Übung, die zur Erkenntnis des früheren Erdenlebens führt. Eine Übung zur rechten Einschätzung wie sich die Handlung in die Zukunft fortsetzt.

Karma und Reinkarnation
Die Weltenlogik im irdischen Leben 217

Vortrag vom 3. November 2002

Die zwei *bīja*-Kräfte. Der Zorn. Gegenteilige Partner und die Neuformung des Schicksals. Die Dreigliederung von Zielen und der Konflikt. Das Loslösen und das integrative Gestalten. Der Mut und das Feigsein. Das Verbundensein der Eltern mit den Kindern. Auf- und Abstieg durch das Opfer. Das Erleben des Begehrens und die Mächte des Ausgegrenztseins nach dem Tod. Ungesunde Beziehungsformen. Die schöpferische Wirklichkeit. Die Möglichkeit durch geistige Entwicklung eine Zielsetzung in ganz neuer Form aufzubauen. Geschwächte Organe, am Beispiel der Leber. Der Lohn, das Opfer und die Gabe.

Mensch und Tier, eine Gemeinschaft des sensiblen Gefühlserlebens 244

Vortrag vom 10. März 2002

Die Tierliebe als elementare Grundlage für die menschliche Nächstenliebe. Der Mensch stammt von einem Geistigen ab. Das Reich des Festen, die geistige Natur des Menschen, die botanische Welt und die Tierwelt. Die Hinwendung zu den Tieren ist eine Disziplin, die verarmten Empfindungen der Seele wieder zu entwickeln. Der Zusammenhang seelischer Eigenschaften des menschlichen Reiches mit dem Tierreich. Die Tiere bangen im Begehrenswispern nach der Verwirklichung des Menschen zu größeren Charaktereigenschaften. In der Seele bilden wir mit den Tieren eine Gefühls- und Existenzgemeinschaft – das Pferd. Tiere teilen astrale Stimmungen mit uns – die Vögel. Tiere haben eine sympathische und eine antipathische Wesensart – der Hund. Die Verbindung der Tieren zu den Planeten – die Katze, der Löwe und die Kuh. Das Wesen der Eidechse, der Schlange und der Spinne. Die Bedeutung des Tieropfers.

Die Gemeinschaft ist gleich

wie der werdende individuelle Mensch

ein Spiegel des Lichtesfunkeln Kosmos

im verbindenden Geistesselbst.

Verantwortung und Pflichten bei einer geistigen Schulung

Vortrag vom 19. Juli 2002

Liebe Studienteilnehmer,

wie angekündigt möchte ich einige wesentliche Gedanken zur Tugend der Verantwortung, die der einzelne Schüler innerhalb einer geistigen Schulung trägt, vortragen. Bei all diesen vorgetragenen Gedanken ist jedoch ein relativ großer Interpretationsraum gegeben, denn was für den Anfänger des Weges eine ausgesprochen wörtliche Gültigkeit besitzt, das ist für den advancierten Schüler mehr im übertragenen Sinne und in der gesamten Seelenhaltung gültig und kann entsprechende Variationen annehmen. Deshalb ist es relativ schwierig, mit fixen Regeln und Geboten eine Liste von verschiedenen Posten und verschiedenen, mehr oder weniger festen Inhalten zur Pflichterfüllung für alle gemeinsam zu geben. Es ist immer ein gewisses Wagnis, wenn über Pflichten gesprochen wird, dass die Schüler nicht sofort in das zwanghafte, das strenge oder auch das asketische Prinzip gelangen und somit ein ganz gehöriges Missverstehen bezüglich der eigentlichen, lebendigen und bewegten Inhalte der Geistschulung entsteht. Aus diesem Grunde bin ich auch bislang relativ variierend in der Formulierung gewesen und habe weniger auf ganz genaue Regeln und festgelegte Pflichten oder Gebote hingewiesen.

Je fortgeschrittener aber eine Schulung wird, desto mehr kommen die negativen Angriffe von außen an die Schüler heran und bemächtigen sich dem Gemüte des Einzelnen. Je fortgeschrittener der gesamte Ablauf der Erkenntnisbildung und der Bewusstseinsentwicklung wird, um so sorgfältiger muss auch der gesamte Lebensplan in individueller Weise wie auch im Kollektiven organisiert werden, und es müssen alle Stationen, die vorgenommen werden, unter einem wachen Bewusstsein, unter einer eigenen Entscheidung stehen. Die Verantwortung gegenüber der Menschheit, die Entscheidungskraft aus dem eigenen Beziehungsvermögen und die Bescheidenheit im Anspruch an das eigene Wissen bezeichnen ein reifes Ich-Erleben.

Das Besondere an dieser Schulung, es wäre normal selbstverständlich und dennoch muss man es in unserer Zeit als etwas Besonderes werten, ist die eigene Ich-Kraft, die klare, weise Entscheidungsfähigkeit, *vyavasāyātmika buddhir*, gefolgt von Beurteilungsfähigkeit und schließlich Handlungsfähigkeit aus dem Inneren. Die Schüler wollen nicht im Gehorsam äußeren Regeln und Geboten folgen, sondern sie wollen sich selbst von innen heraus mit Übersicht über das Leben eine Führung auferlegen, damit diese Führung, so individuell sie auch sein mag, immer mehr mit den universalen Gesetzen des Daseins zusammenschmilzt. Erst mit dieser Führung aus dem entwickelten Seelenvermögen kann eine Gemeinschaft von Freiheit sprechen. Würde ein äußeres Gebot, eine Regel, irgendeine Observanz oder eine Einrichtung die gesamte Führung geben, so könnten wir niemals von einer wirklichen Synthese des Yoga, von der Entwicklung einer vollständigen Freiheit auf den verschiedenen Ebenen und einer bewussten Aktivitätsleistung hinein in das Leben sprechen. So lange dem Menschen äußere Führungen auferlegt sind und er noch nicht in der Kraft seiner vollen Entscheidungsfreiheit steht, ist für ihn noch eine gewisse Ordnung verpflichtend, die ihm aber normalerweise nicht zu sehr zwanghaft auferlegt werden sollte. Die Schwierigkeiten, die mit dem Freiheitsgedanken, mit dem Gedanken der Führung und des In-Beziehung-Tretens entstehen und auch die Gedanken, die mit dem Opfer, das auf einem Schulungsweg erforderlich ist, weiterhin aufkommen, sind für uns relativ hohe, unbekannte Hindernisse. Diese letztendliche, wahre Freiheit im Menschen ist auch eine Freiheit von allen auferlegten Glaubensformeln. Es ist, wie Krishna zu Arjuna sagt: »Werfe alle *dharma*, alle Regeln von dir und nehme allein Zuflucht zu mir.« *(Bhagavad Gītā XVIII/66)* Dieser Vers ist sehr leicht missverständlich, denn wenn er in der Unreife des Geschehens eintreten würde, so könnte er Zügellosigkeit und einen Weg ins Verderben beschreiben.

Für diese Schulung ist es jedenfalls ein wichtiges Ideal, dem Leben selbst eine Führung zu geben. Gleichzeitig besteht die Notwendigkeit, innerhalb dieser Führung die zweite Regel zu befolgen, die besagt, dass der Einzelne immer zu einer möglichst guten Gruppe von Menschen in Beziehung treten sollte. Denn die Beziehung, die der Einzelne zu einer Gruppe von Menschen aufnimmt, zu einer guten Gruppe von Menschen, *satsaṅga* dürfen wir sie bezeichnen, gibt ihm Maß, Ordnung, Inspiration und eine gewisse natürliche Bescheidenheit. Wenn der Schüler dem Leben eine Führung gibt ohne die Beziehung zu einer Gruppe, ohne Blick auf die Zeitumstände und auf die

Gesellschaft und ohne zu einem *śāstra*, zu einer Schrift, in Beziehung zu treten, so läuft er Gefahr, immer einseitiger, abgespaltener und egoistischer zu werden. So müssen die Schüler eines Geistschulungsweges auf der einen Seite eine vernünftige, weisheitsvolle und wagemutige Führung in das Leben hineinlegen und auf der anderen Seite einen guten Sinn für die Gemeinschaft oder für wesentliche Personen, die in ihrem Umfeld sind, bewahren und beständig fördern. Diese beiden Entwicklungsrichtungen, die in der Seele eine Einheit bilden, müssen ganz deutlich benannt werden. Von diesen beiden Standpunkten oder von diesen beiden Blickrichtungen einerseits zu sich selbst in eigener Kritik und andererseits in guter, angemessener Beziehungsfähigkeit nach außen, leiten sich alle weiteren Perspektiven für eine gesunde Geisterkenntnis und Geisthingabe ab.

Es ist für diese Thematik jedoch noch eine wesentliche Betrachtung notwendig, die das gesamte Geschehen in einer geistigen Schulung weiterhin verkompliziert, denn wenn ein Aspirant in einer geistigen Schulung steht, dann ist nicht nur die Beziehungsfähigkeit in gesellschaftlicher Umgebung von Bedeutung und nicht nur die eigene, gewöhnliche Selbstkritik von Wichtigkeit, sondern es ist außerordentlich notwendig, sensible Fähigkeiten zur Unterscheidungsbildung und Fähigkeiten zu einer umfassenden, psychologisch tiefgründigen Beurteilung auszuprägen, zu einer Art ersten, metaphysischen Tiefensicht, die über die normale, vorgegebene Ordnung des allgemeinen, moralisierten Gemütsempfindens hinausgeht. Der Schüler muss beispielsweise unterscheiden können, welche Kräfte ihm selbst auferlegt werden und welche Kräfte durch ihn musterhaft angelegt sind durch die Erziehung, welche Kräfte der Volksgeist in ihn hineinspiegelt und welche Kräfte der Zeitgeist in ihn hineinspiegelt. Er muss also die Kräfte kennen lernen, die gar nicht von ihm selbst kommen, sondern die hineingespiegelt, hineingetragen, hineingeflüstert werden in ihn. Auf der anderen Seite muss der Schüler klar oder zumindest immer klarer eine Erkenntnis ausprägen, was seine Seele möchte, was das Geheimnis seiner Seele von ihm abverlangt. Diese so schwierige Unterscheidung zwischen innen und außen oder seelischen Perspektiven, seelischen Notwendigkeiten und eingeträufelten, eingeflüsterten Kräften ist sicherlich eine der großen Anforderungen, denen jeder Schüler auf dem geistigen Weg ausgeliefert ist. Gerade auf diesem Gebiet gibt es natürlich die großartigsten, tollkühnsten Verwechslungen und die meisten Unsicherheiten.

Nun ringen ferner die ernsthaften Schüler nicht nur allein mit ihren eigenen Konflikten, sondern als begabte, selbstbewusste Menschen, als gemeinschaftsfähige Menschen sind sie immer im Zentrum eines größeren Kampfes, eines Kampfes, der naturgegeben ist, eines Kampfes mit dem sogenannten Zeitgeist. Im Großen der Nation ist von Zeit zu Zeit immer wieder ein Kampf sichtbar, den man bezeichnen kann als einen Kampf zwischen dem asurischen und dem *deva*-Prinzip. Das asurische Prinzip, das nicht der Sonne entsprechende Prinzip, ist das machtvolle Potential eines unglaublich kompakten Triebes oder Willens, während das *deva*-Potential mehr den rein schöpferisch-geistigen Welten entspricht. Das *deva*-Prinzip ist zwar noch nicht das reine Gott-Prinzip, so wie wir den reinen Gottesbegriff in den Religionen prägen, als den *paramātman*, den höchsten, einzigartigen Geist, aber es ist das konträre Prinzip zu dem unbewussten asurischen. Es entspricht den hellen, lichten Kräften, die das befreiende Lichtkleid für den Menschen geben wollen. Die *deva* streiten mit den *asura*. Es streitet das Prinzip, das wir kennen als die Bewusstseinsseele und das von den sogenannten *deva*-Kräften mobilisiert wird, das sind Kräfte, die archaischen Ursprungs sind und zu den Engels-Prinzipien zu rechnen sind, mit den ganz unbewussten Neigungen, mit denjenigen Kräften, die zutiefst der Verdrängung unterliegen, triebhaft, gewalttätig oder roh sind. Das Unentwickelte, Undifferenzierte, Triebhafte streitet mit den bewusstseinslichten, freudigen, edlen Intelligenzen.

Einen wichtigen Einfluss, den wir hier in der Schulung benennen wollen und der einen lebendigen Ausdruck für diesen Kampf darstellt, ist die psychologische Natur der Verdrängung. Die Verdrängung kennzeichnet sich durch Traumen, die hinabgesunken sind und nicht mehr kenntlich sind als eigentliche psychische Verletzungen. Es ist tatsächlich von der Psychologie her eine recht wesentliche Tatsache, dass jeder Verdrängungsprozess oder alles das, was zutiefst hinuntersickert in die Organe, das sich unkenntlich macht für die Objektivierung, eine genauso wirksame Kraft auf die nächsten Generationen oder auf die Mitmenschen wieder ausschüttet. Wir können von einem Menschenbild sprechen, das darin gekennzeichnet ist: Wenn die Menschen etwas zutiefst verdrängen und hinabsinken lassen in ihr Inneres oder eine Entwicklung fortwährend versäumen und sich aus moralischen Gründen zu unbewusst den kollektiven Vereinnahmungen der Gesellschaft beugen, dann wird ihre Seele verschüttet, und dennoch werden die übernommenen, abgespaltenen, verdrängten Gefühle wieder um so weiter nach außen auf andere hinüberprojiziert. Erst wenn der Objektivierungsprozess über das Bewusstsein eingeleitet wird, kann eine Auflösung der Traumen stattfinden. Die Verdrängung aber oder das fortgesetzte Verharren in dem Trieb macht momentan für den einzelnen Menschen das Leben wieder erträglicher und sicherer. Die Verdrängung kann zwar das Gefühl der Tragfähigkeit, der Ertragbarkeit herstellen, sie ist aber nur ein kompensatorischer Zustand, der unweigerlich dann in den Nächten und in den stillen Stunden erneut hinausradiiert und dies sogar auf ein größeres Umfeld. Je tiefer deshalb die Verdrängungen im Leben sind, oder allgemein von der Psychologie her betrachtet, je tiefer Verdrängungsmechanismen angewandt werden für Gewalttaten oder für Angelegenheiten, die wir nicht verarbeiten können, je tiefer wir sie hinabbringen in die Organe und dort unkenntlich machen, so dass sie dem Bewusstsein, dem Gedächtnis nicht mehr zugänglich sind, um so mehr werden diese Verdrängungen aber in den stillen Stunden und in den Nächten mit unangenehmen, krankheitsfördernden Energien wieder hinausstrahlen auf die Mitmenschen. Dadurch ist die Verdrängung geradewegs derjenige Lösungsfaktor, der einerseits in dem Individuum Möglichkeiten des Überlebens freisetzt, aber auf der anderen Seite im gesamten gesellschaftlichen Prozess immer noch größere Probleme verursacht. Die Verdrängung ist deshalb ein Faktum, das wir hier in der geistigen Schulung nicht zu weit tolerieren können, ja, ich möchte sagen, es ist ein Faktum, das wir gar nicht gebrauchen können, denn es bringt uns immer wieder in die Bindung mit den dunkleren Prinzipien. Es streitet aber das asurische Prinzip mit dem *deva*-Prinzip und so streitet das zutiefst Unbewusste mit dem Bewussten.

Wenn nun diese beiden Welten in einer vorgegebenen Zeit streiten, dann sollte aus diesem Streit heraus, wie es charakteristisch in der *Bhagavad Gītā* ist, ein neuer Kulturimpuls entflammen. Das ist das Bedeutungsvolle an dem großen Streit von zwei Kräften, die sehr schwer einzuschätzen sind. Aus dem Zusammenprall von *deva* und *asura* soll das entflammende Prinzip des neuen Menschen erwachen. Es soll tatsächlich ein ganz anderes Bewusstsein zum Erkraften kommen, es soll zumindest der Keim entstehen zu diesem neuen Bewusstsein.

Tatsächlich sind wir, um wieder zu den Pflichten überzuleiten, gerade angekommen an dieser schwierigen Entwicklungsstufe, an der wir uns fragen müssen nach dem, was die Pflichten sind in der geistigen Schulung und nach dem, was wir auch in der Zukunft entwickeln wollen. Wir fragen uns in aller Ernsthaftigkeit nach dem, was wir selbst tun können und sind wohl auch in ziemlich guter Ausrichtung bereit, eine gewisse Verantwortung und gewisse Pflichten entgegenzunehmen. Es ist für den Entwicklungsweg beispielsweise notwendig, um das asurische Prinzip zu bewältigen und nicht gefangen zu werden von diesen unbewussten Kräften, von diesen dunklen, bis in das unkenntlich Mystische hinabgezogenen Kräften, eine klare Bewusstseinsorientierung aus der Bewusstseinsseele oder aus dem sechsten Zentrum aufzubauen. Denn das sechste Zentrum führt in die Region der Auflösung hinein und seine positive Ausgestaltung gibt eine realistische Möglichkeit für die Bewältigung von vergangenen Lasten, von Traumen und Einschnitten, die uns im tiefsten Innersten zur Spaltung gebracht haben. Wenn das sechste Zentrum von der Menschheit einmal entwickelt wird, so wird aber das Gemüt, und das ist nennenswert, immer empfindsamer für die Wesenskräfte und es wird auch immer empfänglicher für dasjenige, was den anderen betrifft. Hierin, in dieser Gemeinschaftsanteilnahme des Bewusstseins, im Erkennen und Wahrnehmen selbst, liegt die Gemeinschaft der Zukunft. Vorerst werden nur wenige dieser Gemeinschaftsteilhabe gerecht.

Diese Ausrichtung aus der Bewusstheit des Gedankens ist ganz besonders wichtig, damit wir auch frei werden von Glaubensformeln. Die Teilnehmer einer geistigen Schulung sind nicht wirklich frei von Glaubensformeln, wenn sie die Schriften unter moralischen Zwängen übernehmen. Dies zeigt sich beispielsweise auch in folgender Ausrichtung, die ganz besonders in dieser Schulung immer wieder Anlass zu erheblichen Konflikten, Diskussionen und auch Anschuldigungen gibt. Ich habe schon relativ oft ausgesprochen, dass sich Schüler unbedacht und naiv zu weit über einen Lehrer erheben oder sich sogar eine ganze Gruppe allzu leicht über die Quellen des Geistes erhebt, dass es oft Ungleichgewichte gibt, ein gewisser Stolz oder eine unübersehbare Macht in der Beurteilung auftritt und dabei die Dimension, wie sie in einer Schrift mit ihrem verschlüsselten Charakter zum Ausdruck kommt, gar nicht gewahrt wird. Aber wenn die Aspiranten den spirituell-mentalen Pfad richtig befolgen und die Gemeinschaftsbildung betrachten, dann sehen sie, dass sie anders hinüberkommen zu ihren Mitmenschen, als wenn sie sich nur mystisch orientieren, wenn sie sich festhalten an inneren Formeln oder wenn sie subjektive Wahrnehmungen zu ihrem Eigentum machen, die nicht wirklich erlernt und erfahren sind, sondern nur aus dem alten Schatz ihrer Erziehung übernommen sind. Das Überheben über den anderen geschieht schneller als der Einzelne denkt. Ein Weg in der richtigen gedanklichen und empfindsamen Ausrichtung führt zu Bescheidenheit im Wissen und führt näher zur Materie, zur Erde und zum konkreten Leben.

Für die Gemeinschaftsbildung ist auch das Umgehen mit den Glaubensformeln, mit den Schriften, mit den Texten und Geboten, mit den Übungen und Anweisungen in ein rationales, bewusstes, exoterisches, anspruchsloses Beziehungsfeld zu setzen. Das Bewusstsein benötigt eine konkrete, nicht mystische und nicht esoterische Beziehungsaufnahme zu den religiösen oder spirituellen Texten. Die exoterische Umgangsart, die nicht ohne Bescheidenheit und Wissen gegeben ist, schenkt eine Stimmung von Autoritätsfreiheit und ermöglicht ein weites Beziehungsfeld, das für die Gemeinschaftsbildung von Vorteil ist. Es dürfen in den Schriften keine autoritären und bestimmenden Gedanken abgeleitet werden. Die Schriften dienen zur Entwicklung von Meditation und zur methodischen Einstimmung eines weisheitsvollen Bewusstseins. Die exoterische Umgangsart, die frei und ohne Anspruch gewählt ist, erlaubt eine autoritätsfreie Beziehungsaufnahme zu den religiösen Texten.

Nehmen wir ein Beispiel, auf welche Weise die Schüler mit den Schriften umgehen können: Es ist das Gebot der Feindesliebe im Evangelium nahezu wie eine große Adoration, wie eine Art Verehrung ausgedrückt. Gerade die christliche Botschaft des Neuen Testamentes spricht von einer Feindesliebe, die auf Vergebung, Verzeihung, auf Hinwendung in brüderlicher Nächstenliebe aufbaut und diese sogar zu einer Grundbedingung des geistlichen Lebens erklärt. Es heißt in den Texten der Bergpredigt noch abgeleitet aus dem Alten Testament: »Es wurde (zu den Alten) gesagt: Auge um Auge, Zahn um Zahn« (Mt 5,38-41). Aber dann spricht das Evangelium nicht die ältere Form des Gesetzes an, sondern interpretiert auf inhaltsvolle und neue Weise die Botschaften des Alten Testaments: »Ich aber sage euch: Wenn euch jemand auf die Wange schlägt, so halte ihm auch die andere Seite hin.«, oder, »Wenn euch jemand beraubt, den Leibrock nimmt, so gebe ihm auch noch den Mantel hinzu.«, oder »Wenn jemand mit dir eine Meile laufen möchte, so laufe mit ihm zwei.« Es ist eine Form der Hinwendung genannt, die nicht mit dem Bösen kämpft, sondern die auf einer unglaublich mutigen Hingabefähigkeit beruht. Nun müsste man fragen, wie die Schüler das Gebot der Bergpredigt, wie sie die Feindesliebe praktisch in das Leben hineinbringen. Oft habe ich davor gewarnt, die Gebote der Bergpredigt unmittelbar vom äußeren Wort her in das Leben hinüberzuführen, denn wenn sie die Schüler wörtlich in das Leben hinüberführen, dann werden sie mit diesen Gesetzen, die sie zur Verbindlichkeit erheben, eine sehr schwierige, devotionale, weltenferne Stellung gewinnen, denn die Bergpredigt spricht nicht wirklich von fixen, äußeren Geboten, sondern sie spricht viel mehr von esoterisch intensiven inneren Unterweisungen. Die Bergpredigt spricht auf schöpferische Weise, wie sich das Ich ausdrücken soll innerhalb der verschiedenen Ebenen des Daseins. Sie spricht Lernschritte des Ich an. Es heißt dann beispielsweise im gleichen Gebot der Feindesliebe: »Werdet so vollkommen wie euer Vater im Himmel vollkommen ist.« (Mt 5,48) Diesen Satz könnten die Schüler ad libitum nach ihren persönlichen Vorstellungen interpretieren. Aber er sagt sehr viel aus, wenn ihn die Schüler einmal als tiefsten Meditationssatz vor die Seele rücken. Und es heißt weiterhin: »Ihr sollt Kinder des Höchsten werden, ihr sollt so werden, wie es euer Vater erwünscht, denn er lässt die Sonne scheinen über Gute und Böse und er lässt es über Gerechte und Ungerechte regnen.« (Mt 5,45) Was bedeuten diese Worte? Welche Dimension ist mit Vollkommenheit angesprochen? Diese Vollkommenheit heißt, wenn wir sie in die Terminologie des Yoga übersetzen, in eine mehr indische Terminologie: »Ihr sollt werden von *ātman* zu *brahman*, ihr sollt der schöpferische Geist selbst werden. So vollkommen wie dieser schöpferische Geist ist, der mit dem Vater-Prinzip genannt ist, so vollkommen sollt ihr in der Handlung werden.« Das schöpferische Ich ist an dieser Stelle mit dem Gebot der Feindesliebe ausgedrückt.

Bei diesen Interpretationen, die zur Klärung der schwierigen Frage der Feindesliebe führen, wird die physische Ebene, das ist jene Ebene der menschlichen Begegnung von Person zu Person, von Mensch zu Mensch, von Körper zu Körper, einmal außer Acht gelassen. Es heißt aber wohlgemerkt nicht, ganz trivial gesprochen, dass sich der Einzelne nicht dagegen wehren dürfte, wenn ihm unglücklicherweise eine ungehobelte, feindselige Person Gewalt zufügt. Es wäre beispielsweise besonders schwierig, wenn sich Frauen gegen aufdringliche Männer nicht wehren dürften und sich ihnen hinwenden müssten. Wer zurückschlägt, sich in natürlicher Verteidigung gegen einen Angriff wehrt, wer sogar eine gewisse Emotionalität und Selbstbetroffenheit auf Ungerechtigkeiten oder Angriffe äußert, steht natürlich im Leben und wird deshalb in keinster Weise antichristlich werden. Würde der Betroffene nicht eine Verteidigung oder sogar einmal einen Gegenschlag gebrauchen, würde er sich zu passiv dem Leben hingeben, dann bestünde die Gefahr, das Gebot auf die rein physische Stufe herunterzutransferieren. Das Gebot ist so überdeutlich ausgedrückt. Wenn der geistig Strebende es nur zu lesen vermag, dann erkennt er, dass es sich um eine viel geistigere, tiefgründigere Unterweisung von Christus Jesus an die Jünger handelt. Für das Verständnis der Unterweisungen müssen die Schüler die Wirkungen eines sogenannten Elementales eingehendst kennen. Das Gesetz besagt etwa in der Summe der Aussage: »Wenn dir jemand etwas nimmt, so gebe ihm auch das andere hin.«

Die Wirkungen eines Elementals, einer Kraft, die im Ätherleib liegt und die bei den menschlichen Begegnungen eine große Rolle spielt, führen zu einer Art inneren Verletztheit. Wenn jemand dem Menschen etwas wegnimmt oder jemand ihn schlägt, fühlt er sich naturgemäß verletzt und verliert in der Regel die gesunde Übersicht und büßt das natürliche Selbstvertrauen ein. Die Wirkungen, die durch Elementale entstehen, pochen förmlich an die Lebensleiber der Menschen und wühlen die Gefühle des Verletztseins, des Deprimiertseins, der Minderung und der Folgereaktionen von unangebrachten Emotionen oder Depressionen auf. Mit diesen Gefühlen und mit diesen einseitigen Kräften sollten wir niemals in den Kampf treten. In unserer Sprache dürfen wir, dem esoterischen Inhalt getreu, die Stelle so übersetzen und sagen: »Kämpfe nicht mit dem Elemental, denn du wirst verlieren. Mit dem Elemental wirst du niemals kämpfen können, denn das, was das Elemental an Verletzung in dir verursacht, führst du nur als unnötigen Kampf mit dir selbst. Du wirst durch diese Verwicklung den rechten Wahrheitsbezug eines konkreten Sehens und Erkennens verlieren. Kümmere dich um die Vollkommenheit deines Wesens und aller Wesen, um die Gerechtigkeit deiner selbst und aller Handlungen. Werde vollkommen wie das schöpferische Sein vollkommen ist. Lerne zu erkennen, wie diese Vollkommenheit durch die Ereignisse des ganzen Daseins von dir gefordert werden. Erhebe den Blick aus den engen, verletzlichen Prinzipien deiner selbst und des menschlichen, niederen Umgangstones und handle so, wie es einem zunehmend gottgerechten Handeln, einem vollkommenen Handeln, einem freien, weisen Handeln entspricht«.

Mit diesen Aufforderungen, die an den inneren Menschen, an den denkenden, wahrnehmenden und ehrfühlenden Menschen gerichtet sind, wird es recht deutlich, dass das äußere Leben in seinem konkreten Vollzug von Person zu Person gar nicht angetastet wird. Einem fairen Kampf im Irdischen, einem fairen Gegenübertreten von Angesicht zu Angesicht, einer heftigen Gegenrede oder sogar einem Gegenschlag müssen und dürfen wir im irdischen Dasein gar nicht ausweichen, denn wenn wir diesen klaren Formen des konfrontativen irdischen Lebens ausweichen, vermindern wir unsere gesunde Sicht gegenüber der Welt und können nicht mehr so leicht zu einem integralen Selbstbewusstsein gegenüber den anderen Welten kommen.

Manche Vertreter des Evangeliums, das sind meist jene, die mit dem irdischen Leben sehr schwer zurechtkommen, erstellen Heiligenvorstellungen und Heiligenbilder, die die Feindesliebe wie ein äußeres Gebot für das äußere Leben wirksam erklären wollen. Sie leiten ein Idealbild von einer passiven Hingabe ab, die von allen Menschen eine Art Unterwerfung und Duldung von ungerechten Strukturen fordern würde. Die passive Hingabe führt aber unweigerlich zu einer Selbstüberschätzung und zu einer sehr ungesunden Anbindung an die Schriften selbst. Die Gemeinschaftsbildung leidet unter diesen falschen Bezugsrichtungen, die heute viele Personen infolge ihrer eigenen ungelösten psychischen Problematik zum Evangelium oder zu religiösen Schriften leben. Die passive Hingabe steht einerseits nicht im Evangelium, wir können sie auch im besten Sinne nicht hineininterpretieren, und andererseits ist diese Form der Hingabe nicht Hingabe, sondern Bindung, die zur Aufgabe des gesunden Selbststandpunktes führt. Wir müssen uns zu einer gehobeneren Erkenntnis des Evangeliums emporringen. Übersetzt bedeutet die Evangelienstelle: »Kämpfe nicht mit dem Elemental, verwickle Dich nicht in Deine Verletztheiten, denn wenn Du mit den absurden Kräften kämpfst, zum Beispiel mit der Stimme, die Dich im Selbstbewusstsein verletzt, so wirst Du in unendlichen Introjektionen von weiteren schmerzlichen Verletztheiten bleiben und niemals zu Deiner klaren Handlungsfreiheit und zur Entwicklung von Vollkommenheit gelangen. Du wirst Dich nur verausgaben und den konkreten Standpunkt im Leben verlieren. Halte die andere Wange hin und übe Dich in *kṣamā*, im Ertragenkönnen der Verletzlichkeiten, und ringe Dich hindurch zu einer konkreten Reaktionsweise, zu einer mutigen, ehrlichen und einer nach der Vollkommenheit der Weltenschöpfung edlen Antwort auf die Attacken des feindseligen Prinzips.

Diese Evangelienstelle fordert zu einer konkreteren Konfrontation, zu einer Auseinandersetzung mit dem Inneren und auch zu einer Auseinandersetzung mit den äußeren Umständen auf. Die Stelle bedeutet aber nicht, dass man mit seinem Feind niemals zu einem ordentlichen Duell antreten darf, denn wenn heute ein missverständliches Ideal, ein vorgedachtes, nach äußeren Worten abgeleitetes Heiligenideal oder ein besonderes, sogenanntes »überselbstloses« Ideal vor der Menschheit steht, ein Ideal der Devotion, der passiven, blinden Hingabe, des Hingegebenseins an Ungerechtigkeiten, so gibt damit der Mensch gewissermaßen sein eigenes Inneres auf und kann nicht wirklich zu einer Synthese des Gesamten kommen.

Es ist, je nach persönlicher Anlage, sehr unterschiedlich, wie man mit den Kräften eines feindseligen Angriffes umgeht. Ist Śri Aurobindo beispielsweise fehlgegangen, weil er einen jahrelangen Kampf mit Adolf Hitler geführt hat? Er hatte einen Kampf mit Adolf Hitler geführt, der tagelang seine ganzen Sinne entflammte und der geradezu wie eine Parole in dem ganzen Ashram lebte, weil er alles nur Erdenkliche daran setzte, um diese Macht zu besiegen, um diese irrationale Gewalt von der Weltherrschaft wieder zu entrücken. Würde jemand sagen können, er ist deshalb kein Eingeweihter, weil er sich nicht im Gebet gnadenlos hingegeben hat? Oder würde jemand beispielsweise Dietrich Bonhoeffer verurteilen, weil er einen Mordanschlag auf Hitler geplant hatte? Es würde doch keiner auf die Idee kommen und sagen, Bonhoeffer ist deshalb kein großer Theologe gewesen, weil er sich nicht devotional in die Hände des Tieres gegeben hat. Wenn wir die Seele eines Bonhoeffers suchen, dann ist diese Bonhoeffer-Seele durch die revolutionäre Tat, durch den Widerstand gegen Hitler am meisten gewachsen. Dietrich Bonhoeffer war ein Theologe, der auf allen Gebieten revolutionär tätig war. Er war ein ausgesprochener Kritiker, auch auf dem ihm sehr bekannten Gebiet der Kirchenpolitik, denn er ließ dasjenige Glaubensprinzip nicht gelten, das er als scheinheilig identifizierte, als die sogenannte Volksscheinheiligkeit, und er kämpfte gegen falsche kollektive Glaubensformen.

Das Ideal einer geistigen Disziplin sucht nicht nur die Werte, die dem äußeren Grad eines Verdienstes in der Welt gerecht wird, es sucht viel intensiver den gesamten Wert der Seele und die Gabe einer Seele, die sie an die Welt richtet. Die Wertkriterien übersteigen die übliche moralisierende, vom Gesellschaftssystem festgelegte Meinung. Das Ziel ist es, im Erkennen zu den wahren Werten, die allen Ebenen des Daseins entsprechen, vorzudringen. Die Seele von Dietrich Bonhoeffer ist als ein tiefer Christ in die geistige Welt eingegangen. Bonhoeffer ist in die geistige Welt gegangen und gibt heute noch eine Substanz aus den schöpferischen Ebenen frei, mit der sich der Mensch auf stärkende Weise verbinden kann. Es ist jene schöpferische

Gabe, die ihn, wenn sie der Einzelne aufnehmen kann, gegen Ungerechtigkeiten aufstehen lässt, mit der er die Stärke bei sich findet, sich aus seiner eigenen individuellen Mitte heraus gegen Ungerechtigkeiten zu erheben. Diese hervorragende geistige Gabe schenkt heute die Seele von Dietrich Bonhoeffer. Gleichzeitig appelliert die Seele dieses hervorragenden Kämpfers und Revolutionärs an das innerste Gewissen und lässt nicht nur eine Kritik gegenüber der Welt entflammen, sondern auch gegenüber dem eigenen Inneren. Dietrich Bonhoeffer war zu seinen Lebzeiten kein äußerer Weltverbesserer, er war viel mehr ein Gewissenskämpfer, der die Wahrheiten bei sich selbst und in der Gesamtheit suchte. Er trat mehr im jugendlichen Kampf an, denn er fand noch nicht vollkommen zur Reife seines gesamten Wesens, er fand nicht in die ganze Reife seiner gesamten weisen Schöpferkraft hinein. Aber diese Jugendkraft war zielgerichtet, war gegen das sogenannte Böse, gegen das Ungerechte, gegen das wirklich erkennbar Ungerechte gerichtet. Und dort investierte er, dort brachte er sein Opfer, und so ist die Seele heute eine relativ große Inspirationskraft, um jungen und auch älteren Menschen jene Kraft einzuflößen, sich aus ihrer eigenen Mitte und aus ihrem eigenen Gewissen gegen Ungerechtigkeiten zu erheben. Die Person von Dietrich Bonhoeffer war hochgebildet, intelligent und dennoch blieb sie durch diesen Kampf, den sie führte, in einer Art jugendlichen Reaktionskraft. Sie umfasste die Flammen des jugendlichen, gerechten Fühlens.

Eine andere Seele beispielsweise, die ganz anders umgegangen ist mit dem dramatischen Geschehen im Zweiten Weltkrieg war jene Seele, die ich letztes Mal im Kurse schon erwähnt habe, die Seele von Viktor Frankl. Viktor Frankl ging freiwillig in die Opferrolle, er wehrte sich nicht unmittelbar, sondern löste das Problem dahingehend, dass er immer wieder den Blick in die Zukunft richtete und die Hoffnung nicht aufgab, aus diesem Elendszustand des Gefangenseins im Konzentrationslager herauszukommen und schließlich einmal der Menschheit wieder mehr geben zu können. Diese Seele von Viktor Frankl aber suchte die seelische Verbindung auf weiten Ebenen auf, schon aus karmischer Notwendigkeit suchte sie sie auf, so dass sie sich mit ganz vielen anderen verband und schon zu Lebzeiten verbinden wollte. Dadurch war Viktor Frankl nicht der Revolutionär, der aus den gesamten Bedingungen der Willenssituation heraus Widerstand leistete, sondern der dieses Problem durch eine überantwortende Aufopferung löste, durch ein Annehmen der Situation, durch eine Zukunftshoffnung, und der den Glauben daran bewahrte, dass aus den Erfahrungen neue Möglichkeiten entstehen.

So wie Dietrich Bonhoeffer nicht zur ganzen Reife seines Wesens hindurchfand, aber dennoch einen tiefen christlichen Lebensauftrag erfüllte, so kam Viktor Frankl zwar ganz zur Reife seiner Persönlichkeit, konnte aber infolge eines noch nicht gelebten revolutionären Elementes wieder die andere Seite, und das ist die metaphysische Erkenntnis, nicht vollständig finden. Die Erkenntnisse von Viktor Frankl grenzen sehr nahe an die metaphysische Welt und sind durch Erfahrungen auf verschiedenen Ebenen geprägt. Sie bereichern die Seelenwelt und geben der Psychologie eine Erweiterung. Um die metaphysische Erkenntnisdimension zu erringen, müssen jedoch jene Proben wie die sogenannte »Feuerprobe« absolviert werden, und hierzu wäre es notwendig, auch ein gewisses Konfrontieren mit der Gesellschaft oder mit ungerechten Formen auf aktive Weise einzugehen. Viktor Frankl hatte Ungerechtigkeiten ertragen, und sein Lohn war eine größere seelische Verbindung, die er nun in der Folgezeit seines Lebens positiv erleben konnte. Zu der Formung des gesamten Geistleibes sind jedoch verschiedene Entwicklungsschritte notwendig, die meist aus einem einzigen Leben allein noch nicht entstehen können. Beide, Viktor Frankl und Dietrich Bonhoeffer, entwickelten recht hohe Dimensionen der Erfahrung, die für die nachtodliche Welt von wertvoller Bedeutung sind. Viktor Frankl spendet Weisheit aus dem nachtodlichen Leben.

Diese Lösungsformen gegen das Böse sind freilich mehr von großen Menschen gegeben, von Menschen, die durch Schicksalsneigungen hindurchgehen. Aber beide Lösungsformen sind in der Welt gegeben und können in der Welt ihren rechten Platz haben. Beide Seelen sind in die schöpferischen Welten mit einem großen, hervorragenden Beitrag hineingegangen.

So können die Anhänger einer Lehre oder christliche Vertreter ein Gebot der Bergpredigt oder auch allgemein die Regeln von Religionen nicht einfach in reiner dialektischer Form anwenden und somit ihr Leben in die fixierte Linie von vorgegebenen Verhaltensweisen zwingen. Es gibt Regeln, die den äußeren Plan des Daseins sicherstellen und ein friedvolles Zusammensein ermöglichen. Auf den äußeren Wegen des Lebens existieren sittliche Gebote, Formen des Benehmens und Gesetze, und es gibt Behörden, die diese regeln. Auf dem Gebiet der Seele aber müssen die Schüler die Dialektik verändern und sich den inneren, wahren Umständen erst annähern. Es ist einer der großen Missstände, dass Schüler die Ebenen der Seele und des physischen Daseins nicht richtig unterscheiden und aus dieser fehlenden Unterscheidung heraus Beurteilungsmaßstäbe in eigener Autorität entwickeln, wie beispielsweise der Eingeweihte, der Heilige oder der Lehrer aussehen muss, wie er sich benehmen muss, welche Tugenden er haben muss, wie er ausgerichtet sein soll. Es ist eine sehr einseitige, idealisierte Vorstellung, wenn jemand heute sagt, der Lehrer oder der Eingeweihte muss durch Feuer gehen können, er muss übermenschliche Fähigkeiten beweisen können, er muss ertragen können, muss sich den Ungerechtigkeiten beugen können. Der eine Lehrer wird sich gegen Ungerechtigkeit auflehnen auf seine Art, der andere wird den Weg des Ertragenkönnens oder Ertragenwollens wählen. Die Formen sind nicht vorgegeben, sie sind je nach Temperament, je nach Neigung, je nach Ausrichtung, je nach Zielsetzung verschieden. Die Schüler können auch nicht sagen, der Eingeweihte oder der Lehrer muss so und so viele Stunden immer genau in einer bestimmten Position sitzen können und diese bestimmte Pose demonstrieren. Diese Vorstellungen sind zu naiv gewählt, sie entsprechen den kindlich-unreflektierten Vorstellungen über Yoga. Die wahren Qualitäten sind für den ungeschulten Schüler auf dem Geistweg noch gar nicht sichtbar. Dasjenige, was der Mensch heute ist und was er wird, hat ein ganz besonderes Bild und dazu muss man sich in seinem heiligen Ideal, das man wählt, nötigenfalls ganz gehörig korrigieren.

Die Heiligenvorstellungen des Volkes und von verschiedenen Gruppen sind sehr oft idealisiert oder an bekannte Bilder der Vergangenheit angelehnt. Grotesk wäre es, wenn jemand beispielsweise sagen würde, dass Christus von Schwäche überkommen worden und unter der Last des Kreuzes zusammengebrochen sei. Er sei selbst schwach gewesen und kann deshalb kein Heiliger gewesen sein, er kann keine große Seele gewesen sein, denn er sei ja unter dem Kreuz zusammengebrochen und Gott habe ihn am Kreuz verlassen. Der ernsthafte Schüler wird nicht in die Versuchung solch grotesker Behauptungen kommen, weil er den Christus nicht in Frage stellt. Aber würde heute ein Mensch, der unter der Last eines Opfers zusammenbricht, wie es bei vielen großen opferbereiten Menschen der Fall ist, nach diesen Kriterien begutachtet werden, die gerne als Unsterblichkeitskriterien und als idealisierte Heiligenbilder aufgebaut werden, so würde man allzu leicht auch bei Christus viele Fragen anbringen können. Es würde sich dann auch die Frage stellen: Christus ist in das Leben hineingeschritten und was hat er gebracht? Er hat innerhalb des jüdischen Gesetzes eine unglaubliche Revolution erzeugt, eine Revolution, die auf eine Weise wie Öl auf das Feuer wirken musste. Beispiele dafür gab es viele. Bekannt ist die Geschichte, wie Maria Magdalena in das Haus der Pharisäer hineingegangen ist und Christus zu ihr vor allen gesetzestreuen Pharisäern sagte: »Deine Sünden sind dir vergeben.« (Lk 7,48-49) Diese Aussage war außerordentlich ketzerisch zu dieser Zeit, sie brachte sofort das Merkmal der Häresie, des Hochverrats an den Geboten. Nur Gott durfte zu dieser Zeit Sünden vergeben. Wenn jemand die vielen Beispiele des spirituellen Lebens betrachtet, darf er niemals darüber urteilen, ob die Demutshaltung oder die offensive Haltung günstig wäre. Es gibt verschiedene Haltungen, es gibt verschiedene Bewegungen, es gibt verschiedene Entwicklungsschritte, die aber alle durch etwas ganz Besonderes gekennzeichnet sind, und das ist die eine und universale Liebe, die in jeder wahren Handlung als der signifikanteste Ausdruck hervortritt. Denn es kann ein Angriff stattfinden und es kann sich jemand gegen diesen Angriff verteidigen, und der Angriff kann in der Verteidigung einer Liebe geschehen. Und die Liebe, obwohl sie nicht als Rechtfertigungsgrund genommen werden darf, um vielleicht jemandem Schaden zuzufügen, ist doch eine der wesentlichsten Mächte, die damit die übergeordnete Kraft zur Verbindung gibt. Taten in Liebe, getragen von entwickelter Weisheit, führen die Menschen zur Verbindung, während die Taten ohne den Strom der Liebe zur Trennung führen müssen.

Das Heiligenideal muss deshalb auch entsprechend der Inhalte einer zeitgemäßen Schulung angemessen sein. Eine zeitgemäße Schulung besteht darin, dass die Menschen die Bewusstseinsseele ausprägen lernen. Und diejenige Kultur, die aus dem Spannungsfeld zwischen *asura* und *deva* entstehen möchte, ist eine im Äther bestehende Bewusstheit durch die Bewusstseinsseele. Diese Kultur ist bereits im Keim angelegt und sie wird sich auch entfalten, gleich, ob sich nun weitere Zerstreuungen mit größeren Schwierigkeiten ergeben, oder ob glücklichere, mehr geebnetere Wege entstehen. Dieser Keim ist bereits angelegt und diese feinsten Seelensubstanzen werden sich in irgendeiner zukünftigen Weise inmitten aller Turbulenzen durchsetzen. Aus dem Kampfe von *asura* und *deva* entfaltet sich ein neues Keimgut.

Die Schüler können sich dieses Heiligenbild oder das Bild des vollkommenen Menschen so vorstellen, wie es der Bewusstseinsseele entspricht. Die

Bewusstseinsseele, die normalerweise vom 35./36. bis zum 42. Lebensjahr entfaltet wird und die das Zentrum in der Stirn darstellt, nimmt teil an den Kräften der Außenwelt. Je mehr sich der Einzelne öffnet für den anderen, je mehr er sich ausrichtet im Sinne einer Bewusstheit des Gegenübers, je mehr er verweilen kann im anderen, in seiner Seinsrealität, um so mehr wird er bemerken, dass die unbewussten Schichten, die ihn vielleicht noch als Schutzmantel oder sogar als Schutzpanzer umgeben haben, zersprengt werden. Je mehr die Bewusstseinsseele durch eine aktive Schulung und förderliche, regsame Interessensentwicklung an der Universalität der Welt erwacht, um so mehr muss das unbewusste, im Subjektiven abgespeicherte Potential als Hindernis empfunden werden. Deshalb ist in jenen Kreisen, die sich um die Bewusstheit bemühen, in der Entwicklung um Objektivität, geradewegs eine viel intensivere Wahrnehmungsfähigkeit für Gerechtigkeit und Ungerechtigkeit, für Schwingungsprozesse der moralischen Kräfte gegeben. In den Reihen der Schüler eines spirituell-mentalen Pfades bemerkt man viel leichter die Mächte der Verletzung, ganz besonders die ungesehenen Erniedrigungen, die in einem Gesellschaftssystem wie anonym den psychischen Plan beherrschen. Die Schüler, die die Bewusstseinsseele zu einem gewissen Grad entwickelt haben, bemerken die Wesenhaftigkeit hinter dem Wort, sie bemerken das Wesen hinter der äußeren Gestalt. Sie können besser verweilen in dem anderen.

Je mehr diese Bewusstseinsseele erwacht, um so mehr wird damit der Mensch dasjenige entwickeln, was eine hervorragende Tugend aller Religionen ist, nämlich die Tugend des Mitleidens, des Miterlebens, des Mitertragens, das Erleben des anderen, das unmittelbare Teilhaben am Schicksal des anderen. Aus diesem Grunde ist es auch so, dass hier gewisse Ungerechtigkeiten oder Verantwortungsmissbräuche viel intensiver erlebt werden, als dies im gewöhnlichen Dasein der Fall ist. Die Schüler erleben bereits jene Kräfte, die normalerweise der gewöhnliche Bürger gar nicht in der Bewusstseinssphäre als bestimmte Seinsexistenzen wahrnimmt. Das Ideal ist deshalb ein Ideal der unmittelbarsten Teilhabe, ein Ideal des uneingeschränkten Mitleidens, ein Mitschwingen im gleichen Gedanken, im gleichen Wesen und Schicksal.

So ist beispielsweise dasjenige, was mein Umfeld ist, wieder mein physischer Körper. Bis in den Leib hinein sind für mich über die Bewusstseinsseele die Kräfte der Außenwelt erfahrbar und sie sind zu verarbeiten. So steht der physische Körper nicht in isolierten Funktionen, sondern der physische Körper steht tatsächlich im Gesamtzusammenhang mit den Veranstaltungen, mit den Lehren, mit dem Ausgerichtetsein der umgebenden Personen. Dieses Ideal des unmittelbaren Zusammenseins durch die Kraft des Gedankens und durch die Verbindung eines inneren Wesensurgrundes im Gefühl nehmen die Schüler von mir als ihrem Lehrer auf. Es wird auch für den, der sich eine wirkliche Entwicklung der Bewusstseinsseele aneignet, nicht mehr möglich sein, dass er sich von den Einflüssen seiner Außenwelt abschirmt. Die einzige Abschirmung, die er leisten kann, ist das immer wieder Weitergehen in seiner Wegausrichtung. Aber irgendwann wird die Kraft in der Erschöpfung zerbrechen, und dann wird sich der Mensch im Opfergang dahinopfern für die Entwicklung der ganzen Menschheit, so wie auch die Religionen, ganz besonders die christliche Religion, diesen Opfergang beschreiben. Das wird für jeden ernsthaften Schüler, der sich ausrichtet im Sinne des Bewusstseins, irgendwann einmal gelten.

So streitet das Bewusstsein mit dem Unbewussten. Das ist der Kampf, der heute gegeben ist und am Firmament sichtbar ist. Da dieser Streit wieder am Himmel tobt, der *asura* mit dem *archai*, da dieser Streit entflammt ist wie ein Gewitter mit Blitzen, das weitere Wolken nach sich zieht, ist es natürlich jetzt auch hier in unserer Umgebung zu einer gewissen Aktualität geworden, dass diese Kräfte, die vom *asura* in die Weltentwicklung hereingespiegelt werden, rechtzeitig aufgefangen, aufgeklärt und objektiviert werden, so dass sie der eigenen Führung von weisen Menschen unterliegen. Der Mensch muss die asurischen Kräfte einmal beherrschen lernen. Die Begegnungsformen zwischen Menschen sind häufig von dem asurisch-unbewussten, triebhaften Verlangen gekennzeichnet und sie werden von äußeren Mächten erschüttert. Dadurch müssen die Schüler einer geistigen Schule die Formen des Bewusstseins und die Neigungen des Unbewussten in eine sorgfältige Klärung bringen, sie müssen sich klar darüber werden, welche Pflichten tatsächlich in einer geistigen Schulung gegeben sind.

In Bezug auf die Pflichten, die ein Schüler, der sich um die Bewusstseinsseele bemüht, bedeuten diese Ausführungen, er muss als Erstes einmal sein Ideal prüfen, und dieses Ideal muss auch identisch sein mit den Vorstellungen, die objektiv auf einem Weg als Erkenntnis gegeben sind. Eine solche Prüfung kann aber um so leichter eintreten, wenn Arbeitsgemeinschaften im Miteinander und im regen Austausch entstehen. Es sollte auch, ohne dies unbedingt als eine Verbindlichkeit aufzuzeigen, ein geschlossener Arbeitskreis entstehen, in dem sich der einzelne Schüler einigermaßen verbindlich für gewisse Aufgaben verpflichten kann. Grundlagen für einen Arbeitskreis und für eine Entwicklung der Bewusstseinsseele wären, dass die Schüler immer im Dialog bleiben, dass sich niemand gegen einen Dialog oder eine Korrektur, die von dritter Seite herangeführt wird, verschließen darf. Diese Notwendigkeit besteht meines Erachtens in einer geistigen Schule, die unbewusste Strukturen aufarbeiten möchte und das Denken im Sinne der Bewusstseinsseele zu fördern sucht. Die Versuchung durch Ängste oder Schuldgefühle, in die sich der Einzelne vielleicht durch Unwissenheit hineinmanövrieren kann, bringt ihn in schnelle Zwiespälte, und aus den ungelösten psychologischen Mustern entwickeln sich schließlich Projektionen, die auf die anderen wieder gesendet werden. Verbindlichkeit und Freiheit sollen mit einem gemeinschaftlichen Gefühl das Ideal einer Gemeinschaft konstituieren. Es sollte deshalb eine einigermaßen klare Verbindlichkeit in einer Geschlossenheit entstehen.

Weiterhin ist es notwendig, dass ein Aspirant, der in eine geistige Schulung eintritt, dies aus eigener, reiflicher Entscheidung oder zumindest aus verantwortlicher Entscheidung vollzieht. Er muss sich selbst dazu entscheiden. So, wie keiner seine Freunde zu einer geistigen Schulung überreden kann, so muss sich jeder Schüler selbst darüber klar werden, dass er eine Entscheidung trifft zu einer Schulung und damit Inhalte hört, beispielsweise wie diese über die Feindesliebe gesprochenen Worte, die einen ganz tiefen esoterischen Charakter tragen. Wer solche Inhalte hört, nimmt in seiner Seele die Verpflichtung auf, sich im Leben auseinander zu setzen, mehr in die Richtung auseinander zu setzen, dass er das Gebot nicht mehr dogmatisch nimmt, sondern im Sinne einer zunehmenden dynamischen Erkenntnisforschung ergründet. Diese Verpflichtung zu einer aufsteigenden, progressiven Entwicklung des Bewusstseins nimmt der Schüler auf, wenn er solche Vorträge in dieser umfassenden Ausrichtung anhört. Je mehr er solche Vorträge anhört, um so mehr nimmt der Einzelne die Verpflichtung auf, dem spirituell-mentalen Pfad zu folgen und den Pfad, der zu sehr egoistisch, gebunden, zu sehr noch an das Alte angelehnt ist, ablegen zu lernen. Ebenfalls ist es nötig, ein dogmatisches Umgehen im Anspruch an das *śāstra* zu vermeiden. Wenn dennoch Neigungen des irrationalen Glaubensanspruches entstehen, so muss sich der Schüler auf diesem Weg mit aller Kraft zu den wirklichen Wahrheiten hinbewegen und er muss sogar seine Ansprüche mit drakonischer Stärke bei sich selbst unterbinden lernen. Zunehmend muss der Schüler die Kraft seines Bewusstseins einsetzen.

Es wird in der Begegnung mit mir auch erstmals ein Keim gesät, denn mit der Begegnung bemerkt der achtsame Schüler, dass etwas in sein Leben hineintritt, das ihn über die Vergangenheit emporhebt. Obwohl er sich über die Klärungsarbeit der Vergangenheit nicht hinwegsetzen kann, so ist dennoch die Ausrichtung für die Zukunft unweigerlich gegeben. Er bemerkt in der Begegnung mit mir, dass er eine tiefe Liebe aufnimmt, eine Liebe, die ihm in der Seele nahe steht. Und nun wäre es immer mit einem Verlust des seelischen Empfindens verbunden, wenn der Einzelne diesem Gefühl nicht in irgendeiner Weise weiter nachgeht. Die Begegnung mit mir steht deshalb so sehr im Mittelpunkt des ganzen Daseins. Wenn der Schüler die Mitte seines Lebens markiert, die Mitte nicht in temporärer Hinsicht, sondern bezüglich der Phase der Entwicklung, in der Altes sich abscheiden kann und Neues sich unweigerlich entwickelt, dann kommt er immer zu dem Begegnungspunkt, der hier stattgefunden hat.

Mit dieser Imagination oder Inspiration ist unweigerlich eine Verpflichtung auferlegt. Diese Verpflichtung kann aber nur jeder mit seiner eigenen Reife beantworten. Jedenfalls sollte er sie, um nicht Schaden zu verursachen, so beantworten, dass er wenigstens bei sich sagt: »Das, was ich dort gehört habe, das kann ich jetzt noch nicht verstehen und dem kann ich noch nicht nachfolgen, dem kann ich noch kein Gehör schenken, aber ich will es im guten Gewissen bewahren.« Wenn jemand aber verleumderisch damit umgeht und sagt, es sei ja alles Unsinn, was in dieser Schule erzählt wird und er weiß die Wahrheit in seinem hochmütigen Eingebildetsein schon besser, dann erhebt er sich über eine ganze Menschengruppe hinaus und bemerkt nicht, wie er aus der Begrenztheit richtet. Er urteilt aus einem subjektiven, projektiven Gefühl heraus, das in Wirklichkeit gar keine Grundlage hat, das nicht in Beziehung mit dem Objekt seines Urteils tritt. Er folgt den gegenteiligen Impulsen seines Bewusstseins und verfällt den unbewussten Neigungen, er arbeitet der Bewusstseinsseele entgegengesetzt und gibt seine Projektionen, die Gegenbilder zur Wirklichkeit, an die Außenwelt ab. So wird er auch in der Zukunft nicht lebendig in Beziehung treten können zu den Mitmenschen, denn das, was die Beziehungsfähigkeit ist, die Beziehungsfähigkeit zu einer Person, wie sie durch mich in der Welt steht, wird sich unweigerlich in klarer Form auch ausdrücken als Beziehungsfähigkeit zu anderen

Mitmenschen. So, wie die Schüler zu mir ausgerichtet sind, so sind sie in Wirklichkeit auch zu anderen ausgerichtet. In universaler Hinsicht ist die Seele hier ausgebreitet. Sie werden nicht anders zu mir ausgerichtet sein, als sie zu den Mitmenschen ausgerichtet sind, und sie werden nicht anders zueinander ausgerichtet sein, als sie wieder zu mir ausgerichtet sind. Und so, wie sie zu mir ausgerichtet sind, und so, wie sie zu den Mitmenschen ausgerichtet sind, so sind sie zu Gott ausgerichtet. Es heißt auch: »Denn darin besteht das Gesetz und die Propheten, so, wie ihr zu den Menschen seid, so werdet ihr auch zu Gott sein.« (Mt 7,12) So wird sich in der Seele die universale Natur zeigen, denn in diesen feinsten Stimmungen des Inneren zeigt sich eine andere Pflicht. Die Pflicht ist eine Forderung an die Entwicklung und eine intensivere Mahnung an die moralische Gesinnung der Seele. Jeder kann nach dem demokratischen Grundrecht der Welt aus einer Schulung austreten, jeder kann in eine Schulung eintreten. Aber kann er wirklich aus einer Schulung mit lebendig bestehender Initiation austreten? Kann er wirklich aus dem seelischen Beziehungsfeld entrinnen? Nein, er kann nicht aus dem inneren Schulungsplan und aus dem seelischen Beziehungsfeld entrinnen, denn das, was als Liebe in der Begegnung erwacht, das kann er aus seiner Seele nicht mehr leugnen. Es ist im flammenden Erwachen in seiner Seele, und er würde sich selbst betrügen, wenn er nun sagte: »Ich werde aus der Schulung austreten, weil ich etwas gegen die Schulungsteilnehmer und gegen diese Richtung habe.« Er kann sagen: »Mir ist die Realisation noch zu ungeheuerlich, ich will mit den aktiven Schritten noch warten.« Aber er kann aus seiner Seele, aus dem Kreis meiner Liebe und der übergeordneten, sich daran anschließenden Liebe selbst nicht entfliehen und dadurch kann er auch nicht aus den Beziehungsformen entfliehen. Diese Grundlage müsste für jeden, der die Initiationsschule in der lebendigen Begegnung aufsucht, verständlich sein. Auf dieser Grundlage des geistigen gemeinsamen Willens zur Entwicklung nach Vollkommenheit sollte sich ein undogmatisches, freiheitliches Zueinander entwickeln. Es kann tatsächlich jeder aus Termingründen oder Unpässlichkeiten eine weitere Schulung absagen, jeder kann sich Pausen einräumen, vielleicht sogar so viel, wie er will, aber er muss sich klar darüber sein, wie er im Geiste schon eine Verpflichtung zur seelischen Weiterentwicklung aufgenommen hat, eine Verpflichtung, die für die Zukunft und über den Tod hinaus sogar wesentliche Bedeutung hat.

Die Pflicht aus der Bewusstseinsseele ist es deshalb, das gemeinschaftliche Prinzip näher heranzubilden und eine Auseinandersetzung zu betreiben, die immer zur Erkenntnis des anderen führt. Es ist eine notwendige Pflicht, und diese Pflicht wurde schon zu einem gewissen Grad hier entfaltet, aber sie hat unendliche Höhen und unendliche Ausmaße. Die Pflicht gemäß der Bewusstseinsseele ist es, die anderen immer wieder zu erkennen und zu würdigen, die Situationen zu erkennen und sich auf rechte Weise mit Antworten produktiv zur Gemeinschaft auszurichten. Es ist auch notwendig, sich darüber klar zu werden, dass ein gedanklicher oder praktischer Beitrag von jedem in irgendeiner Form kommen sollte, denn das schaffende Prinzip der Bewusstseinsseele soll über das Konsumierende oder Empfangende überwiegen. Es kann unendlich viele Positionen des Lebens geben, aus denen Beiträge entstehen, aber notwendig ist es zu erkennen, dass jeder mit der Begegnung mit mir an einen Punkt des Lebens gekommen ist, an dem seine Seele gewissermaßen zu ihm spricht: »Schaue hin, erkenne Deine neue Möglichkeit in Freiheit, Du bist nun einem Menschen begegnet, – Rudolf Steiner sprach, um es einzufügen, von der Aufnahme des Christusgeistes – der ein Liebesprinzip in sich trägt, das rückhaltlos im Ich einer ausstrahlenden Liebe bleiben kann. Das rückhaltlose Handeln, das rückhaltlose, freie Denken kann nun entfaltet werden. Nun brauchst Du Dich nicht erst selbst finden, im Körper oder in der Materie, damit Du schließlich dann etwas Anderes, Höheres finden kannst. Nun kannst Du sogleich, selbst noch in Armut der Materie und in Unwissenheit, das Höhere lieben und rückschauend wieder Dich selbst korrigieren. Nun kannst Du zuerst den Gedanken nach vorne richten und dann darfst Du wieder zurückschauen. Du brauchst nicht erst zurückgehen, Dich selbst zermürben, um dann irgendwann in der Hoffnung einmal nach vorne gehen zu können, sondern Du kannst jetzt frei nach vorne gehen, da Du eine Liebe gesehen hast, Du kannst Dich aus den Fesseln ausbinden und frei im Geben werden. Du brauchst nicht erst eine Struktur mühsam heranbilden, Übungen und Askese betreiben, Dich von Sünden reinigen, und Du brauchst nicht auf eine bessere Zukunft warten, die Dich dann irgendwann in der Hoffnung zum Geben führt.«

Die Verpflichtung eines spirituell-mentalen Pfades, eines rechten Ideales, von rechten Zielpunkten und einer Mühe um Gemeinschaftsbildung, um Anerkennung von Gemeinschaft, um Wahrung der Gemeinschaft, um eine wirkliche Würde in der Gemeinschaft, wird damit gerade durch die Bewusstseinsseele und durch die Realisation von Bewusstseinsgedankenkräften um so intensiver. Dialog und Interesse, Klärung, Verantwortung und der Wille zu einer größeren, gebenden Schaffenskraft führen viele Menschen wieder in ein Miteinander. So stehen diese Forderungen vor dem Einzelnen und wollen ihn in der Zukunft weiterhin begleiten.

Das Ziel ist es, dass viele Menschen ein Licht des Bewusstseins erhalten und dass Menschen nicht nur im physischen Vorteilsuchen des gemeinschaftlichen Lebens teilnehmen, sondern mehr vom gesamten ätherischen Erkraften und Sinnesfreudeerleben in die Gemeinsamkeit finden. Eine Gemeinschaft, die nur im Physischen besteht, ist für die Zukunft ein Schaden für die Weltentwicklung. Eine Gemeinschaft, die sich in den tugendvollen Werten gründet und sich im Sinnesstrom des Äthers zueinander ausrichtet, kann ein Licht für die Welt entzünden. Denn wenn der geistig Strebende nicht in die Gemeinschaft hineinstrebt, im Abseits, im Verlies seines Daseins wird er für sich selbst und auch für Gott keinen Sinn erfüllen, denn im einsamen Sein hat er bereits den Sinn erfüllt. Alle Einsamkeit darf nur vorübergehend währen. Die Bewusstseinsseele benötigt die Begegnung, den Austausch, die Verbindlichkeit, die Verantwortung, die Ausdauer und die lebendige, empfindsame Anteilnahme. Jetzt ist der Zeitpunkt gekommen, an dem mehr Menschen in eine Verbindlichkeit hineingehen und sich einem geistigen Verwirklichungsweg verantwortlicher gegenüberstellen. Verantwortung heißt auch, dass man mit einer klaren Entschlossenheit und Ausdauer sagt: »Ich habe mich für eine Schulung entschieden, ich habe mich für diesen Schritt der Realisation entschlossen und nun will ich mich auch zu diesem Schritt entgegen aller Hindernisse weiter bekennen und die Verantwortung dazu entgegennehmen.« Das Bewusstsein will zu seiner Realisation eine Herausforderung und es will einmal über das Unbewusste und damit existierende Leiden, sowohl über das individuelle als auch über das kollektive, thronen. Zu sehr ist es heute noch so eingeschrieben, dass man zu einer Schulung kommt und sie unter nur materiellen, gesundheitlichen oder emotionalen Voraussetzungen sieht und sagt: »Nun, ich gehe hin, aber ich werde auch wieder weggehen, ich werde mich wieder abmelden, wenn mir die Grundprinzipien keine Förderleistung mehr geben oder wenn ich den nötigen gesundheitlichen Gewinn nicht vorfinde. Sobald mein persönliches Leben nicht gefördert wird, sobald mir die Lehrinhalte keinen Vorteil mehr verschaffen können, werde ich mich wieder abmelden.« Diese sehr materialistische, eingravierte Haltung sollte in der Zukunft entschieden eliminiert werden. Diese konsumorientierte, tamasartige Haltung muss jeder in seiner Seele bekämpfen lernen. Wenn auch diese Haltung im Gesellschaftssystem zu einem gewissen Grad legalisiert ist, denn man will in der Welt Vorteile haben, man will nichts Belastendes aus einem Kurs erfahren, man will einen progressiven Schritt entwickeln, so muss sich der Schüler klar darüber werden, dass diese egozentrische Haltung höchstens noch passend für die Welt ist. Für die seelische Ausrichtung und für den Eintritt in ein seelisch-moralisches Wertgefüge muss er sie aber bekämpfen. Er muss sich sagen: »Die Gemeinschaft ist für mich ein Teil meiner Seele, und deshalb will ich alles tun, um die Prinzipien zu fördern, die förderungsbedürftig sind.«

Diese Pflichten leiten sich auf natürliche Weise von den Lehrinhalten ab. Die Lehrinhalte geben eine Orientierung zur schöpferischen Auseinandersetzung mit den verschiedenen Fachgebieten des Daseins. Ein klarer Dialog muss gewährleistet sein. Es muss klar sein, dass einer sich nicht mit Projektionen gegen die anderen stellen darf. Er muss sich dem Gespräch öffnen. Es hat einen gewissen Sinn, wenn man aus diesen Möglichkeiten auch eine zumindest freiheitliche, aber doch verbindliche Struktur fördert. Durch die Entwicklung der Bewusstseinsseele entsteht eine größere Freiheit bei gleichzeitig wachsender Verbindlichkeit.

Die Verpflichtung ist mehr in der Seele gegeben, sie sollte von diesem inneren Weg der Wahrheitssuche und Wahrheitserkenntnis heraus deutlicher werden. Verpflichtend ist es auch auf diesem Weg, eine klare Wahrheitsrede gegenüber Unrecht, Untugend und falschen Autoritäten zu leisten. Wenn jemand mit Formen, die in der Gemeinschaft bestehen, oder Verhaltensweisen des anderen nicht einverstanden ist, dann hat er eine Verpflichtung, sich zumindest auf bescheidene Weise zu Wort zu melden. Aber er muss für Wahrheit und Klärung eintreten, er muss für die größere Entwicklung, für die größere Sinnfrage, für *satya* im umfassenden Sinn eintreten. Kleinliche Neigungen sollen ihn nicht zu sehr gefangen nehmen. Es kann nur von Vorteil sein, wenn sich jemand in gesunder Kritik zu den anderen ausrichtet und um das gesamte Wohl einer Gruppe bemüht ist. Es ist in praktischer Hinsicht notwendig, die pädagogische Fähigkeit des miteinander Umgehens zu entfalten.

Die Verwandlung der Erwartungshaltung in aktive Sinneserfüllung

Vortrag vom 20. Juli 2002

Ein Referent muss gewisse Erwartungen an ein Publikum stellen, und ein Auditorium stellt naturgemäß die Erwartungen auch an einen Referenten als Lehrer. Die Begegnungsformen des menschlichen Daseins sind häufig durch gegenseitige Erwartungen gekennzeichnet und bleiben sehr leicht in einer passiven, unbewussten Motivation. Die Erwartungen in einer Begegnung sind im Gemüt ein Teil eines unbewussten Wollens und diese Erwartungen können unter Umständen, wenn sie nicht zufriedenstellend beantwortet werden, zu gewissen verhaltenen Reaktionen bis sogar zu Trotzreaktionen führen. Wenn wir das Seelenleben oder das psychologische Zueinander näher betrachten, so bemerken wir daran, wie notwendig es für die ganze Zukunft und die Entwicklung der Bewusstseinsseele ist, in klarer Aufrichtekraft des Wesens zueinander zu treten und sich mit klaren Worten und mit klarem Dialog auszutauschen. Diese Dialog- und Aufrichtekraft, diese Aufrichtekraft des Persönlichen, die heute meist geschwächt ist, diese Aufrichtekraft des Gegenübertretens ist deshalb eine so wesentliche Anforderung, da im Hinblick auf die Gemeinschaftsbildung die Tugend der Aufrichtekraft, des Aufrichtigseins gefördert wird und unbewusste Neigungen mit verdeckten Wunschabsichten vermieden werden. Ein klares, aufrichtiges, dialogfreudiges Zueinander verhindert damit unbewusste Erwartungen, und dieses Zueinander kann schließlich eventuelle Komplikationen, die allgemein in den menschlichen Interaktionen stattfinden, weitgehendst verhindern.

Die Haltung der Erwartung ist in der Regel eine passive Seelenhaltung und entspricht ganz besonders jenen Personen, die eine depressive Grundstimmung in der Seele tragen. Unendlich viele Konflikte entstehen im menschlichen Gemeinschaftsleben, da die Erwartungen nicht erfüllt werden und das sehnende Hoffen nach Gemeinschaft und Zugehörigkeit im Untergrund des Seelenlebens bleiben. Auf dem geistigen Übungsweg muss die Erwartungshaltung durch eine aktive, selbst erworbene Lebenssinnesgestaltung überwunden werden. Nicht reine irdische Geborgenheit darf der Schüler vom Leben erbitten, sondern durch sein Denken, Fühlen und Handeln sollte er dem Leben eine besänftigende Substanz einverleiben. Die Bewusstseinsseele mit ihrem Sitz im sechsten Zentrum, in der Mitte der Stirn, ist eine reine, gebende Quelle zum Leben. Das Denken durch den Gedanken, durch den geschaffenen, gedachten Gedanken, strahlt auf das Umfeld aus und schenkt den Menschen in der Umgebung ein Licht der Freude und der Lebenskraft. Das Denken, das aus der Mitte der Stirn entströmt und im Gedanken frei gegründet ist, fördert das Leben und die Gesundheitsbedingungen im gesamten Umfeld.

So, wie jeder ernsthaft Strebende die Erwartung als ein depressives Persönlichkeitsmerkmal durch eine möglichst gelungene, schöpferische Sinngabe und Sinngestaltung im gemeinschaftlichen Zueinander überwinden muss, so muss er sie auch im Hinblick auf die inhaltliche Gestaltung von Übungen überwinden. Ein rechter und gut verstandener Übungsweg ist immer mit einer Erweiterung des Bewusstseinsradius und des aktiv sich ausgestaltenden Bewusstseinsbeziehungsfeldes einhergehend. Das rechte Üben aus dem sechsten Zentrum oder die rechte Mühe zur Entwicklung dieser Übung wirkt antidepressiv und förderlich auf die Empfindung des miteinander Verbundenseins. Das Üben bereichert die Beziehungsfähigkeit im Menschlichen, und gleichzeitig aber fördert die Entwicklung eines gesunden, nicht erwartenden, sondern lebendig gestaltenden, inhaltsgebenden Beziehungsaufbaues im Menschlichen die Erfolge auf dem Übungsweg. Sehr nahe liegt das gesunde, aktiv gestaltete Beziehungsleben mit dem Erfolg der spirituellen Übungen beieinander. Es ist die schöpferische, inhaltsvolle Gestaltungskraft des Gedankens, die aus dem sechsten Zentrum, aus dem Bewusstseinsseelenzentrum der Stirn wie eine gebende Substanz auf die Mitmenschen ausstrahlt. Es ist die Ich-Kraft im Gedanken, die die passive Erwartungshaltung des gebundenen Seelenlebens überwindet.

Für die Übungen zur richtigen Urteilsbildung und metaphysischen Erkenntnis eines Objektes, einer Begebenheit oder eines Tatbestandes ist eine Aufrichtekraft in der ganzen Persönlichkeit notwendig, damit die unbewussten, gebundenen Neigungen, die Inklinationen der Seele, nicht den Gedanken in seinem klaren Licht durcheinanderwirbeln. In den früheren Einweihungsschulen und auf den östlichen Wegen des Yoga forderten die Lehrer einen strengen Lebensgang mit Verzicht auf begierdenvolle Gefühle und sie forderten eine vollkommene Ehrlichkeit mit Aufgabe aller Bindungsmuster und

Verhaftungen gegenüber dem Leben. Diese strengen äußeren Regeln werden heute dem Schüler nicht mehr verpflichtend auferlegt, jedoch muss jeder Aspirant, der auf diesem Schulungsweg Erfolge gewinnen möchte, sein Seelenleben ordnen, seine Erwartungssehnsüchte zurückweisen und aktiv gestaltende Schritte zur Entwicklung eines weisen, überschauenden und führenden Bewusstseins erbauen. Nicht auf Ehe oder Partnerschaft, auf ein bequemes äußeres Leben muss der Schüler verzichten, vielmehr muss er auf seine inneren Inklinationen, auf seine Bindungen achten und diese im rechten Sinne durch eine größere Sinngestaltung überwinden. Die Forderung, die heute an den Schüler gestellt wird, ist nicht minder anspruchsvoll, als die Forderungen, die die früheren Verhältnisse eines zurückgezogenen, begierdelosen Lebens stellten. Heute muss der Schüler seine Empfindungen und Gefühle disziplinieren lernen und die ungeeigneten Stimmungen der Seele zurückweisen und darüber hinaus neue, vollständigere, reifere Empfindungskräfte durch eine schöpferische Lebensgestaltung anlegen lernen. Die Entwicklung des sechsten Zentrums ist immer mit einer Erweiterung von feinen Sinnesempfindungen und Wahrheitsempfindungen verbunden. Der Schüler muss bestimmte Gedanken so intensiv und aktiv und auch eigenständig denken, bis er aufgrund dieser Gedanken einen höheren Sinn innerhalb seines Seelenleibes angelegt hat. Die Bewusstseinsseele erschafft ihm einen neuen Geist- und Empfindungsleib.

Für alle Übungen ist jene Unterscheidung zwischen dem, was der Aspirant erwarten kann und dem, was er durch aktive Gestaltung selbst hineinlegen muss, außerordentlich wichtig. Genau genommen darf ein Schüler grundsätzlich von einer Übung oder von einem Objekt des Übens nichts erwarten. Das Ziel des Übens ist nicht Aufnehmen, Empfangen und Nehmen, es ist Geben, Gestalten und Bereichern. Nehmen wir als Beispiel vier verschiedene pflanzliche Objekte und betrachten wir sie im Hinblick auf den Lichtäther. Die Kartoffelknolle, die rote Tomate, den Lorbeer und die Aprikosenfrucht.

Das Ziel dieser Übung ist es, eine Sinnesempfindung über den sogenannten Lichtäther, über das in der Pflanze angelegte Licht, über die feinstoffliche Substanz, die unwägbaren Charakter besitzt, zu finden. Der Lichtäther ist eine metaphysische Größe, die durch die Stoffanalyse nicht auffindbar ist. Wenn der Schüler diese feinstoffliche Substanz erschauen oder erfahren will, muss er sich über die Grenze des bisherigen Gefühls- und Empfindungsraumes hinausbewegen. Bei der Betrachtung ist ein Grenzüberschreiten von dem eigenen Ich und dem eigenen Innenraum hinüber zu dem Objekt vonnöten. Dieses Grenzüberschreiten ist erwähnenswert, denn es ist gewissermaßen ein Überschreiten der eigenen Erwartungshaltung hinüber zu einem schöpferisch aktiven Bewusstsein, das sich aus dem Bewusstsein oder aus dem konkreten Gedanken selbst heraus bildend entwickelt. Mit jeder Übung, die der Geistschüler absolviert, übersteigt er die ängstliche, erwartende, depressive oder körperverhaftete Innenwelt und wird im Gedanken selbst tätig. Er tritt in ein aktives, dynamisches Beziehungsfeld des Seelenlebens. Der Körper mit seinen Ausstrahlungen darf dabei keine Rolle einnehmen.

Als Erstes betrachtet der Übende die Kartoffelknolle und nimmt genau ihre Form, ihr Aussehen, ihre Farbe, ihre Erscheinung auf. Nach wenigen Minuten der Betrachtung schließt er die Augen und bildet die sichtbar-sinnliche Erscheinung der Knollenfrucht in Gedanken nach. Hinzukommend zu dieser konkreten Betrachtung stellt er sich eine Frage, die er aus den Vorstellungen wieder zurückrichtet an seine eigene Empfindung. Er stellt sich dabei die Frage: Wie kommt ihm die Kartoffel entgegen? Wie kommt ihm die Pflanze, wie kommt ihm die Atmosphäre, wie kommt ihm die innewohnende Empfindung dieser verschiedenen Pflanzenwesen entgegen? Diese Frage kann er mit einem Ja oder Nein beantworten.

Nachdem er die Kartoffel betrachtet hat, lenkt er die Aufmerksamkeit auf die Tomate, auf die Aprikose und auf den Lorbeer. Bei all den Betrachtungen gewinnt der Beobachter anhand der Frage unterschiedliche Impressionen. Er bemerkt eine unterschiedliche Empfindung. Die Pflanzen wirken auf sein Gemüt mit einer sensitiven, schwer beschreibbaren, aber doch nachvollziehbaren Lichtausstrahlung. Es ist diese Empfindung auch eine Art Ausstrahlung in den Raum, die jedoch nicht in Form von Licht sichtbar, sondern wie Licht empfindbar ist. Das Licht kann mehr entgegenkommend sein oder es kann sich in der Frucht selbst verhaften und abschirmen.

Bei der Kartoffel lässt sich schematisch der Empfindungseindruck wie eine Art umgekehrte Schale skizzieren. Ebenso ist der Empfindungseindruck bei der Tomate.

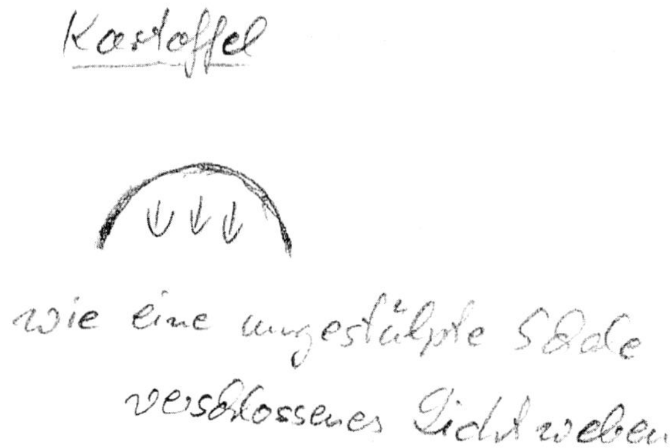

Bei dem Lorbeer ist der Empfindungseindruck entgegengesetzt, gleich wie eine kräftige, nach oben hin geöffnete Schale.

Bei der Aprikose schließlich besteht ebenfalls ein Eindruck, der an eine geöffnete Schale erinnert, jedoch wirkt diese runder und von einer Art Wärme-Feuer-Element ergänzt.

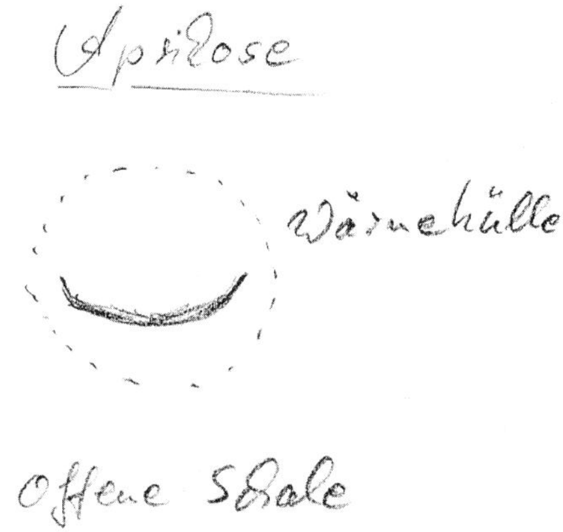

Der Lorbeer ist am deutlichsten durch die Lichtaktivität, durch den Lichtäther gekennzeichnet. Ebenso trägt die Aprikose sehr viel Licht und gleichzeitig aber besitzt sie auch einen hervorragenden Wärmewert. Die Kartoffel und die Tomate schirmen sich vom Licht ab, sie wirken in sich mehr vital, abgeschlossen, es strömt von ihnen tatsächlich keine entgegenkommende Empfindung aus.

Die Impressionen über den Lichtäther sind mit einiger Sorgfalt des Übens relativ leicht zu entwickeln. Auf diese Weise kann der Übende mit Hilfe der Frage seine Gedankenkraft in eine neue Sinnesdimension erweitern. Er gewinnt einen Blick über die Empfindungsentwicklung für eine metaphysische Größe, für den Lichtäther, für jene Ätherart, die mit den Augen nicht sichtbar ist.

Für die Absolvierung der Übung ist es günstig, wenn der Übende mit der präzisen Frage die Betrachtung erweitert und auf ruhige Weise im Nachhinein seine innere Empfindungswelt beobachtet. Die Arbeitsschritte sollten sehr genau im Zeitmaß und der Struktur geplant werden. Für ein gutes, pädagogisches Arbeiten sei nebenbei bemerkt, dass für alle Übungsschritte eine sehr klare Vorstellung bestehen sollte. Spekulative Formen sind zu meiden. Der Zielpunkt der Übung ist sehr genau zu erwägen. Der Betrachter sollte nicht nur eine innere Empfindung bei sich selbst wieder bestätigen, wieder entdecken oder gewisse Assoziationen wachrufen, er strebt vielmehr danach, eine tatsächliche Erfahrung über das Lichtwesen der Pflanze und über die Lichtdimension, die in ihr angelegt ist, zu finden. Auf diese Weise überschreitet er mit der Übung die Grenze der physischen Wirklichkeitssicht. Eine Übung wie diese, zum Schauen des Lichtäthers, muss jedes Mal neu in präziser Ausrichtung mit den Phasen einer konsolidierten Betrachtung, einer klaren Konzentration mit Ruhe und Aufmerksamkeit, mit Objektbezug und schließlich mit einer rückwirkenden Selbstbeobachtung geschehen.

Dieses Üben fördert die Aufrichtekraft unserer Seele und es führt weiterhin zu einer besseren Erkenntnis des eigenen Empfindungslebens. Der Schüler lernt, differenzierter mit seinem Bewusstsein umzugehen. Schließlich bewirkt das Grenzüberschreiten im Nachhinein ein angenehmes Gefühl von Ruhe und Ordnung, und er fühlt sich mehr im Beziehungsfeld des Naturgeschehens. Fragen wir nach dem geistig-kosmischen Sinn dieser Übung, fragen wir, wie diese Übung auf die nachtodliche Welt der Verstorbenen wirkt, so stellen wir fest, dass sie dem jenseitigen Reich eine angenehme Berührung schenkt. Die Toten fühlen sich wie von der Welt angesprochen, sie fühlen sich angenommen, sie fühlen sich zugehörig und in Verbindung mit den Hinterbliebenen. Die Übung, die zu einem Grenzüberschreiten führt und ein ästhetisches Empfinden über eine Naturerscheinung wachruft, ist eine leichte Form der seelisch regsamen Tätigkeit, die indirekt auch eine Seelsorge darstellt.

Bei allen Übungen, bei allen Entscheidungen, Verrichtungen und Bewegungen des Lebens hören oder fühlen die Toten mit den Lebenden mit. Eine Übung, die das Bewusstsein fördert, ist meistens eine Freude für das jenseitige Reich der Verstorbenen. Die Toten fühlen sich angenommen, sie lernen mit dem Bewusstsein der Hinterbliebenen, und gleichzeitig entwickeln sich intensivere Verbindungen zwischen den Menschen und zwischen dem Menschen und den Naturerscheinungen. Die Verantwortung in einem Kurs, die Verantwortung innerhalb des gesamten Ausgerichtetseins zu einer geistigen Entwicklung ist für einen Lehrer ganz besonders groß, für einen Mitarbeiter sehr groß und für einen Schüler relativ groß. Mit zunehmender Erfahrung muss eine zunehmende Verantwortung erwartet werden. Mit zunehmender Gabe, die empfangen worden ist, sollte auch ein entsprechendes Entgegenkommen durch weitere Entwicklung gewährleistet sein. Die Lebenden können die Toten binden oder sie können die Toten befreiend in die Gemeinschaft eines Gesamten aufnehmen, sie teilhaben lassen. Nur empfangen und das empfangene Gut für egoistische Zwecke zu nützen, ist in einer Schulung, die die Mysterien des Geistes erstrebt, in jeder Weise kontraindiziert und in jeder Weise als ein Vergehen oder als ein Missverstehen des Gesamten zu werten. Wenn die Ausrichtung sich über längere Zeit in die verkehrte Richtung, in eine egoistische, nehmende, rein kosumorientierte Richtung entwickelt, dann ist fast immer eine Schwächung des Gemeinschaftslebens, eine Entfremdung von der Natur und eine Enttäuschung bis hin zur Bindung in das selige Reich der Toten wahrnehmbar. Anfangs kann jemand auf einem Übungsweg kaum größere Fehler begehen, deshalb ist die Anfangszeit des Übens die unkomplizierteste. Nachdem er aber schon längere Zeit an einer Schulung teilgenommen hat und die ersten Erfahrungen und Erkenntnisse auf diesem Weg gewonnen hat, muss er die Verantwortung über sich selbst, über eine Gemeinschaft, sogar über eine Menschheit und zu einem gewissen Grade auch über das Jenseits übernehmen.

Ich möchte einmal an einem Beispiel anführen, wie entschiedene Fehler, Verleumdungen oder der Missbrauch von Wissen verheerende Auswirkungen zur Folge haben kann. Als Marie von Sievers, die spätere Frau von Rudolf Steiner, zu Rudolf Steiner kam, hatte sie eine vortreffliche Vermittlungsperson, das war Edouard Schuré aus Frankreich. Marie Steiner kam durch Edouard Schuré zu ihrem Mann Rudolf Steiner. Wir wissen, dass in Frankreich eine gewisse mentale Anlage besteht, dies ist eine, von unserer Terminologie gesprochen, stark auf den Leib ausgeprägte Anlage eines Nationalgebundenseins bis hin zu einem Nationalstolz. Ohne diese Eigenschaft eines Nationalstolzes unbedingt als negativ zu werten, kann der Betrachter mit einiger neutraler Beobachtung doch ziemlich treffsicher feststellen, dass dies bei dem französischen Geist mehr verankert ist als beispielsweise bei einem belgisch-holländischen. Es ist diese Anlage durch das Blut vermittelt, das die innerste Konfiguration der Persönlichkeit repräsentiert. Diese leibgebundene Anlage, diese bis in die Genetik eingravierte Verhaltensweise sollte natürlich im Laufe einer geistigen Schulung keine bestimmende, dominierende Macht mehr erhalten, sie sollte gegenüber dem Willensleben keine unbewusste, determinierende Kraft mehr haben. Als sich Rudolf Steiner einmal nicht besonders hervorhebend gegenüber dem französischen Volks- und Nationalgeist aussprach, sondern mehr den deutschen Geist für Europa in die Aufmerksamkeit rückte, reagierte Edouard Schuré außerordentlich empfindlich und warf Rudolf Steiner Intoleranz und nationalgebundenen Hass vor. Er projizierte förmlich aus seinem eigenen, gebundenen Wesen auf Rudolf Steiner und verabschiedete sich mit heftiger Distanzierung von der anthroposophischen Bewegung. Jegliche Bewertungen über Nationalitäten waren aber nicht in der Aussage Rudolf Steiners enthalten, und deshalb hätte es für die Reaktion von Edouard Schuré bei genauem Hinsehen keinen Anlass gegeben.

Wenn jene Kräfte, die im Blut gebunden sind, aufgerührt werden, jene inneren Kräfte, die ganz im Willen genetisch gebunden sind, dann kommt es in der Folgewirkung allzu leicht zu projektiven Reaktionen. Die Bewusstseinsseele von Edouard Schuré war zu wenig entwickelt, als dass er die Brücke von seinem Innenleben hinüber zu Rudolf Steiner noch einmal neu geformt und sein Innenleben von Bindungen befreit hätte. Da der Franzose Edouard Schuré schon sehr viel mit Rudolf Steiner zu tun hatte, hätte er eine größere Verantwortung gehabt, als nur einen aggressiven Abschiedsbrief an ihn zu schreiben. Edouard Schuré ist beispielsweise der Autor des Buches »Die großen Eingeweihten«, in dem er Moses, Christus, Buddha und Zarathustra dargestellt hat und zu dem Rudolf Steiner ein Vorwort geschrieben hat. Bei genaueren Betrachtungen ist dieses Buch noch mehr aus den Inspirationen in passiver Weise übernommen und noch nicht in aktiver Durchgestaltung der Bewusstseinsseele entwickelt. Edouard Schuré war aber ein Kenner der Bewegung von Rudolf Steiner und brachte plötzlich in vollkommen aufgebrachter, aversiver, energisch aggressiver Weise diese Abwehrhaltung mit dem Vorwurf zum Ausdruck. Da Marie Steiner, die Frau von Rudolf Steiner, durch Edouard Schuré gekommen war, geriet sie natürlich in einen außerordentlichen inneren Konflikt und reagierte mit heftigen gesundheitlichen Beschwerden auf diesen Vorfall. Marie Steiner saß ein Jahr im Rollstuhl wegen Nervenbeschwerden, die sie an den Beinen hatte. Die Problematik, die auf die Betroffenen übergeht, wenn sich eine solche heftige projektive Reaktion ergibt, eine genuine Projektion, die ganz aus dem eigenen Genetischen herausschlägt, ist fast immer auf das Nervensystem von anderen gerichtet. Deshalb konnte Marie Steiner gar nicht anders, als mit einer physischen Krankheit der Nerven darauf zu reagieren. Von Edouard Schuré wäre eine viel größere Bewusstheit zu verlangen gewesen als nur eine blinde

Reaktion, in der er projektive Vorwürfe machte. Er hätte in das Beziehungsfeld, in das Klärungsfeld gehen müssen. Er aber schottete sich von dem Gesamtdialog ab und verbarrikadierte sich hinter seiner Meinung, er distanzierte sich praktisch gesehen von Rudolf Steiner, was die Folge hatte, dass eine erhöhte Nervenbelastung bei den Betroffenen entstand.

Diese Reaktionen ohne Dialog und in Form von Aggression sind deshalb immer sehr kritisch innerhalb einer geistigen Schulung. Im Rahmen dieser Schulung dürfen wir davon ausgehen, dass Mitarbeiter oder nahe stehende, langjährige Schüler viel Verantwortung haben. Am meisten Verantwortung hat der Lehrer, viel Verantwortung haben nahe stehende Schüler, sie dürfen sich nicht aus dem Dialog entziehen, nur weil sie persönliche Konflikte haben. Weniger Verantwortung ist den Prinzipianten auferlegt, aber dennoch ist von einer Verantwortung schon die Rede, denn jegliche Dialogverneinung, jegliche Projektion, jegliche Art der Anschuldigung ist immer kritisch, wenn sie entsteht. Die Betroffenen verletzen mit der Anschuldigung den Gemeinschaftssinn und das grundlegendste christliche Wesen der Brüderlichkeit. Deshalb muss man sich immer wieder darauf besinnen, dass, wenn das Empfangene nicht konsequent in eine weitere Entwicklung geführt wird, wenn nicht eine ordentliche, produktive Entwicklung erarbeitet wird, dies unweigerlich zu dem Gegenteil führen muss. Es ist auch beispielsweise so, dass eine starke Reaktion von Seiten eines Schülers, der projiziert, der nicht die Wahrheit sieht, sondern der seinen Konflikt mit Hilfe von Aggressionen verschleiert, immer sehr tiefschürfende Verletzungen bei anderen hervorruft. Die anderen spüren das verletzende Wesen, sie spüren, wie sie einer hostilen Atmosphäre ausgesetzt sind, die zerstörend auf die Schöpferkraft wirkt. Die Beziehungsfähigkeit untereinander leidet mit diesen Projektionen, aber es leidet nicht nur die Beziehungsfähigkeit im Irdischen, es ist auch die jenseitige Welt, die sich in ihrer seelenvollen Nähe und Freundschaftlichkeit von der irdischen zurückzieht. Die Beziehungsfähigkeit schenkt die Empfindungsfreude und sie ist eine der wertvollsten und wichtigsten Gaben, die alle Schüler, die sich auf einem geistigen Weg befinden, wie ihre besten Kleider pflegen sollen.

Die Beziehungsfähigkeit zu einer Sache, zu einem Menschen oder in universaler Hinsicht zum Kosmos und zu Gott leidet ab jenem Moment, ab dem sich eine fremde Kraft in irgendeiner aggressiven, manipulierenden Stimmung oder auf ablehnende, geistverneinende, geistbekämpfende Weise einmischt. Denn es ist tatsächlich eine der wichtigen Wahrheiten, dass die Bewusstseinsseele auf außerordentlich sensitiven Schwingungsvorgängen ihre Konzentration und ihre ausstrahlende Gedankenweite erbaut. Der Gedanke wird in den Übungen erstmals freigesetzt, er ist frisch, ganz weich und zart, er ist so fein gegliedert, dass er von Störeinflüssen sofort wieder aus dem Zusammenhang entrissen werden kann. Wenn nun Unordnungen bestehen, Unordnungen im eigenen Gemüt oder Unordnungen in der Gemeinschaft, so wirken sich diese erst einmal viel stärker aus, als dass sich dieses zarte Wesen, das sich in der Konzentration entfalten möchte, halten kann. Der freie Gedanke des sechsten Zentrums ist wie eine Feuerflamme, die sich frei in den Lüften, zart und unmerklich und ohne Brennmaterial entzündet. Sie erlischt mit dem kleinsten Windhauch.

Wir dürfen nicht von einer mystischen Art der Praxis ausgehen, sondern wir müssen hier von einer noch sehr ungelernten Übungsweise sprechen, die sich erst einmal im Licht-Feuer-Kosmos des Gedankens entfalten möchte, die sich nahezu aus einem Nichts heraus, unabhängig eines Ankergrundes, fern einer irdischen Schwere gebären möchte. Der Mystiker, der sich mehr zurückversenkt, der sich mehr abschließt von der Außenheit, praktiziert zunächst einmal leichter, da er bei sich selbst nicht so sensitiv erlebt und eher nur die unreinen, subjektiven Vorgänge bei sich selbst im Leibe spürt, während der, der den spirituell-mentalen Pfad begeht, viel aufmerksamer innerhalb der Gemeinschaft auf die vielen Schwingungsvorgänge von anderen Personen wird. Er wird beispielsweise nicht so leicht zu einer guten Konzentration kommen, wenn der Gruppenprozess in irgendeiner Weise belastet ist. Er wird dagegen leichter zu einer Konzentration kommen, wenn die Gruppe im Inneren ruhig ist, wenn sie unbeladen ist, das gleiche Ziel in sich trägt und selbst über Bewusstseinskräfte verfügt. Äußerer Lärm oder äußere Ablenkungen stören jenen, der den spirituell-mentalen Pfad geht, weniger als diejenigen Kräfte, die durch Projektionen oder Aggressionen von Seiten der Mitmenschen kommen. Die äußere Materie, wie zum Beispiel Hitze, Kälte, Lärm oder andere Störeinflüsse, wird die Bewusstseinsseele nicht so leicht aus der Konzentration ablenken, denn diese Einflüsse sind ihrer Natur nach dem Bewusstsein fremd. Aber die Störungen, die von menschlicher Seite ausgehen, die sich ungeordnet bemächtigen, werden den Schüler, der den spirituell-mentalen Pfad geht, am meisten quälen, denn diese besitzen eine nahe Verwandtschaft zu dem Äther der Gedanken. Deshalb wird in einer Schule, wie diese es ist, die Gegnerschaft viel störender empfunden als beispielsweise Lichtausfall, schlechte räumliche Verhältnisse oder irgendwelche andere physische Strapazen.

Die Prozesse der Bewusstseinsseele sind außerordentlich sensitiv, und da sie so sensitiv sind, bedürfen sie einer langwierigen Pflege, bis die Entfaltung der Konzentration auf rechte und sichere Weise entsteht. Es ist aber trotz dieser Schwierigkeit im Vergleich zum mystischen Weg damit ein relativ großer, weiter Weltenfortschritt gegeben, denn je mehr Bewusstseinskräfte aktiviert werden, um so mehr kann der einzelne Mensch tatsächlich in Unmittelbarkeit gebend wirken, er kann den Gedanken in Liebe bis in die Universalität des Gesamten führen. Lebendige Seelsorge kann auf diesem Weg der Bewusstheit durch das sechste Zentrum entstehen. Jeder kleine Gewinn, jeder Fortschritt auf diesem Weg ist größer als der Einzelne glaubt. Es wurde gestern die Frage gestellt: »Welche Bedeutung hat die geistige Schulung?« Jeder kleine Fortschritt, der im Sinne einer Bewusstseins-Gedankenerfahrung und -erweiterung errungen wird, jeder ehrliche Fortschritt auf diesem Wege, wirkt sich erlösend auf das Totenreich, wirkt sich erlösend auf die Gesamtheit aller Bindungen aus.

Spirituell ausgerichtete Gemeinschaftsbildung in einer Bewusstseinsseelenentwicklung

Vortrag vom 20. Juli 2002

Mir erscheint es sinnvoll, klärend und wegweisend einige Gedanken hereinzuführen, die heute Abend anstelle der normalerweise hier üblichen Meditation nun zum weiteren Weg dienen sollen. Es ist für eine Initiationsschulung notwendig, aus alten Verbindungen, sogar aus karmischen Verbindungen herauszuarbeiten oder herauszusteigen und auf Ziele, die viel freier, viel deutlicher, konkreter gewählt sind, wagemutig zuzugehen. Es ist nicht die Verwirklichung des eigenen, bisherigen, genetisch angelegten Selbst sinnvoll, sondern es soll eine Verwirklichung entstehen, die auf ganz anderer Grundlage besteht. Es soll sich ein Geist verwirklichen, ein Geist, den wir als göttlichen Geist bezeichnen, ein Geist, der transzendent ist, der erhaben über diesen gesamten genetischen Forderungen des Leibes steht. »Es soll sich Gott im Menschen verwirklichen, und nicht Fleisch und Blut sollen sich verwirklichen.« Diese Aussage, die so oft von Mystikern, Eingeweihten oder mit philosophischem Wissen begabten Personen getätigt worden ist, liegt zentral in der innersten und meist noch unbewusst bestehenden Absicht der Menschheit. Das Verständnis jedoch zu diesen inneren Absichten und doch sehr fundamental wichtigen Bestrebungen der Seele zu finden, ist für den Einzelnen eine große Schwierigkeit und setzt wohl einen längeren Erfahrungsweg voraus.

Die Schwierigkeiten, die allgemein in einer um ein spirituelles Ideal bemühten Diskussion auftreten, sind im Hinblick auf die Gemeinschaftsbildung, im Hinblick auf das Verständnis der Individuation gerichtet und sie sind auch darin begründet, dass diese Schulung hier bemüht ist, möglichst weitgehend eine Institutionalisierung, Kirchenorientierung oder reine Gruppenorientierung zu vermeiden und jedem Einzelnen damit die größtmögliche Freiheit einzuräumen. Da aber das gemeinsame Ziel und die Bewusstseinsseele in ihrer Realisationskraft noch gar nicht richtig in Aussicht gestellt sind oder die gemeinsamen Zielpunkte nicht deutlich genug eigenständig gedacht sind, kann sich somit die gesamte Diskussion nicht erfolgversprechend entwickeln und in eine konkrete Weiterentwicklung in einem spirituellen Gesprächskreis erbauen. Die Erfahrungen jedoch von dem gemeinsamen Gesprächskreis möchte ich jetzt nicht ganz außer Acht lassen, denn sie zeigen die Schwierigkeiten an, wie alle gemeinsam hier ringen, aber nicht genau wissen, um was sie eigentlich ringen. Einige Probleme wurden schon beschrieben, aber der Einzelne weiß noch nicht genau, welche Rolle sie spielen oder welche Aussage die Probleme für ihn und damit wieder für den geistigen Entwicklungsweg besitzen. Gewissermaßen ringen alle im Bewusstsein um das Bewusstsein selbst.

Der Schulungskurs ist hier in einer internationalen Ausrichtung versammelt. Personen aus England, Personen aus Holland und Belgien, Personen aus verschiedensten Teilen von Deutschland und Österreich sind hier anwesend und sie kommen mit ganz unterschiedlichen Fähigkeiten zusammen, auch mit verschiedenen Erfahrungen. Nur eine Zielrichtung ist erst einmal gemeinsam, das ist die Zielrichtung, die sie mit dem Geist von mir verbindet. Es wurde, so weit ich das mitverfolgt habe, darüber gesprochen, wie die Beziehungsaufnahme zu mir oder wie grundsätzlich die Stimmung des Einzelnen in der Gruppe zu mir ist. Wir können dazu einmal ein praktisches Beispiel herausgreifen.

Es heißt in der Kirchenorientierung, typischerweise in der katholischen Kirchenorientierung, dass Christus über der Kirche steht und die Kirche die Tochter Christi ist. So ist die Gemeinschaft getragen von dem übergeordneten Geist Christi. Etwa in diesem Sinne ist das Verständnis bis zum heutigen Tag ausgerichtet. Ich kann jedoch dieses Verständnis so nicht annehmen und einen Gott oder auch meine Person oder irgendeine Anzahl von Personen oder einen Christusgott darübersetzen, sondern ich würde jetzt ganz anders, vielleicht etwas ketzerisch sagen: »Diese eigentliche Person des Geistes oder die geistige Inspirationsquelle ist nicht über dem Menschen, sondern sie ist im Menschen.« Deshalb ist die Stellung bis zum heutigen Tage nicht ganz geklärt, wie die Schüler zu mir in Beziehung stehen beziehungsweise wie überhaupt diese individuellen Stellungen zu einer geistigen Quelle hier zu erkennen, zu verstehen, zu beleben und zu erfassen sind.

Nehmen wir ein anderes Beispiel. Betrachten wir den Menschen in seiner Liebeskraft. So, wie Sai Baba es auch ausspricht, beschreibt er die Menschen als embodyments of love, als die Verkörperung der Liebe. Er sagt: »Ihr seid die Verkörperung der Liebe, nicht einer Liebe, die von außen kommt, sondern einer Liebe, die sich von innen heraus entfalten will«. Wenn die Schüler diese Liebe nicht als immanent erkennen, nicht nach innen deuten, nicht vom Geist der Entwicklung ausströmen sehen – von innen heißt aber nicht vom Leib, sondern vom seelisch-geistigen Zentrum des Menschen –, wenn sie nicht in die menschliche Mitte hineingelegt wird, dann wird sie vermutlich als eine Autorität angenommen und es wird mit dem Begriff »Liebe« mit Sicherheit immer hierarchisch oder autoritär umgegangen. Auf feinste, subtilste Art muss man dann mit dem Begriff »Liebe« auch moralisierend werden oder man muss diesen Begriff in irgendeine Fassung bringen, die aber niemals dem Begriff einer Transzendenz, einer Geistigkeit, einer Liebe gerecht werden kann. Die Liebe selbst möchte sich aus dem innersten Zentrum des Menschen heraus entfalten, sie möchte sich heraus entfalten und ihre vielen Proben in der Welt finden, ihre vielen Zeichen in der Welt sehen, ihre vielen Errungenschaften entdecken, sie möchte sich tatsächlich aus einem Innersten hinein in die Welt, hinein in das Antlitz der Erde entfalten.

Nehmen wir noch ein Beispiel hinzu. Wir haben schon einmal über das Herz-Kreislauf-System gesprochen, das war zu jenem Zeitpunkt, als die Bedeutung der Standposition und des Herzmittelpunktes das Thema war. Das Herz ist die Mitte des Menschen und markiert metaphorisch seinen Standpunkt. Es ist das erste Zentrum, in dem sich der Geist im Menschen auf individuelle Weise verkünden soll. Wenn der Herzmittelpunkt betrachtet wird, dann darf aus etwas erweiterter medizinischer Sicht der Kosmos mit den verschiedenen Sternwirkungen, mit den Astralwirkungen als das weite, determinierende Zirkulationsleben verstanden werden. So ist ein Mittelpunkt als Zentrum mit dem Herzen angelegt und es ist ein Zirkulationsleben in der Peripherie, das aber gleichzusetzen ist in allegorischer Weise mit dem gesamten Kosmos. Der Kosmos lebt über dem Kreislaufleben und bildet immerfort den Mittelpunkt des Herzens. Nicht umgekehrt sollte diese Darstellung erfolgen. Es soll nicht umgekehrt der Weg vom Herzen ausgehend hinein in den Kosmos betrachtet werden, hinein in die Peripherie, sondern es soll auf zentripetale Weise der Kreislauf verstanden werden, denn er drückt sich von außen, von der Weite hinein in die Inkarnation aus, in das werdende Selbst und damit in das Herzzentrum. Dann entspringt aber aus dem Herzzentrum, aus der Systole, wieder die Bewegung in die Peripherie, und es schlagen dort die Planeten Mars und Venus im rhythmischen Wechsel. Der Mars pulsiert in dem Sinne, dass eine Sauerstoffhungrigkeit des Blutes besteht und den Lungenkreislauf entfacht, und die Venus pulsiert dort, wo die Bewegung hinein in die Erde oder hinein in den gesamten Körperkreislauf gehen soll. Es strahlt mit der venusorientierten Kreislaufbewegung die Sehnsucht nach Bewegung in die Erde aus, die Bewegung nach irdischer Sympathie, die mit der linken Kammersystole verbunden ist. Im Gesamten ist dieses Kreislaufleben ein tiefer Ausdruck dafür, wie das Weltensystem im innersten Menschen unaufhörlich pulsiert. Der Rhythmus entsteht aus den verschiedenen Planeten. Der Kreislauf gehört zum Sonnensystem, Mars und Venus pulsieren im Kreislauf, aber auch die anderen Planeten spielen eine nicht ganz unbedeutende Rolle. Es bildet sich aus diesem kosmischen Gesamtorganismus schließlich der feinste Punkt, das Zentrum des Selbst, aus. Es bildet sich in der Mitte das Zentrum eines innersten, individuellen Wesens, eines Geistes, eines Menschen, eines menschlichen Geistes aus.

Wenn der Schüler versucht, den Rhythmus des Kreislaufs zu ergründen, dann wird er sicher von materiellen Faktoren ausgehen können und er wird weiterhin auch von kosmischen Faktoren, wie in dieser Betrachtung, ausgehen dürfen. Materielle Faktoren sind beispielsweise Temperatur, nervliche Aspekte, die Aufregung oder die Anstrengungen, die das Kreislaufleben aktivieren und es von der Peripherie in die Richtung des Herzens entsprechend anregen. Auch das gesamte Reizleitungssystem, das bestimmten vegetativen Einflüssen gehorcht, Einflüssen, die aber gar nicht leicht zu definieren sind, bringt Steuerungen, bringt Rhythmen hervor. Wir können sagen, dass der Rhythmus, den der einzelne Mensch in seinem Kreislauf, in seinem Herzrhythmus erlebt, immer von Außenfaktoren mitbestimmt ist. Wenn ich dieses Beispiel nehme und es nun in Beziehung stelle mit einem ganz anderen geistigen Bild, mit einem viel tieferen, intuitiven, inspirativ-intuitiv-geistigen Bild, dann dürfen wir sagen: Der Rhythmus ist einmal im Herz-Kreislauf-System gegeben, aber er ist auch im Leben gegeben in der seelisch-geistigen Entwicklung. Eure seelisch-geistige Entwicklung ist durch Rhythmen gekennzeichnet. Innerhalb dieser Rhythmen wirken verschiedene Planeteneinflüsse, denn wenn heute der Mars in euch überwiegt, dann kann in euch ein entsprechender Rhythmus des Erregtseins, des Zornes leichter aufwallen, und wenn die Venus überwiegt oder der Jupiter oder der Merkur, dann werden entsprechend spezifische Aspekte in der Persönlichkeit mehr zum Vorschein kommen. Das seelisch-geistige Leben ist von den Sternen abhängig und von den zusammenkommenden Konstellationen. Die Rhythmen unseres seelisch-geistigen Lebens hängen auch ganz nahe mit den Begegnungsformen zusammen. Denn das, was an Begegnungsformen entsteht, hier zum Beispiel in einer Gruppe, mit Freunden, mit angenehmen wie auch unangenehmen Personen, bringt wieder entsprechend weitere Entscheidungsschritte mit sich, und so wird das seelisch-geistige Leben in eine entsprechende Richtung gebracht. Nun ist es aber für die hier anwesenden Zuhörer wichtig, wenn wir die Gemeinschaft sehen und die Mittelpunktstellung des seelisch-geistigen Antriebes näher erfassen, einmal klar zu erkennen, dass der Rhythmus des Schülers gar nicht einmal nur allein von dem abhängt, was seine Genetik ist und die daran arbeitende Analogie der Planetenkonstellation. Es tritt mit der Initiation eine Art neue Sonne herein. Die neue Sonne ist tatsächlich für die Anwesenden durch die Person von mir im Irdischen repräsentiert, denn diese neue Sonne bestimmt die seelisch-geistige Weiterentwicklung und sie bestimmt den seelisch-geistigen Fortschritt auf sehr geheimnisvolle, aber doch sehr sichere Weise von innen heraus. So, wie die Schüler zu diesem sonnenhaften Geist innerhalb der Begegnung kommen, so nehmen sie im Keime einen ganz anderen, neuen Rhythmus in sich auf. Wäre diese esoterische Tatsache nicht wirklich, so wäre die Begegnung mit einer lebendigen Initiation auch nicht gegründet. Wahre Initiation vollzieht sich im Stillen der Seele und bringt einen Keim zu einem neuen Rhythmus mit sich. Für eine wahre Initiation braucht man keine Technik, keine Rituale oder besonderen Zeremonien, eine wahre Initiation vollzieht sich in der Begegnung unmittelbar.

Es ist ganz außerordentlich wichtig zu sehen, dass die Person von mir den Einzelnen gar nicht so sehr von außen versucht zu leiten und auch gar nicht so sehr von außen Anregungen übermittelt, sondern dass diese geheimnisvolle Begegnung, die mit einer Liebe verbunden ist, mit einem fast ungreifbaren Liebesempfinden, mit einem übergeordneten Liebesgefühl, eine Neuorientierung in die Geburt führt, die mit der Begegnung von jedem Einzelnen zu mir oder von mir zu jedem Einzelnen das weitere seelisch-geistige Leben rhythmisiert. Es gibt aus diesem metaphorischen Kreislauf kein Ausbrechen, denn es ist dies ein inneres Wollen, das sich auf intuitiven Ebenen abspielt, auf mysteriösen Willensebenen. Es ist nicht das freie, ganz frei gestellte materielle Wollen des Individuums wirksam, sondern es ist mit diesem inneren Bewusstsein, mit diesem ganz tiefen, inneren Willen ein göttlich-geistiger Antrieb verbunden, eine Sehnsucht, eine Erwartungshoffnung, eine tiefste Sehnsucht nach Individuation, nach Werdung zur Vollkommenheit mit neuen, ungeahnten lebensintegrativen Schritten zu einem göttlich-geistigen Ganzen. Der Rhythmus ist deshalb von innen heraus durch die Begegnung mit meiner Person, durch das Wirken von Liebe über meine Person bestimmt. Es ist in dezenter Weise in manchen stillen Augenblicken sicherlich immer wieder einmal spürbar, dass es zwar viele Lasten im Äußeren gibt und Ablenkungsmanöver der weltlichen Kräfte, aber dass es doch im Innersten eine Sehnsucht gibt, die den Einzelnen immer weiter in die Verbindung zu ähnlichen Inspirationen, Imaginationen und Intuitionen führt und ihn langsam in eine viel weitere Weltenverbindung bringen möchte. Der Rhythmus erbaut sich aus den innersten Sehnsüchten, die im Willen eingraviert sind und die gar nicht einmal so viel mit dem äußeren Denken, mit den äußeren Gefühlen des Alltages, äußeren Gefühlen, die man sich von Monat zu Monat einmal zurechtrichtet, zu tun haben. Der Wille nach einer sonnenhaften Verbindung und sonnenhaften Vollkommenheit, wie er in der Begegnung entzündet wird, arbeitet zielsicher aus dem Innersten und er wird auch über den Tod hinaus sogar noch weitere Bedeutung haben und die Seele nähren oder richten.

Im Hinblick auf die Gemeinschaftsbildung stellen sich auf diese Weise ganz andere Akzente, als wenn die Person von mir im Außen genommen wird, als Führer, Direktor, als eine Person, die Seminare oder Kurse leitet und verantwortet. Mit der Person von mir ist viel mehr das Mysteriöse verbunden, das Geheimnisvolle in der Seele. Und nur die Seele weiß genau, wie diese Verbindungen tatsächlich gewollt sind, wie sie eingetreten sind, wie sie um des Fortschrittes willen aufgesucht wurden. Eine Initiationsschulung ist in diesem Sinne eine Schulung, die sich viel mehr im Stillen ereignet und gar nicht so sehr in äußeren Arbeitsgruppen, im äußeren Ansammeln von Wissen oder auch in äußeren Bemühungen um eine Synthese von Geist und Welt. Diese Synthese von Geist und Welt ist zwar eine Idee, die noch nicht eingetreten ist, die noch nicht in der Realisation eingetreten ist, aber sie arbeitet durch die innere Person von mir, beziehungsweise durch die Liebe die damit verbunden ist, fortwährend auch in euch.

Wie soll aber diese Synthese eintreten? Wie sollen mehr Möglichkeiten realisiert werden? Viele sind jetzt an einem Punkt angelangt, an dem sie bemerken, dass sie nicht mehr so richtig weiterkommen, wenn nicht neue Aspekte, neue Möglichkeiten eröffnet werden. Andere sind wieder an einem Punkt, der besagt, dass sie noch ganz aufnahmefähig sind für eine bestimmte Wissensvermittlung, und die aus diesem Wissen, das sie erwerben, erste Erfahrungen beispielsweise in der Pädagogik oder in ihren Kreisen sammeln. Es ist einerlei, auf welcher Entwicklungsstufe die verschiedenen Kursteilnehmer stehen, ob sie noch mehr empfangen und das Empfangene auf langsame Weise aufbereiten, oder ob sie schon weitergeschritten sind und Grenzen bemerken, die sie noch nicht leicht sprengen können, da die Zielpunkte nicht klar sind, da es noch nicht eindeutig ist, wie eine Synthese des Geistes in der Praxis aussehen kann. Für die Gemeinschaftsbildung ist es aber sehr wichtig, das innere Mysterium zu betrachten, und weiterhin sollte es auch von einer Wichtigkeit sein, einen zumindest möglichst guten Rahmen im Äußeren zu bilden. Das Äußere hat jedoch nicht unbedingt so viel Bedeutung, wenn das Innere klar eingeschätzt wird, denn von außen wird man eine Gemeinschaft nicht stützen können. Eine Gemeinschaft ist von innen durch ihren Geist und durch ihre realen Ziele getragen. Deshalb ist einer der wesentlichsten Gemeinschaftsaspekte in einer spirituell orientierten Ausrichtung, dass die Beziehung, die zur geistigen Quelle besteht, für die Zukunft immer als ein Heiligtum in Reinheit gepflegt wird, da diese Beziehung die stille Mitte im Zentrum aller Handlungen bildet. Es ist keine Trennung möglich zwischen einem Schüler und der Initiationsquelle, denn die Beziehung bildet die Grundlage der Seele. Wenn ich zu euch spreche, dann verbinde ich euch miteinander, dann verbinde ich aber nicht nur euch miteinander, sondern dann verbinde ich auf harmonische Weise auch die Empfindungen mit der Berührung zum Totenreich, so dass das Seelische ins Fließen kommt vom Jenseitigen zum Diesseitigen. Diese Verbindungen entstehen, da ich um diese Imaginationen und Inspirationen weiß und sie auf eine Weise heranbringen möchte, um euch dort zu treffen und dort zu berühren, wo ihr ein Verständnis finden könnt. Und wenn ich zu euch spreche, dann fühlt ihr, dass diese Worte nicht nur leere Worte sind, die zu irgendeinem Projekt des Alltags oder Lebens oder der Werktagstätigkeit führen, sondern dass diese Worte tatsächlich immer Worte eines Mysteriums sind, eines Mysteriums des Sonnenwerdens, das euch selbst wie auch den werdenden, gedeihenden Geist in der Weltenschöpfung betrifft, das eure Mitmenschen und Gott in der Weltenschöpfung betrifft und den Christus in euch zum Bewusstsein erhebt.

Die Beziehung zu mir ist die Beziehung, die der Einzelne zu sich selbst hat, zu seiner Seele, zu seinem Seelisch-Geistigen. Um diese Beziehung muss der Einzelne deshalb immer wieder ringen. Wenig Verständnis oder wenig tiefe Bedeutung wurde bisher darüber gewonnen, dass diese Beziehung existentiell für den gesamten weiteren Fortschritt in der Zukunft ist. Es ist dabei nicht angebracht, den Begriff der Abhängigkeit zu gebrauchen, denn von welchen Bindungen, von welchen Formeln, Credos oder menschlichen Psychologien wären die Schüler abhängig? Sie sind nur einzig allein von sich selbst, von der seelischen Integrität, von der ganzen, wahren Gesundheit abhängig, von der Bedürftigkeit nach Liebe, von der wahren, rhythmischen Sequenz und davon, dass die seelisch-geistige Entwicklung mit Tropfen des Zustromes von Liebe beantwortet wird. Sie sind nicht abhängig von Äußerlichkeiten wie Geld oder Wohlstand. Viele haben gelernt oder mussten lernen, alleine zu leben, alleine durch das Leben mit seinen Anforderungen hindurchzugehen. Viele von den Anwesenden haben gelernt, mit sehr großen Schwierigkeiten umzugehen. So ist das Wort »Abhängigkeit«, wie es die moderne Gesellschaft ausdrückt, in der Geistschulung nicht gerechtfertigt, ja, in keinster Weise ist dieses Urteil gerechtfertigt, denn Abhängigkeit ist nur dann gegeben, wenn die eigentliche seelisch-geistige Entwicklung ausgeschlossen ist und psychologische Bindungen als Kompensation für das unerfüllte Seelenleben existieren. Denn aus dem Selbst, aus dem wahren Urgrund der Seele, wird niemand abhängig. Menschen werden nur abhängig, wenn die Seele herabgedämpft wird, heruntergedrückt wird in das Unbewusste und wenn äußere Mächte in Angst über das Bewusstsein herrschen oder es besetzen, dann ist eine tatsächliche Besetzung oder Abhängigkeit gegeben. Das ist jener Zustand, der aber in der Welt relativ gewöhnlich ist.

Für die Gemeinschaftsbildung ist es von nennenswerter Bedeutung, dass sie nicht von außen auferlegt wird, sondern von innen heraus als Bedürfnis und als Bewegung zur Entfaltung kommt. Ebenso ist es eine wichtige Regel, die für die Zukunft von steigender Bedeutung wird: Wir müssen uns darüber klar werden, dass all dasjenige, was wir passiv entgegennehmen, für die geistige Welt von relativ wenig Wert ist. Dasjenige aber, das wir aktiv ausgestalten durch eigenständige Entscheidung und eigenständige Bewusstheit, führt zum geistigen Schatz. All die Entscheidungen oder all die Vorhaben, die wir selbst verantworten und selbst inaugurieren, sind immer ein Teil, der uns erst in die Welt hineinführen kann.

Dazu einmal ein kleines Beispiel. Nehmen wir an, es stellt jemand fest, dass es von Notwendigkeit ist, einen Tag Pause zu machen, damit er sich besser erholt von den Strapazen des Alltags, von der Arbeit oder von dem vielerlei Gehörten. Indem er sich solch eine Pause einräumt, begibt er sich ad sensum erst einmal in die Passivität. Die Passivität ist eine gewählte Form der Entspannung, die er sich zur Regeneration einräumt. Ist aber Entspannung wirklich möglich in der Passivität? Bei genauerer Betrachtung entspannen wir uns nicht wirklich durch Passivität, sondern Entspannung tritt ein, und das werden diejenigen immer mehr bemerken, die fortschreiten auf dem Weg, durch eine rechte Aktivität. So sollte sich jeder auch an einem Tag, an dem er regenerierende Entspannung sucht, einen leichten, angemessenen Inhalt setzen. Ist beispielsweise ein Spaziergang geplant, dann sollte der Schüler nicht erwarten, dass der Spaziergang ihn durch seine reine Luftatmosphäre erfüllt, sondern er setzt einen leichten Gedankeninhalt, den er auf mentale Weise erfrischend verarbeiten und leicht beschwingt, wie man sagt, erleben kann. Sogar zu den allerkleinsten Vorhaben im Leben sollte sich der Geistschüler entscheiden. Er sollte für das Alleralltäglichste, das er mehr der Gewohnheit nach verrichtet, auch zumindest eine eigene Entscheidung hinzufügen und dem unbewussten Lauf der Dinge einen richtungsweisenden Inhalt beigeben. Die einfachsten Verrichtung sind dann mehr unter der Ich-Führung und damit unter der eigenen Gedanken- und Empfindungsbildung. Er gibt einen Inhalt zu seiner Tätigkeit hinzu. Ob der Inhalt richtig oder nicht so günstig oder sogar falsch gewählt ist, spielt dabei weniger Rolle, als dass der Inhalt aus selbsteigenen Gedanken entschieden und gewählt ist. Vielleicht wird diese erste Ich-Gedankenführung, die in die Gewohnheiten vordringt, eine längere Übungsdauer voraussetzen, aber sie ist von großer Wichtigkeit für die seelisch-geistige Welt.

Was geschieht in der seelisch-geistigen Welt, wenn die Schüler unbewusst Handlungen verrichten, aber sich keine Inhalte setzen? Wenn der Einzelne von sich aus noch nicht imstande ist, Inhalte zu setzen, so ist das im Moment natürlich keine große Tragik, aber wenn er schon fortschreitet auf dem Schulungsweg und Inhalte setzen sollte und keine Inhalte setzt oder aus Angst, aus Mutlosigkeit die eigene Ich-Bewusstheit unterlässt, so regiert ihn mehr der mechanische, unbewusste Lauf der Dinge. In der Folge entsteht beständig eine gewisse Schwächung in den gesamten Beziehungsrhythmen von den inneren seelischen Astralsphären ausgehend, vom Totenreich ausgehend zu dem gegebenen irdischen Reich. Je besser der Einzelne aber einen Inhalt setzt, um so mehr Lichtfreude setzt er frei. Als personales Wesen macht sich der Mensch gewissermaßen so wie die Lorbeerpflanze kosmisch offen und sympathisch, während er sich, wenn er keine Inhalte setzt, so etwa benimmt wie das Leben der Kartoffel, die den Licht-Sinnes-Prozess nicht so richtig aufnimmt und in sich in der Vitalität als Pflanzenwesen verharrt. Obwohl dieser Vergleich sehr elementar gewählt ist, trifft er auf das Lichterleben, auf das Licht-Sinnes-Erleben unseres Gemütes genau zu. Das innere Sinnen-Seelen-Erleben nimmt in dem Grade zu, wie es das eigene Interesse am Fortschritt des Gesamten veranlasst. Der Mensch wird im eigenen Bewusstsein offener und damit ist er sogleich für die Seelen im Jenseitigen offener, näher mit ihnen im Gefühl verbunden. Die Lebenden sind in einer Kommunikation mit den Seelen des Verstorbenenreiches. Die Seelen erfreuen sich an den Lebenden, und diese werden sich doch mehr oder weniger deutlich wieder erfreuen an der jenseitigen Welt, an den Einströmungen, die in die Welt hineinfluten, denn das Lichtfreude-Erleben, das sich im Lichte der Welt spiegelt, zeigt in Wahrheit des esoterischen Daseins Ausdrucksformen, die die Toten wieder hineinbringen in das Gemüt. Bleibt der Mensch aber passiv, lernt er nicht, dem Leben Inhalte zu geben, Entscheidungen zu treffen auch für die kleinen Dinge des Alltages, lernt er nicht, selbst diese Bewegung aus dem Zentrum des Ich im Sinne von Zielen und Interesse auszudrücken, dann hat er kaum eine produktive Möglichkeit, in den autonomen, unbewussten Prozess des Daseins, in den imperituren Rhythmus der Gewohnheiten, der durch seine Bequemlichkeit und durch das Kollektiv der Zeit gegeben ist, tatsächlich eine formende Bewusstheit aufzubauen. Ich will das einmal schematisch hier an die Tafel bringen, um das bisher Gesagte noch einmal zum Ausdruck zu führen.

Der Mensch steht mit seinem Ich, mit seinem Selbst in einem genetischen Kreislauf, der ihn umzingelt. Er ist in seine Hülle des Leibes eingebunden. In dieser Hülle des Leibes sind psychologische Bindungen, Muster und unendliche Gewohnheiten veranlagt. Nun erfolgt der Bewusstseinsweg, und der Bewusstseinsweg erfolgt ja immer wieder in die Weitung, heraus aus den Grenzen der Gewohnheit und des bisherigen Wissens. Es soll dieses Ich nicht enger werden in seinem Kreis und soll sich nicht in den kollektiven Zeitformen verlieren, sondern es soll weiter werden und es wird auch langsam weiter zu einem größeren Astralkreis, das heißt zu einem größeren, dynamischen Bewusstsein geschult. Wenn der Schüler nun weitergeht auf dem seelisch-geistigen Weg, sich Ziele setzt, dann führt er seine Aufmerksamkeit auf eine Idee oder auf ein Ideal so hin, dass dieses Ideal einmal zu seiner eigentlichen Identität werden soll. Nicht die alte Identität soll bleiben, sondern das, was der Einzelne so langsam herausgewonnen, abgerungen hat von der ganzen Welt, das soll schließlich seine Seele einmal bilden, das soll für die Welten der Zukunft bleiben. Der ernsthafte Aspirant will ja nicht im alten

Erbe bleiben, sondern er will ein ganz neuer, verwandelter, dynamisierter Mensch werden. Er will geboren werden in den Tugenden der Vorbilder, in den Gedanken, die den geistigen Wirklichkeiten entsprechen und die er in einem angemessenen, verwirklichten Menschheitsideal wertschätzen kann. Er will nicht dort stehen bleiben, wo ihn die Geburt und die Natur des Schicksals allein hingebracht hat, sondern dort, wo seine ganze Liebessehnsucht nach Edelmut und Wahrheit hintendiert. Dieser Weg ist deshalb ein ausgesprochener Willensweg, denn dieser Weg ist immer mit einem Grenzüberschreiten unseres Denkens und Fühlens verbunden. Hier muss jeder aus seinem alten Schema heraussteigen und in ein neues Bewusstsein eintreten lernen. Wie schwer dieser Weg dann auch in der Praxis zu gehen ist, erlebt der Einzelne immer wieder in den verschiedenen Krisenzuständen und er erlebt es dann, wenn er die inneren Hindernisse bei sich selbst kennen lernt und die Zweifel und Ängste aus seinen kleinlichen Anhaftungen zur Welt überwinden muss.

Für die Gemeinschaftsbildung ist nun diese Ausrichtung außerordentlich bedeutungsvoll, denn für die Gemeinschaftsbildung zählt nicht nur der Rhythmus, den irgendein System dem Menschen auferlegt, sagen wir irgendeine Institution, die sich Ideale ausdenkt und die diese Ideale dann dem Ich des anderen aufoktroyiert. Es gibt für den Geistschüler grundsätzlich keine Autorität, zumindest keine institutionelle Autorität, die besagt, wie er sich im geistigen Sinne ausrichten müsste. Dennoch gibt es natürlich die verschiedensten Anregungen, die verschiedensten Idealvorstellungen, die den Einzelnen inspirieren, begeistern, befeuern und die ihn so lange emporheben, bis er aus eigenem Antrieb heraus ein bestimmtes Ideal wünscht und erstrebt.

Die Gemeinschaft aber erlebt sich nun nicht aus dem, was der Einzelne bei sich selbst und innerhalb seines genetischen Kreises mit sich trägt, denn innerhalb dieses Standortes wäre tatsächlich das Gemeinschaftsideal gebunden an eine übergeordnete Autorität, die wie eine Hirtenautorität die Schafe weidet. Das Bild des Hirten, der die Schafe weidet, ist für den Individuationsweg unerträglich. Es wäre günstiger, ein anderes Bild zu wählen, ein Bild, das ganz aus sich selbst herausführt und das aus dem Hirtendasein des Behütetseins, des Geweidetwerdens ein reifes Erwachsenensein formt. Wir müssen ein Bild wählen, das besagt, die Gemeinschaft lebt nun durch den Einzelnen selbst und die Gemeinschaft ist ein erstrebenswertes Ideal. Das

Bild, das wir zu der Beschreibung wählen, ist das Sonnensein am Himmel selbst. Die Sonne erleuchtet in der Tageshelle den Himmel und alle Erscheinungen und schenkt das Licht gleichermaßen den angrenzenden Welten. Aus dem hellen, erleuchteten Himmel verströmt das Licht, so entströmt aus der Gemeinschaft das Licht aus seiner eigenen Helligkeit. So streben verschiedene Individuen hin zu einem Ideal und schenken das Wesen des Lichtes, der Verbundenheit, denn dieses Licht aus der Aktivität des Denkens und Fühlens entsteht nun durch die erworbene Spannkraft der Seele. Diese Spannkraft, die der Pfeil symbolisieren soll, ist die Kraft, die zur Verbindung auch unter Menschen und von den Lebenden zu den Toten beiträgt.

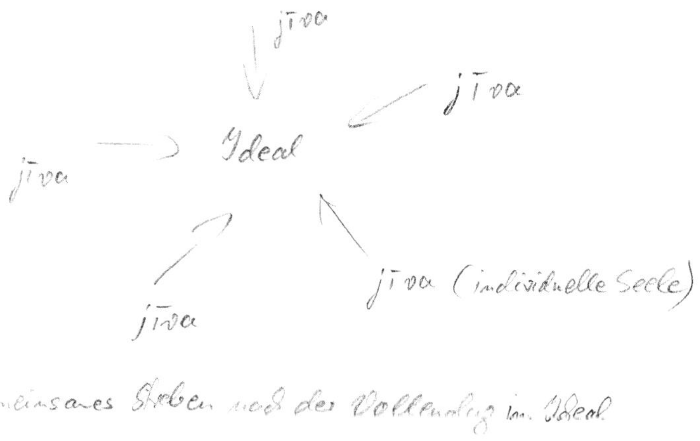

Nun soll aber in der Entwicklung des Aspiranten ein praktischerer oder lebensnäherer Seelenbezug entstehen, so dass erkannt und erlebt wird, dass einerseits diese Konstellation, dieses Zugehen auf neue Möglichkeiten, auf idealere Möglichkeiten, ein Bedürfnis der Seele ist und ein Bedürfnis des Innenlebens, und auf der anderen Seite soll erkannt werden, dass es sogar die Nahrung für die Welten ist, das fortdauernde, bleibende Wesen unseres Daseins ist. Wenn der Schüler einen Inhalt wählen kann, der über ihn selbst hinausgeht, der transzendenter Art ist, der ein Ideal beschreibt, das ungeboren ist, so sollen sich diese Kräfte begegnen, die Kräfte aus den Bedürfnissen, aus den rein persönlichen Bedürfnissen, und die Kräfte aus einem geistig-göttlichen Ziel heraus.

In den asketischen Vorstellungen des mystischen Weges und des alten Yoga sind ganz andere Ordnungen mit zwingenden Regeln bekannt. Diese Ordnungen und Gesetze, die sich in der ersten Disziplin an den Leib und dessen Reinigung richten, an die Reinigung von den leidenschaftlichen Trieben, muss der Schüler des Yoga heute mehr auf die Bewusstseinsfähigkeiten ausrichten, denn das Bewusstsein ist es, das er in eine Purifikation führen muss. Im mystischen Weg würde man ganz deutlich von Selbstaufgabe in Form einer leiblichen Purifikation und von einer erst in der Folge anschließenden Selbstfindung in Christus oder Selbstfindung in Gott, Selbstfindung im Meister des Yoga, sprechen. Das Bewusstsein wurde noch nicht zur ganzen Aktivität herausgefordert, wohl aber war es der Wille gegenüber allen Triebkräften des Leibes, der auf äußerste Weise einer Disziplin gehorchen musste. Noch in überlieferten Yogakreisen wird erst einmal die Selbstaufgabe des ganzen persönlichen Lebens gefordert, das Aufgeben eines persönlichen Kreises und aller Fixierungen, Verhaftungen und Bindungen, und dann soll der Mensch sich neuen Gefühlen in der Art eines geistigen Verbundenseins mit der kosmischen Kraft eines Meisters oder einer höheren Seinsebene hingeben. Es ist mit dem Eintritt in einen Orden oder mit dem Eintritt in einen Ashram der Verzicht auf alles, manchmal sogar auf das Sprechen mit Frauen, gefordert. Im alten Yoga wird diese Selbstaufgabe gerne gefordert, damit dann die Übungen in reinerer, freierer, unabhängigerer Weise vollzogen werden können. Da in dieser Schulung aber nicht von einem asketischen Ideal dem Leib gegenüber, den äußeren Verrichtungen oder auch von dem äußeren, sichtbaren Reinsein gesprochen wird, noch von einem mystischen Ideal, einem Versinken in die Kontemplation, noch von einem klösterlichen Standpunkt des Lebens die Interpretationen hergeleitet werden, muss der Aspirant diese Selbstaufgabe und die Selbstrealisation, die für die Zeit erforderlich ist, von der Disziplinierung des Bewusstseins als Erstes abhängig machen und dann erst auf die weiteren Schritte in Bezug auf die Disziplinierung des Leibes und der Lebensumstände übergehen.

Für eine Gemeinschaftsbildung soll das Ziel, das Objekt, das erstrebenswert ist, beziehungsweise das Ideal, das man sich setzt, von einer großen Bewusstseinsspannkraft gedacht und getragen sein. Wenn das Ideal nicht hoch genug angesetzt wird und es nicht ausreichend in Gedanken gedacht wird, kreist der Einzelne zu sehr und zu leicht in seinen persönlichen Gefühlen und Bedürfnissen. Es sollen wahre Vorhaben, Projekte, Initiativen mit hohen Zielen geschaffen werden. Mit der Zielorientierung zu einem realistischen und doch hoch und weit gedachten Ideal konfrontiert sich der Schüler mit der eigenen, inneren Situation der Furcht, der Ängstlichkeit vor dem Ich-Werden. Die Angst ist ein Faktor, der jeden in der Regel immer geheimnisvoll begleitet. Die Angst ist sogar ein Zeichen der Zeit, sie ist ein Phänomen, das den Menschen heute immer mehr lähmt und ihn auch gefügig macht für das materielle Dasein, für das konsumorientierte Dasein. Die Angst ist unerkenntlich weit verströmt und verschleiert in den gesamten Daseinsstufen, so dass der Einzelne aufgrund der inneliegenden, unbekannten Angst Handlungen vollzieht, die tatsächlich die Seele verneinen würde, die aber die irdische Existenz zu Unrecht einfordert. Die Angst hindert den Schüler auch zu denken, sie hindert ihn auf ungesehene Weise mit ihrer heimlichen Barriere, mutig in die Zukunft zu blicken, sie hindert ihn auch, die wahren und rechten Gefühle im Dasein herauszuarbeiten. Die Angst, *bhaya*, die in Initiationsschulen als immanentes, hinderliches Wesen bekannt ist, wird in einem Individuationsweg bewusster und gegenwärtiger durch das Ich erlebt.

Der Mut zu einem Ideal, das Wagnis des Denkens, die Frische des Willens und die Tapferkeit, bei Hindernissen weiterzugehen, ist für diesen Weg der Individuation aus dem Bewusstsein und aus der zart errungenen geistigen Anschauung unerlässlich. Es darf sich eine Gruppe, die zu einem realen Ideal strebt, nicht blockieren, sondern wenn eine Gruppe zusammentritt, dann soll sie lernen, sich in ihrer Dynamik anzuheben, sich durch gegenseitige Wahrnehmung, gegenseitige Zielorientierung anzuregen, sich tatsächlich im Selbstbewusstsein von innen heraus rational aufzubauen. Es ist aber auch ganz nennenswert, dass für eine Gemeinschaftsbildung aus esoterischer Sicht – und wir bewegen uns einerseits mit den Gefühlen in esoterischen und andererseits mit der Sprache in streng exoterischen Strukturen und wollen die Unterschiede immer wieder getrennt kennzeichnen – tatsächlich nicht das Maß an dem Stärksten anzusetzen ist, sondern das Maß ist am Schwächsten zu bestimmen. Aus esoterischer Sicht muss man tatsächlich auf den Schwächsten Rücksicht nehmen und sollte sich nicht nur an dem Stärksten orientieren. So sollen die Stärkeren zu den Schwächeren einen Bezug aufnehmen und sich in ihre Willens- und Gedankensituation hineinversetzen. Nur ist es für die Gemeinschaftsbildung wichtig und für alle verpflichtend, sich einig zu werden, welche Zielpunkte man anstreben möchte und wie man auf die Zielpunkte gemeinsam zugehen kann oder wie es geeignet ist, auf diese in koordiniertem Maße zuzugehen. Aber nicht der Stärkste soll allein das Maß der Rede, das Maß des Wortes bestimmen, sondern es soll der Schwächste in der gesamten Gemeinschaft die Verhältnisse maßgeblich mitbestimmen. Dann ist eine Gemeinschaft mehr zur Erde gerichtet und folgt nicht dem luziferischen Drang und wird erdenfern. Dann wird auch der Schwächste auf dem Weg mitgenommen, und in der Beziehungsrichtung zum Ideal wird man schließlich aus diesem Gesamtzusammenhang viel mehr die angenehme Verbindung und Verbindlichkeit spüren. Nicht der Stärkste wird zur Verbindung des Gemeinschaftsgeistes führen, sondern die Verbindung entsteht, wenn sich die Stärkeren zu den Schwächeren hinwenden und dennoch aber nicht die Schwächeren den Zielpunkt bestimmen, sondern wenn sie sich zum Zielpunkt in Beziehung bringen und so in gemeinsamer Arbeit das Ideal verwirklicht wird. Es heißt nicht, um es zu wiederholen, dass der Schwächste das Ziel bestimmt, es heißt nur, dass der Schwächere das Maß des Weges bestimmt, aber nicht den Zielpunkt. Den Zielpunkt sollte man aus einem möglichst guten, fundierten Wissen heraus bestimmen, aus einem Wissen, das mehr dem inneren, initiatorischen Geheimnis entspricht.

Das Objekt, das Ziel, die Idee, das Projekt oder die Initiative verbindet zwei Menschen. Man sagt im Volksmund auch unter Bergsteigern: »Der Berg hat sie miteinander verbunden.« Warum hat der Berg, die leblose Materie, die Menschen verbunden? Weil beide Menschen oder eine Gruppe von Menschen an diesem Berg so lange gerungen haben, bis sie den Zielpunkt, in elementarer Form ist das damit der Gipfel, erreicht haben. Das Sinnbild des Berges ist nur eine Bezeichnung für das Leben, denn im Leben suchen die Menschen Zielpunkte. Die Zielpunkte verbinden die Menschen, sie geben die Geschlossenheit, sie geben das Dreieck, das die Polarität auflöst. Die Zielpunkte sollten unbedingt bewahrt und sogar erweitert beziehungsweise ausreichend von neuen, größeren Standpunkten aus gedacht werden, und es soll die Beziehungsaufnahme zur Realisation dieser Ziele führen.

Wenn der Einzelne in der Gemeinschaft den Zielpunkt verneint oder ihn nicht denken, nicht annehmen will, dann wird er auch der Gemeinschaft schaden, wer den Zielpunkt fördert, wird auch dem Gemeinschaftlichen gerecht werden. Wer sich auf eine Weise zu sehr ketzerisch bewegt, ketzerisch aber im negativen Sinn, so dass er nicht wirklich konstruktive Beiträge gibt, sondern Beiträge zur Verneinung und zur Boykottierung gibt, der wird natürlich in der Gemeinschaft Unruhe erzeugen. Wenn der Zielpunkt klar ist und Menschen konstruktiv dort hinarbeiten und die Schwächeren das Maß des Ganges sogar mehr bestimmen können, so wird dieser Zielpunkt, dieses

Ideal, dieses Ideal der Liebe und gleichzeitig das Ideal der Weisheit, der Ästhetik, das Ideal des edlen, gehobenen Menschseins die Menschen miteinander verbinden. Wenn die Zielpunkte konstruktiv angestrebt und in gegenseitiger Kritik gefördert werden, so entsteht eine verbindende Kraft, die sich in der Dignität, im Aufrichtigsein ausdrückt, denn die errungenen Seelenwerte, die geistigen Tugenden verbinden schließlich die Menschen.

Es ist zu diesem Gemeinschaftssinn auch weiterhin hinzuzufügen, dass die Schüler die Aktionen nicht vom Alter abhängig machen sollten, denn junge und ältere Menschen wirken harmonisch zusammen, wenn sie sich gegenseitig respektieren. Der Jüngere zehrt von dem Älteren, aber er zehrt nicht auf negative Weise, wenn er sich zum Zielpunkt in Beziehung bringt, sondern er erlebt Aufbau durch den Älteren. Das ehrliche, ehrwürdige Herz der Älteren führt den Erfolg für die Jüngeren herbei. Die Jüngeren aber, wenn sie bereit sind zur Verantwortung, ermöglichen eine weite, freie Perspektive für die progressive Entwicklung der Gemeinschaftsideen und Gemeinschaftsziele.

Wie oft ist es wohl immer wieder in jungen Jahren eingetreten, dass Ältere förderlich mit angenehmer, väterlicher Ruhe den Jüngeren Weisungen gaben und sie gestützt haben auf ihren Weg des Lernens? Der Jüngere erbaut sich vielfach seine Kraft aus den Älteren und er erbaut sich auch eine Leichtigkeit und einen gewissen Humor aus der Erfahrung der Älteren. Aber die Jüngeren geben auch wieder den Älteren Möglichkeiten und Anregungen zu mehr Inhalt. Sie inspirieren auf ihre Weise, sie lassen das Phänomen der Einsamkeit durch ihren Willensdrang nicht so weit ausholen, wie das in unseren Gesellschaftsstrukturen heute der Fall ist, denn die Älteren gehören mit ihren Erfahrungsschätzen zu der Ruhe des Projektes. Die Älteren brauchen gewissermaßen auch wieder die Jüngeren. So wird der Ältere auch wieder seine Kraft aus den Bemühungen des Jüngeren schöpfen und für den Jüngeren erwachen Protektionen und Förderungen im Gefühl, denn für den älteren Menschen gibt es nichts Förderlicheres und Erfreulicheres, als zu sehen, wie sich Jüngere in der Kunst des Lebens, in Fähigkeiten und Geschicklichkeiten verbessern können. Die Gefühle der Freude tauschen sich im gegenseitigen, stillen Einvernehmen aus. Wenn sich die Älteren den Jüngeren gegenüber freuen, so ist damit schon eine erste Gemeinschaftsverbindung gegeben, und beide, Ältere und Jüngere, ergänzen sich durch ihre ganz anderen und doch in Achtung zueinander gerichteten Gefühle. So können

Humor, Leichtigkeit, Fleiß und Gegenseitigkeit aus diesen Begegnungsverhältnissen entstehen.

Die Gemeinschaft ist in der astralischen Ordnung durch die weibliche Natur gestützt und durch die gedankliche Führungsinstanz des männlichen Prinzips. Die Frauen haben in unserer mitteleuropäischen Gesellschaft noch nicht ihre gebührende, anmutige Stellung erhalten. Der Zeitgeist, der durch Leistung, Macht, Sexualität und Unwissenheit gegenüber den geistigen Welten die Gefühle der Menschen dirigiert, lässt das weibliche Wesen nicht zu ihrem eigentlichen, protektiven, verbindenden, heilenden, lebenserhaltenden und inspirativ anregenden Bewusstsein gelangen. Die Frau aber ist für den Erfolg des Mannes und selbst sogar für den spirituellen Erfolg mehr verantwortlich, als der trockene, intellektuelle, westliche Verstand auf den ersten Blick erahnen könnte. Die Frauen im Westen brauchen heute viel mehr Beispiele für eine gelebte Reinheit, Empfindungsfreude, Bewegtheit im Gemüte und für wahre Schönheit. Zwischen Mann und Frau wird wahre Adoration nötig. So lange die Sexualität der Maßstab im partnerschaftlichen Umgehen ist, können die Frauen nicht zu ihrer wahren Empfindungsliebe und sensitiven Freiheit finden. Die groben Kräfte der Sexualität müssen in ein viel empfindsameres Zueinander, in ein künstlerisches Wahrnehmen des Menschseins und in ein achtungsvolles Gegenübertreten zum anderen Geschlecht transformiert werden. Wer erlebt beispielsweise den Körper heute noch im Ausdruck des kosmischen Lichtes? Die Gliedmaßen, die Schultern, der Rücken, die Proportionen in ihrer Verteilung sind ein jeweiliger spezifischer Ausdruck des planetarischen, übersinnlichen Einflusses. Mit der Sexualität aber ist, wenn sie ohne Bewusstsein für den anderen und für die Würde der Reinheit des anderen gelebt wird, eine unendliche Traumatisierung mit Überforderungen des Nervensystems gegeben. Niemand fühlt heute diese traumatisierenden Einbrüche, die mit den Zugriffen des verlangenden Triebes verbunden sind, in ihrem ganzen Ausmaße. Dadurch wird die Menschheit egoistisch und starr und kann die Schönheit des Weiblichen wie auch die Kunst des Miteinanders nicht mehr erleben. Für die Gemeinschaftsbildung müssen die verdrängten Traumen, die durch die Gewalt oder Manipulationskraft der Sexualität entstanden sind, aufgearbeitet werden, und es muss der weibliche Sinn in der sensitiven Wahrnehmung sowohl beim Manne als auch bei der Frau für ein verbindendes, erfülltes, anmutiges und adorierendes Zueinander erweckt werden. Die Weiblichkeit bildet die innerste Substanzkraft oder den Heimatboden der Erde für alles seelische

Werden und glückliche Zueinander. Auf den ätherischen Gefühlen der Weiblichkeit, auf dem zarten Angenommensein im Leben entfaltet sich das entspannte Gedankenleben, das die Grundlage für die Konzentrations- und Meditationsausrichtung gibt.

Alle Entwicklung erfordert aber eine Opferleistung. Eine Gemeinschaft darf nicht ausgenützt werden. Dem Aspekt des Benützens, der Ausnützung sollte tatsächlich mit geeigneten Mitteln vorgebeugt werden. Denn wenn Menschen die Gemeinschaft ausnützen für egozentrische Zwecke, dann schaden sie der Gemeinschaft, bringen Deprimierungen gegenüber den Erfolgen und verunsichern dann das gesamte Zueinander und den weiteren, konstruktiven Aufbau. Es erfordert eine gewisse Weisheit und eine Fähigkeit zur rechten autoritäts- und hierarchiefreien Strukturierung der Gesellschaftsbedingungen, damit die Versuchungen des Ausnützens keinen Nährboden finden. Hier ist aber tatsächlich die glaubende Erwartung nicht sinnvoll, vielmehr muss man in der physischen Grundlegung der Gemeinschaft ganz deutlich davon sprechen, dass man Strukturen, Verfassungen und Leitbilder braucht. Gibt es keine Strukturen und Verfassungen, so wird es im gesamten Halt der Gemeinschaft gerade auf diesem Gebiet immer wieder Schwierigkeiten geben. Wer Erfahrungen hat als Vermieter eines Hauses, der weiß vielleicht, dass gerade diejenigen, die man begünstigt, immer die schwierigsten Mieter sind. Wenn ganz klare Regeln, ganz klare Strukturen entwickelt werden, dann gibt es in der Regel im täglichen Daseins weniger Nährmöglichkeiten für Streitsituationen. Gesellt man sich aber einmal aus einem spontanen Verständnis heraus zusammen, ohne ordentliche Struktu ren für die Zukunft zu erbauen, dann ändern sich die psychischen Verhältnisse vielleicht und einer nützt den anderen in ungewollten Mustern aus. Dann fühlt sich einer betreten durch den anderen und es gibt unendlich viele Konfliktansätze, die ein Projekt existentiell verkomplizieren. Deshalb braucht man auch Strukturen und Regeln, die jeder als verbindlich annimmt und an denen sich alle gemeinsam orientieren müssen. So, wie es Regeln gibt, wenn jemand beispielsweise eine Wohnung anmietet und sich verpflichtet, keine Wände herauszureißen, so wird man sich auch verpflichten, wenn man sich zu einem Ideal besinnt, dass man die gültigen Regeln beachtet und sich darum bemüht, nicht nur zu nehmen, sondern etwas zu geben. Gerade durch das Geben, durch die Hinwendung, wenn die Kräfte der Opferleistung sinnvoll integriert sind und sinnvoll auf das richtige Ziel ausgerichtet sind, ist natürlich die Gemeinschaft sehr produktiv.

Wenn das Ich auf andere als die vorgegebenen Ideale zugeht, dann kann sich gerade aus diesen Bewegungen die größtmögliche Spaltung erneut ergeben. Das Ideal muss deshalb immer wieder von dem Schüler geprüft werden, und das rechte Zugehen und das rechte Verständnis müssen in gegenseitiger Wahrnehmung, Achtung und Korrektur in die richtige Richtung geführt werden. Dazu sind aber gerade das Zusammenkommen und der Dialog wichtig. Denn manchmal ist es so, dass jemand einen Weg geht und glaubt, ganz treu zu seinem Ideal ausgerichtet zu sein und geht aber genau in die entgegengesetzte Richtung. Das ist manchmal auf einem spirituellen Weg schwierig zu bemerken, da sich karmische, alte Grundsätze mit den gegebenen Bedingungen vermengen. Im gegenseitigen Dialog können jedoch die Missverständnisse aufgeklärt werden und es können konstruktive Bedingungen für alle weiter gefördert werden.

Der Weg der Initiatorischen Schulung ist ein Opferweg des Bewusstseins und beinhaltet einen kreativ-schöpferischen Ansatz vom eigenen Ich ausgehend zu der geistigen Quelle. Das Alte verströmt, und das Neue kreiert sich. Dieser Gedanke ist so wegweisend, da bei diesem Gedanken die wesentlichsten Schwierigkeiten entstehen. Man kann die Worte einer geistigen Quelle in sein eigenes Inneres hineinkonstruieren, aber dieser Weg ist falsch, dieser Weg entspricht den eigentlichen Verhaftungen, dem *karma*-Weg. Man kann einen Christusgeist, eine *Bhagavad Gītā* oder eine Botschaft des Geistigen für sich selbst im Irdischen nehmen und in seine Innenwelt einbauen. Der Weg des Opfers und der Weg der Realisation ist aber, sich selbst ruhiger werden zu lassen, sich selbst sogar im Bewusstseinsanspruch zum Schweigen zu bringen und sich auf das Ideal, auf die neue Dimension des Bewusstseins zuzubewegen. Dieser Weg wird aber heute als eine Utopie angesehen und er ist schwer für den Menschen zu gehen, der keine hohen Ideale und Ziele besitzt. Deshalb sagt auch eine Stelle in der Bergpredigt: »Weit ist der Weg, der ins Verderben führt, aber schmal ist das Tor, die Pforte, die zum ewigen Leben führt.« (Mt 7,13-14)

Um es in dieser Hinsicht noch einmal praktischer auszudrücken, um es konkreter, lebensnaher und greifbarer auszudrücken, will ich auf die Notwendigkeit der Zeit hindeuten. Welche Wirkungen entstehen aus dieser Schulung? Welche Wirkungen sollen auch weiterhin entstehen aus dieser ganzen Bemühung um Verwirklichung und um Vollkommenheit? Diese Frage, die schon den gestrigen Tag bewegte, soll zunächst einmal eine Antwort nur auf eine Richtung bezogen erhalten. Wenn der Aspirant den wesentlichsten Wert in die Mitte stellt, dann ist es nicht der Wert, der in äußeren Summen von Aktionen zu benennen ist, es ist nicht der Wert, der in Errungenschaften zu bezeichnen ist, sondern es ist der Wert, den er an Liebesfähigkeit hineingibt in die Welt. Das, was er an Liebesfähigkeit in die Welt hineinbringt, und zwar gerade dann, wenn er vielleicht glaubt, dass er sehr wenig zur Verfügung hat und trotzdem im Leben stehen muss, wenn er diese mehr stillen Stunden betrachtet, in denen er sich dem Leben hingibt, ist das meist ein größerer Wert als der Wert, der im Äußeren, in gewissen Strukturelementen zu bemessen wäre. Es ist ein Wert, der viel ungreifbarer, viel unwägbarer ist, der im Leben bleibt und der tatsächlich zum weiteren Aufstieg des Selbstseins und Selbstbewusstseins führt. Diese Werte entsprechen auch dem inneren Geist des Meditationserlebens, des Meditierens.

Die Meditation, die wir heute einmal ausgelassen haben, ist aber doch das Bedeutungsvollste. Je mehr der Einzelne den Geist der Meditation verwirklicht, um so mehr wird er fähig, auch etwas in das Leben im schöpferischen Sinne hinzugeben. Die Meditation ist aber nicht an ein Maß des Könnens gebunden, vielmehr ist die Reinheit und Ehrlichkeit in der Zielorientierung, die Aufrichtigkeit und Würde von wichtigerer Bedeutung. Der Mensch ist in Wirklichkeit dasjenige, was er in der Seele und im Geist ist, und am wenigsten ist er dasjenige, was er im irdischen Dasein verkörpert. Um die Werte des Geistes und um die schöpferische Fähigkeit soll der Mensch ringen.

Die Meditation lebt aus der Quelle des Geistes und kann sich auf alle Teile des Alltags verströmen. Die Meditation wird hier in der Weise gepflegt, indem Imaginationen intensiver gedacht werden und diese langsam in das Leben hineingerichtet werden. Gerade in der letzten Zeit, in der viele Schwächungen durch die nervlichen Anforderungen von außen die Schülerschaft plagt, ist die Aufmerksamkeit mehr auf eine leichtere Form des meditativen Erlebens sinnvoll. Ich habe vom ätherischen Lebenselement gesprochen, vom Licht-Sinnes-Erleben. Die einfachen Betrachtungsübungen bewirken ein angenehmes Sinneserleben und eine Bereicherung der Empfindungen. Auf diese Weise bereichern sich die Schüler mit Lebenskräften, die den Ätherleib in seiner Verteilung ordnen und stabilisieren. Die so Übenden bereichern aber auch gleichzeitig die Elementargeistigkeit der Weltenschöpfung. Obwohl mit diesen Übungen noch nicht die höchste Geistigkeit angesprochen ist oder auch noch nicht die Signatur erforscht wird, sondern die

Schüler nur einmal Empfindungen ergründen, Empfindungen, die, nachdem die Übung geschehen ist, schon fast zu sehen sind, die fast zu greifen sind, aber noch nicht ganz im Sinnesschein erscheinen, sondern mehr im Ätherraum erstrahlen, beleben sie sich mehr in diese Richtung des normalen Sinnesfreude-Erlebens. Die Aspiranten sind dann nicht mehr sinnesverhaftet, sondern sie bewegen den Ätherleib in seinem freudigen Glanze. Bereits mit etwas einfacheren Übungen kommen selbst die weniger Fortgeschrittenen zum ersten Erleben des Ätherelementes und bemerken innerhalb der Übung, wie sie erste Möglichkeiten erschaffen für eine Gabe in der Weltenschöpfung.

Wie wirkt unsere Persönlichkeit auf andere?

Vortrag vom 21. Juli 2002

Für den heutigen Tag will ich nicht unbedingt ganz außergewöhnliche, neue Gedanken heranführen, aber ich will doch in einer Weise sprechen, wie es mehr meine Art ist, dass ich schon bisher Gesagtes in einen Sinnzusammenhang stelle, der dann in seinem Ergebnis wieder im neuen Licht erscheint.

Schüler eines geistigen Schulungsweges müssen sich als eine wegweisende spirituelle und prüfende Frage immer wieder vor die Seele rücken, wie ihr eigenes Wesen, wie ihr eigenes Ich oder ihre eigene Persönlichkeit auf das physische Leben und auf die verschiedenen Ebenen darüber hinaus wirkt. Es ist eine ganz wesentliche Selbstprüfungsfrage: »Wie wirkt meine Person auf die anderen? Wie wirkt meine Person im Sinne der Seelsorge auf das Totenreich? Wie wirkt meine Person belebend auf *brahman* oder auf die schöpferischen Welten?« Jeder sollte sich fragen: »Wie wirke ich in meiner irdischen Gestalt? Wie wirke ich mit meinen irdischen Handlungen, mit meinen Gedanken, mit meinen Gefühlen hinüber auf die anderen Welten?«

Diese prüfenden Fragen eröffnen eine ganz weite Betrachtung im Hinblick auf dasjenige, was ich schon erwähnt habe in einer ersten Aurabeschreibung. Sie wirken dorthin, dass der Schüler mehr und mehr einstudieren lernt, wie die Aura des Menschen ist. Das Studium der Aura ist nicht ein Farbenstudium, das der Übende auf physische Weise mit leichten metaphysischen Tönen durchdringen könnte, sondern das Studium der Aura bedeutet ein Studium der geistigen Wirkungen, der geistigen Kräfte, die um das Menschsein fluktuieren. Ein Studium der Aura ist ein umfassendes Menschenkunde-Studium und zugleich ein Studium der geistigen Kräftewirkungen. Es könnte niemand eine Aura wirklich weise und kausal deuten, wenn er nur verschiedene Farbenspiele betrachten würde. Um die Aura zu verstehen, müssen die Wirkungen studiert werden, die das Menschsein betreffen und die die Eigenschaften der Äußerungen betreffen. Der sich selbst prüfende Schüler muss auf seinem Wege die Aura von einem kausalen Standpunkt aus erkennen lernen, der verschiedenste Kräfte oder Wirkungsdimensionen des Geistes einschließt.

Diese Frage, wie wir auf die Gemeinschaft, auf andere und auf die jenseitigen Welten wirken, können wir einmal in eine Viergliederung aufteilen. Die anthroposophische Betrachtung gliedert die menschliche Existenz in ein physisches Leben, in ein ätherisches Leben, in eine astralische Ebene und in ein Selbst. Gemäß dieser Gliederung können wir als Erstes diese Frage, die heute dem Menschen am nächsten liegt, stellen: »Wie wirkt unser Leben auf das Physische, auf die physische Erscheinung, auf die Erde, auf die gegenwärtige soziale Welt und Kultur?« Mit dieser Frage kommt der Übende direkt in die Betrachtung zum Gegenüber und kann mit einem kritischen Blick sogar sich selbst im Sinnesschein des Denkens und Handelns betrachten. Er kann sich selbst anschauen und gemäß des Ausdrucks in der Mimik, Gestik, Statur und im Wort fragen: »Wie wird mein Wort wirken, wenn ich es an meine Mitmenschen richte?« Er kann dabei wie in einen Spiegel hineinblicken und den physischen Ausdruck gegenüber sich selbst lesen. Ist das Bild schön, anziehend, angenehm, weich, verbindend oder ist es hässlich, antipathisch, verzerrt oder dumpf? Die Schönheit kann als wahres Kriterium gegenüber dem physischen Ausdruck gelten. Der Übende bedarf jedoch der

Wie wirkt die Persönlichkeit auf andere

physische Leben → realer Blick für Schönheit
Schönheitsgefühle, Liebe zu allem
Schönen.

ätherisches Leben → Gedankenkraft, Konzentration

astralisches Leben → Bewußtsein, Beziehungsfähigkeit

Ich, Selbst → Schöpferkraft, Liebe

Unterscheidung zwischen einem wahren irdischen Schönheitsgefühl und seinem Gegenbild, dem Narzissmus. Der Narzissmus ist immer ein sehr lauernder Feind auf der physischen Ebene, der eine Aura trägt, die sich von der verbindenden Wirklichkeit abschließt. Bei der Betrachtung des Physischen in seiner Schönheitswirkung ist ein Zielpunkt gegeben, der nicht dem eitlen Verlangen unterstellt sein soll, nicht dem luziferischen Prinzip, das durch die Eitelkeit gekennzeichnet ist, sondern es soll tatsächlich ein reales Gefühl für dasjenige entstehen, was wir als Schönheit mehr im verbindenden menschlichen und sozialen Sinn bezeichnen dürfen. So, wie die Pflanze schön ist, so soll der Mensch in der Zierde des Lichtes einer sozialen Wachheit, Moralität und Reinheit schön sein, so soll die Handlung schön sein, so soll die Ausdrucksform schön sein, so sollen die Worte schön sein, denn wenn die Worte zu obszön oder ordinär werden, dann können wir nicht mehr von Schönheit sprechen. Auch die gesamte pädagogische Gestaltung im Leben soll die Grazilität des Sympathischen und Verbindenden tragen. Kinder reagieren auf die Umstände des Sympathischen, das dem wahren Urgrund entspricht, meist noch sehr sensibel. Das Physische soll durch das Verhalten des aktiven und sozialen Menschensinnes verschönert werden, es soll den Ausdruck der Klarheit gewinnen. Die Schönheit ist nicht unbedingt Vitalität, sie ist auch nicht notwendigerweise eine selbstbewusste Sicherheit oder ein unumstößliches Auftreten. Selbst wenn ein Mensch krank ist, können wir unter Umständen feststellen, dass trotz seiner Beschwerden, beispielsweise wenn er nicht mehr dynamisch gehen kann, einen krummen Rücken hat und älter wird, seine Ausstrahlung den sympathisch-anmutigen und reinen Sinn behält. Er kann schön sein, obwohl er nicht mehr dieser anziehende, jugendliche, begehrte Mensch ist, den man als den Prototypen der Welt, der Leistung, der Vitalität oder des modernen Zeitcharakters bezeichnet. Der Schönheitsbegriff sollte unter moralischen Wertkriterien immer unter einem edlen Menschentum, unter einem charaktervollen Menschentum gesehen werden.

Dann kommen wir innerhalb der anthroposophischen Einteilung zur nächsten Ebene, zum ätherischen Leben. Auch hier kommen wir wieder zu einer Entsprechung, die bezeichnenderweise für Lebenskräfte steht. Wenn das ätherische Leben klar und durchdrungen ist, wenn sich eine wirkliche Bemühung um Reinheit auf diesem Gebiet abzeichnet, dann entsteht dasjenige, was wir als Gedankenkraft und Gedächtniskraft, als Sammlung und Konzentrationsvermögen bezeichnen können. Wenn die Schüler hier einige Tage zusammenkommen und sich in ein Thema zentrieren, wenn sie getragen von guten Motiven durch Wiederholung verschiedene Gedanken erdenken und durch eifriges Üben zu einer Sammlung kommen, dann werden sie bemerken, dass sich die Äther zu ihrem Vorteil günstiger ausrichten. Es entsteht mehr Gedanken- und Gedächtniskraft, mehr Sammlung in der Phantasie und Konzentrationsentwicklung, wenn sich eine bessere gemeinsame Ordnung ergibt, und die Meditationskraft wird stärker, da sie energetisch in der Gemeinschaft belebt wird. Von dieser Tatsache der Energie und Belebung wissen auch ganz besonders diejenigen, die mit Yoga etwas intensiver zu tun haben. Im Sivananda-Zentrum beispielsweise wird die Disziplin praktiziert, bei der sich die Personen durch *āsana*, *prāṇāyama*-Übungen und durch Mantren in eine gemeinsame Schwingung zentrieren, damit sie dann die Gedankenkraft zur Meditation weiter aufbringen. Die Wiederholung des Mantra *OM* gilt als typische Energiegeste. In einer Initiationsschulung, die mit einem lebendigen Gedankenbewusstsein arbeitet, meidet man diese Methode, denn die Seele soll nicht über die Technik zu dem Erfolg der Meditation gelangen, sondern sie soll durch die Aktivierung der eigenen Seelensubstanz und durch die Lauterkeit des gesamten Miteinanders zu einer tiefen Empfindung kommen. Die Seele will sich mehr als Seele selbst erleben, und die Technik des Übens, die Übung selbst will in der Lauterkeit als reines Mittel und in neutraler Hinsicht erfasst werden. Durch die Entwicklung des sechsten Energiezentrums, das frei von aller Technik ist, entsteht ebenfalls eine Zentrierung der *prāṇa*-Energie, eine Zentrierung der Energieform von Lebenskräften, und dann gelingt das Denken leichter, dann kann sich der Einzelne auch leichter durch das Bewusstsein selbst von Altem loslösen und sich freier, mutiger den weltlichen Bezügen hineingeben. Auf dieser ätherischen Stufe sollte sich eine reinere, ungebundenere Lebenskraft herausentwickeln und es soll in unserem Menschsein diese Lebenskraft so bewahrt werden, dass zunehmend mehr Kräfte zur Konzentration und Gedankenbildung möglich werden. Die Gedankenkraft ist sehr wertvoll, denn sie ist eine Ausdrucksform des Ich und einer entwickelten Schöpferkraft.

Gehen wir in den Differenzierungen weiter zu dem nächsten feineren Glied, das ist das astralische Dasein oder die astralische Existenzebene. Auf dieser astralischen Ebene entwickelt sich nun ein Glied, das wir sogar noch größer einschätzen können als die Gedankenkraft – dies ist das Bewusstsein. Es ist das Bewusstsein, das sich mit zunehmender Entwicklung auch immer mehr als Bewusstsein erlebt. Wie erlebt der Schüler das Bewusstsein? Wie zeigt sich für das subjektive Gefühl die Bewusstseinsseele? Sie zeigt sich durch eine neue Empfindungskraft, oder wenn wir sie ganz allgemein beschreiben, sie äußert sich durch die Freude der wahren Beziehungsfähigkeit. Die Beziehungsfähigkeit, die sensible Berührung in der Empfindung mit den Objekten der Außenwelt, die bewusste Wahrnehmung und die feine Lichtfreude sind Regsamkeiten des Bewusstseinsseelenwesens.

Schließlich kommen wir zu einem letzten Glied, zum Selbst, zu jenem höchsten und transzendenten Existenzsein, das über die anderen Glieder hinausreicht. Dieses höchste Glied ist, wie wir wissen, durch die Schöpferkraft oder Liebe gekennzeichnet. Hier nun haben wir es wirklich mit reiner Schöpferkraft oder Liebe zu tun. Die Schöpferkraft ist gleichzusetzen mit transzendenter Liebe, mit der Fülle von Liebe. Die Schöpferkraft als Erscheinungsweise ist etwas sehr undefinierbares, denn Schöpferkräfte sind überall, sie sind personalisiert und entpersonalisiert, sie sind in der Natur, aber sie sind auch im Menschsein und im Menschsein sind sie an die Person gebunden. Aber all diese Kräfte sind Liebe, sie sind Kräfte, die die Schöpfung erbauen, Kräfte, die an der Entwicklung der Schöpfung arbeiten, sie sind Liebeskräfte, sie sind der Ausdruck, der nach dem Indischen mit *brahman* benannt wird. Der Mensch ist zu dieser Heilsgabe der Liebe unmittelbar fähig, da er selbst kreativ und schaffend, selbstentscheidend und gebend wirken kann.

Nun kehren wir zurück zu der Frage, wie wir im Dasein stehen und wie unser persönliches Handeln, unser Denken, unser Fühlen, unser gesamtes Entscheiden und Wirken in die Welt hinein auf das physische Leben wirkt. Wie wirkt es auf das ätherische Leben? Wie wirkt es auf das Bewusstsein des anderen, das heißt, wie wirkt unser Dasein auf den Kosmos oder auf die Toten? Wie wirkt unser Dasein allgemein in der gesamtuniversalen Sphäre einer Liebe? Wie wirkt unser Handeln? Nehmen wir Schöpferkraft oder geben wir Schöpferkraft? Sind wir ein *bila*, ein Loch? So einfach und bildhaft der Ausdruck wirkt, so treffsicher beschreibt er den Vorgang in der Welt. Sind wir ein Loch, das die Schöpferkraft in sich verschlingt, oder sind wir ein werdender, lebendiger Organismus, der Schöpferkraft in das Leben hineinbringt? So sind unsere Taten wirksam auf alle Welten. Wir dürfen die Schönheit als ein physisches Merkmal anstreben, wir dürfen das Ziel anstreben, mehr Gedankenkraft zu entwickeln, weiterhin mehr Beziehungsfähigkeit auszubilden und schließlich wirken wir immer mehr darauf hin, das Gnadengeschenk der Liebe zu empfangen und es wiederzugeben. Wir müssen im genauen Kontext von Empfangen sprechen, denn wir müssen die Ziele und die Gabe schließlich durch rege Aktivität anziehen lernen. Selbst die Schönheit werden wir durch Gnade erhalten und nicht aus uns selbst durch das eitle Wollen erzwingen. Sie wird uns durch die Wirkungen der Engelsmächte und der Elementargeister zuteil werden. Wir können nur handeln, uns nur bemühen, können nur in das Leben auf originale, richtige Weise hineintreten lernen, um schließlich dann als Resultat diese Ergebnisse im Gnadenrückstrom wieder zu erfahren. Wirken unsere Taten tatsächlich im Sinne einer Ästhetisierung des Daseins? Wirken sie im Sinne einer Zentrierung? Wirken sie im Sinne einer Verbindung? Wirken sie auf der astralischen Ebene so, dass wir Menschen verbinden oder dass wir sie entzweien? Wirken unsere Taten tatsächlich verbindend? Und dann stellt sich schließlich die ganz intensive, fast mysteriöse Frage: Ist das, was wir denken und tun der Liebe angemessen, ist es tatsächlich Liebe, was von uns ausströmt, oder ist es vielleicht eine Ablenkung dieser Liebeskraft zu projektiven Ebenen, zu völlig überspannten Ebenen? In einer initiatorischen Schulung begleiten diese Fragen den ernsthaften Schüler.

Die Schüler können sich im Hinblick auf die Gemeinschaftsbildung einmal die Frage verdeutlichen: Wie wirkt ein ästhetisches Lebensziel auf die verschiedenen Welten? Wie fühlen die Toten auf die menschliche Bemühung um Ästhetik, um eine schöne, naturfreudige, anziehende Lebensgestaltung? Die Schüler werden bemerken, dass ein wirklich ästhetisches Bemühtsein den Menschen erhebt, eine erste, leise Verbindung im Gemeinschaftlichen erschafft und die Sinnesfreude dorthin lenkt, dass sie entspannend auf die Gedächtnisbildung, Wahrnehmung und Interessenslage wirkt. Die erhebende Seelenstimmung im Menschsein lässt die Toten ebenfalls Anteil nehmen. Während die Bemühungen um Ästhetik zu künstlerischen Zielen motivieren, bemerken die Verstorbenen ein Gefühl des Angenommenseins, des Beachtetwerdens, des Mitbeteiligtseins. Sie fühlen sich zugehöriger, berührter, wie an der Hand genommen. Wie ein zarter Seidenfaden verbindet ein Gefühl die Lebenden mit den Toten. Etwa in dieser Weise fühlen sich die Toten, wenn ästhetische Ziele entwickelt werden, wenn sie gedacht, erfühlt, verwirklicht werden. Die Ästhetisierung des Lebens ist noch nicht das höchste geistige Ziel, aber es ist diese Bemühung um eine angenehme Sinngabe ein realistischer Schritt, um erste, angenehme Licht-Sinnes-Prozesse zu erwecken, die Licht in der Schöpfung auf zumindest angenehme, wenn auch noch nicht erlösende Weise erzeugen.

Jede Yoga-*āsana* oder jede andere Übung sollte ja unter ästhetischen Voraussetzungen geschehen. Gerade die Übungsweise im Yoga aus der Reinheit der Seele kennzeichnet sich weniger durch die Technik und durch die reine Energieform, durch die zu gewinnende Energieform, sie zeichnet sich mehr durch die Form der Beschreibung einer bestimmten Empfindung oder eines ästhetischen Gefühls. Dadurch ist diese Übungsweise mehr dem Künstlerischen nahe.

Im Gegensatz zu dieser aktiven, künstlerischen Mühe dürfen wir uns einmal die Frage stellen, wie es wirkt, wenn die Schüler keine solchen Ziele aufbauen, wenn sie sich nicht der Mühe hingeben, aus dem Leben etwas Schönes zu formen, sondern wenn sie sich nur treiben lassen und sich nur die Sinnesgenüsse einverleiben, die die Welt anbietet. Wenn sich die Menschen gedankenlos und ohne aufsteigende Mühe nur den Begierdeformen passiv unterwerfen, wie wirkt dies? Es wirkt, wie schon angesprochen, in der Art, dass sich diese Welten zwar nicht unbedingt auf ganz schlimme Weise aber doch in der schöpferischen Substantialität reduzieren, dass sich mehr Spaltungen in der Universalität des Beziehungsaufbaus ergeben und dass damit schließlich, was ja vielen Yoga-Anhängern ganz klar ist, die Kraft zur Meditation und Konzentration verloren geht. In der Aura zeigen sich dunkle Flecken, die wie eine Art Verhüllungen bis hin zu Löchern auftreten. Es ist gar nicht ausschlaggebend, ob man den Begierden einmal unterworfen ist oder nicht, vielmehr ist es ausschlaggebend, ob man die Begierden anbetet, ob man die Begierden zum Lebensziel erhebt, ob man sie für das eigene Selbstbewusstsein nützt. Wenn man sie zum Ideal erhebt, dann wird man bei einem solchen Menschen bemerken, dass sich das Lichtkleid, die Aura, vor allem erst einmal im ätherischen Teil – aber dieser ätherische Teil ist mit dem astralischen sehr nahe verwoben, so dass man ihn kaum differenzieren kann – verdunkelt, dass sich darin wirklich Verdunkelungen zeigen. Diese Verdunkelungen spiegeln sich wieder hinein und regen dann auf dieser Grundlage erneut wieder über die Organe ein Begierdengefühl an, so dass ein Kreislauf im Begierdenstoff durch sich selbst und der Atmosphäre verschiedenster Begierdenwesen entsteht. Aber keine Sorge, dieses Begierdenprinzip dürfen die Schüler nicht zu verspannt sehen, denn es ist für den gesunden Menschen etwas ganz Natürliches, dass er sich ein Essen gut schmecken lassen will und dass er sich vielleicht sogar einmal mit großer Genussfreude Obst oder etwas, das ihm Genuss bietet, einverleibt. Die Schüler müssen sich nur darüber klar werden, wo ihre wahren Ziele des Lebens liegen, damit sie nicht einem Kreislauf der Instinkte gehorchen und ihr Leben an die physischen Bedürfnisse kleben. Bleiben sie an diesen Freuden im Sinne eines inhaltslosen Daseins hängen, bringen sie nicht wirklich das Ziel der Schönheit, das ja eigentlich ein erstes Ziel ist auf den Ebenen, bringen sie nicht den Wunsch hervor, aus den Begegnungsfeldern mit verschiedenen Erscheinungsformen der Welt das Schöne wieder zu kreieren, was selbst für den asketischen Menschen eine ungewöhnliche Anstrengung sein kann, dann wird mit der Zeit nur die Verhaftung, der Genuss oder der Egosinn in seiner eigenen Schwelgerei überwiegen.

Die Sinnesfreude, die Ästhetik zu entwickeln erfordert eine außergewöhnliche Anstrengung, während das nur Hingeben an die Genüsse keinen Inhalt benötigt, denn, ich möchte sagen, der Dümmste kann sich den Sinnesfreuden verschreiben, er braucht sich nur fallen lassen in den Stoff der Begierde. Für die Entwicklung der Ästhetik aber müssen wir einen Einsatz leisten. Somit entsteht eine erste Opferleistung, die unser eigenes Ich anspornt, und von diesem Ich ausgehend entsteht die Forderung hinein zu einem weiteren, gestaltenden Leben.

Nun dürfen wir uns einmal weiteren Fragen widmen: Wie wirken Taten in Form einer klaren Zielorientierung, die Gedanken und Empfindungen rege eingeschlossen, die dorthin ausgerichtet sind, dass eine geistige Wahrheit bis hinein in ihre tiefe Konsequenz ergründet wird? Wie wirkt eine Bemühung in Form einer Übung oder in Form eines Studienganges, mit der die Aspiranten eine Wahrheit, eine sogenannte Imagination oder Inspiration ergründen? Wie wirkt es, wenn sie im Eifer der spirituellen Begeisterung, eine Stelle, wie sie in der Bergpredigt oder auch in einer guten Schrift, die imaginativ-inspirativen Charakter besitzt, niedergeschrieben ist, auf spirituell-mentale Weise erschlüsseln lernen und sie durch Konzentration und Bewusstseinsarbeit bis hin zur Erkenntnis in die Erfahrung führen? Wie wirkt diese Erkenntnistätigkeit des *jñāna* auf die Menschheit? Wie wirkt sie auf den physischen Leib, auf den Ätherleib, auf den Astralleib, auf das Ich-Selbst? Wie fühlen die Toten bei der Erkenntnisarbeit des *jñāna*?

Die Veränderungen, die eintreten, ganz besonders im Hinblick zu den Toten, sind recht deutlich. Wenn man eine solche Konsequenz leistet in eine Richtung der tatsächlichen Gedankenerschlüsselung, der Wesenserschlüsselung, dann werden die Toten dadurch richtiggehend aufatmen, sie werden sich von Lasten befreien und einen erlösenden Zustrom und hoffnungsvollen Weiterweg finden. Sie lassen los von ihren Umklammerungen, die sie noch an die Erdatmosphäre binden. Die Toten finden Erlösung, wenn der Mensch etwas ergründet, das er noch nicht in sich selbst als eine Wahrheit erkennt oder erkannt hat, wenn er Imaginationen, Inspirationen, ja, sogar Intuitionen ergründet. Die Toten erhalten Befreiung und Erlösung.

Gleichzeitig dürfen wir wieder die Frage im Hinblick auf die irdische Welt stellen, und hier kommt nun der Aspekt der Verantwortung hinzu. Was geschieht nun in den Welten des irdischen Daseins, was geschieht mit dem Ich des Schülers, was geschieht mit seinem Astralleib, was geschieht mit seinem Ätherleib, wenn er eine Imagination ergründet, wenn ihm dies aus eigener Kraft gelingt, ohne dass der Lehrer die Imagination interpretiert? Eine Hinwendung zu einem Lehrer und zu interpretierenden Schriften ist manchmal notwendig, jedoch tritt eine wirkliche Erkenntnis erst dann ein, wenn der Schüler das Opfer der Konzentration und vollständigen Hingabe aufgebracht hat.

Zu der Klärung der Frage erscheint die Beobachtung der Aurenverhältnisse wichtig. Wir fragen uns weiterhin: Wie kann man eine Kontrolle darüber finden, ob das Ergebnis, das man ersonnen hat, richtig oder falsch ist? Die Kontrollmöglichkeiten sind relativ gering. Beobachten die Schüler aber wie sich ihr Bewusstsein und damit der physische Träger des Bewusstseins, ihr Nervensystem, ausrichtet, dann stellen sie fest, dass mit einer Annäherung zur Erkenntnis, zur Wahrheit der Sache eine bessere, angenehme, entspannende Ruhe eintritt. Je mehr der Aspirant die Wahrheit berührt, um so mehr entwickelt sich bei ihm eine Lösung, eine Entspannung im Nervensystem. Es entsteht beispielsweise eine angenehmere Auflösung von Verkrampfungen und von Spannungen im Gedächtnis. Der Schüler spürt dann einen Zustrom von Seligkeit oder einen angenehmen Frieden, wenn er der Imagination nahe kommt. Sein Ätherleib verteilt die Spannungen günstiger und seine Nerven erfrischen sich. Die Schüler müssen aber beachten, dass diese Abläufe im feinen Empfindungsleib nicht immer ganz linear vor sich gehen. Es kann zum Beispiel sein, dass jemand beim Üben mit seiner Konzentration recht nahe an den Zielpunkt heranrückt und er fast ein Aufleuchten der Imagination oder des wahren Empfindungsgefühls spürt und dennoch Störfaktoren immer wieder hereintreten und die Sicherheit des bewahrten Gedankens durcheinanderwirbeln. Sie können dann lange kein richtig identisches, klares und friedvolles Gefühl finden. Es können die Störfaktoren so hereintreten, dass sie den Aspiranten vor dem Ergebnis der eigentlichen, rechten Empfindung abbringen wollen und er dann naturgemäß in den Zweifel gerät, ob er überhaupt auf dem richtigen Erkenntnispfad ist. Deshalb müssen sich die Schüler klar darüber sein, dass es in der Konzentrationsentwicklung viele Ablenkungen gibt, wie das flackernde Feuer, das noch nicht wirklich einen Gedanken des Friedens zulässt. Diese Unruheerscheinungen müssen deshalb noch nicht heißen, dass Schüler auf dem falschen Erkenntnispfad oder in einer falschen Erkenntnisbildung ausgerichtet sind. Erst durch Wiederholung oder vielleicht auch indem sie eine Nacht darüber schlafen, bemerken sie, ob sich die Erkenntnis in Ruhe hereinentwickelt oder ob sie sich noch nicht recht zusammenreimt. In diesem Fall bemerken sie dann mehr eine Disharmonie und sie müssen sich ernsthaft die Frage stellen, ob sie sich nicht in Ablenkungen befinden.

Welche Erscheinungen entwickeln sich weiterhin noch, wenn die Schüler eine Imagination erschlüsseln? Es entwickeln sich beispielsweise Analogien oder Verbindungen, es entwickeln sich tatsächlich Übereinstimmungen. Die Schüler bemerken, wie sie dem Leben näher kommen und die Zusammenhänge auf breiterer Ebene erkennen. Sie bemerken, wie das Leben viel einheitlicher und nicht so sehr gespalten und getrennt ist. Es entwickelt sich eine Beziehungssensibilität mit feinster Intensität. Auf der Grundlage der realisierten Erkenntnis entsteht eigentlich erst die wahre Beziehungsfähigkeit, und diese beruht wieder auf Opfer, denn alle Verbindung erfordert ein erhebliches Opfer, wie beispielsweise Zeit, Konzentration, auch Mut, Zielgerichtetheit und Wachheit. *Jñāna* fördert intensivste Beziehungen im Menschendasein und auch die Erlösung der Toten. Gleichzeitig entsteht aber auch ein Faktor, der gar nicht so leicht zu nehmen ist in der geistigen Schulung, denn dieser Faktor tritt immer wieder dann mit seiner Kehrseite der Versuchung herein, wenn einmal ein Licht leuchtet. Dann möchte natürlich ein Gegenlicht dieses Licht stürzen. Alles, was sich erhebt, das möchte sofort auch wieder heruntergerissen werden von seinem Thron oder von seiner edlen Reinheit.

Wenn die Schüler eine Imagination ergründen, dann nehmen sie eine Art Kosmos auf, dann nehmen sie einen neuen Astralleib auf. Ganz besonders wenn es sich um tiefe Imaginationen oder auch Inspirationen handelt, so nehmen sie denjenigen auf, der die Imagination als Erstes gestaltet hat. Es ändert sich tatsächlich der Astralleib. Der Astralleib beginnt sich in gewissen Stufen zu wandeln. Dadurch ist der Mensch nicht nur der Mensch in der Genetik, sondern es wird ein neuer Mensch geboren. Und der neue Mensch gebiert sich aber nun nicht, wie man glauben könnte, durch einen apersonalen heiligen Geist, durch etwas, das völlig undefinierbar herunterkommen könnte aus einem angenommenen Himmel, sondern der Astralleib gebiert sich aus dem originalen, personalen Feld, in dem die Imagination entstanden ist. Das heißt, wenn die Schüler von mir eine Imagination entwickeln, dann werden sie die Kräfte aufnehmen, die tatsächlich meinem Leben entsprechen. Wenn sie von Rudolf Steiner oder Śri Aurobindo eine Stufe der Erkenntnis herausentwickeln, eine Imagination oder Inspiration, nehmen sie diesen Astralleib zu einem gewissen Grad, entsprechend dem Maße der Erkenntnis, auf. Dadurch entsteht Wandel und genetische Übersteigerung. Im Prozess dieser Verwandlung können große Heilungen entstehen, da dieses neue Gebilde nicht mehr von den alten Kräften aus den Normen determiniert wird, und es entstehen somit ganz andere, glücklichere Voraussetzungen. Der Äther rhythmisiert sich auf Grundlage der Übernahme des Astralleibes. Die Ätherkraft wird dann in der Regel ebenfalls gesünder.

Nun müssen die Schüler aber feststellen, dass eine Erkenntnis Verantwortung voraussetzt, denn wie schon in den vergangenen Kursen angesprochen wurde, gibt es verschiedene Proben. Es gibt eine Feuerprobe, es gibt eine Luftprobe und eine Wasserprobe. Diese Proben sind bezeichnend für ein Dasein, das außerordentlich anspruchsvoll ist und in jeder Weise nun eine eigene Ich-Verantwortung herausfordert. Diese Proben, der Reihe nach Feuer, Wasser, Luft entsprechend der Steigerung, sind im Leben zunächst auf latente Weise wirksam. Auf dem geistigen Schulungsweg wird es ganz besonders zur Notwendigkeit, dass sie bewältigt werden, um den erfahrenen Erkenntnissen mit einem eigenständigen Ich gerecht zu werden. Wenn man nun einmal aus sich heraus oder weitgehendst aus sich heraus eine Erkenntnis entwickelt hat, dann wird auch das physische Leben verschönert, der Ätherleib rhythmisiert und der Astralleib neu durchdrungen. Das eigene Ich-Selbst muss diesen Prozess der Entwicklung tragen und weise weiterführen.

Der Astralleib nimmt nun neue Kräfte in sich auf. Es kommen in dem Menschen neue Empfindungen in sein Angesicht, die Erkenntnis bringt ihn in einen neuen Rhythmus. Und schließlich erwacht Schöpferkraft, ein größeres Ich-Selbst. Die Feuerprobe lebt in einem mystischen Bild ausgedrückt durch den brennenden Dornbusch in der Geschichte Moses. Die Worte des Gottes »Ich bin, der ich bin« (Ex 3,14) ertönen, und Gott stellt sich vor. Das Ich-Wort entsteht, das Ich-Wort entflammt förmlich, und dieses Ich, das auch mit der Erkenntnis entflammt beziehungsweise sich erhebt und neu gebiert, das einen neuen Astralleib erzeugt, das die ganze Person zum neuen Erkraften bringt, erfordert nun naturgemäß auch einen hohen Mut und in der weiteren Folge eine unabdingbare Verantwortung.

Wenn die Schüler Imaginationen, Inspirationen und Intuitionen rezeptieren und sich in einer eigenständigen Erkenntnis zu einem Wahrheitsbewusstsein entwickeln, wenn sie sich nicht nur in sich selbst, sondern in einer Gemeinschaft bis hinein in den Leib mit den übersinnlichen Wahrheiten durchdringen, so entsteht eine erste Form der Synthese der Welt und des Geistes. Denn wenn einmal eine ganze Gruppe von Personen im Geiste einer Wahrheit lebt, und diese zur selbstverständlichen Erkenntnis fühlt und willentlich als innersten Sporn zum Leben ausdrückt, dann ist es, wie wenn ein Stern in der Erde angekommen ist, *bhargo*, der Stern, der glänzt, oder der Astralleib, der leuchtend von innen heraus das Antlitz bezaubert. Dann ist der Keim zur neuen Kultur in seiner Grundlage errichtet und er wird fortan unendliche Bewegungen und Früchte hervorbringen. Das aktive Durchdringen mit Hilfe der Erkenntnis, *jñāna*, führt den Astralleib in die Erde, und je mehr Menschen ihn in dieser Aktivität des eigenständigen Erfassens aufnehmen, desto mehr Weltenkräfte der Erlösung, der Vergeistigung, der Weltentransformation für die Kultur setzen sich frei.

Wenn nach errungenen Erkenntnissen ein mutmaßlicher Rückzug erfolgt, wenn der Mensch nicht bereit ist, sein Leben in der Meisterschaft seiner selbst fortzusetzen, dann wird sich auf dieser Grundlage erneut wieder die negative Anziehung ergeben und es werden die feindlichen Mächte lauern und den Einzelnen zu stürzen versuchen. Das Wort »Ich bin, der ich bin«, inmitten der Atmosphäre des brennenden Dornbusches gesprochen, ist die erste Aufforderung zu einem Ich, es ist eine Mahnung zu der Verantwortung aus dem Ich. Darin liegt die Bedeutung der Worte, die am Berg Sinai zu Moses gesprochen wurden. Es ist mit jeder errungenen Erkenntnis erneut wieder die nächste Erkenntnis notwendig, und der Mensch muss sich selbst auf zunehmende Weise über sein eigenes Wesen, über seine Taten und Wege mit Bewusstheit verantworten. Zumindest ist es notwendig, Bescheidenheit zu üben, wenn man noch nicht zur Fortsetzung des Weges fähig ist, und es ist notwendig in sympathischer Beziehung zu dem gesamten Erfahrungsgut, das man erworben hat, zu stehen. Alle diese Eigenschaften erfordern einen größeren Mut und ein größeres Selbstbewusstsein.

Stellen wir uns heute noch eine weitere Frage: Wie wirken jene Menschen, die ihre Ausführungen, ihre Vorhaben und Projekte nicht sinnvoll zu einem Ende bringen? Auf den Ätherleib bezogen ist die Deutung recht einfach, denn der Ätherleib verliert seine Dichtigkeit, und die Nerven werden empfindsamer. Durch diesen Verlust von Spannkraft und Lebenskraft entwickelt sich schließlich eine Reduktion des Selbstvertrauens und des Mutes zum Leben. Depressionen und noch mehr sogar die manischen Reaktionen sind unter diesen Voraussetzungen häufige Begleiterscheinungen. Jene, die ihre Vorhaben und Projekte nicht abschließen, die sich frühzeitig vor der Verantwortung zurückziehen oder ihre Ziele nicht zu Ende führen, schwächen sich in ihren elementaren Kräften und in ihrem Willen.

Die Toten aber erleben den Abriss der erfolgsgerichteten Handlung ebenfalls wie eine hereinbrechende Tragik. Sie fühlen, wie die Verbindung in den Welten entzweit und wie sie aus dem natürlichen Zusammenhang der Kräfte entgleisen, wie sie keine wirkliche Substanz im Sinne einer progressiven Hoffnung erbauen können. Ihr Seelenreich wird erschüttert. Die Toten wollen die Öffnung, die Berührung mit den Welten erleben und erbauen auf dieser Sehnsucht ihren gesunden, heilen Leib. Alle Abrisse aber drücken in diese Hoffnungsempfindung eine Deprimierung. Wie eine Tragik erleben die Toten die Taten von Menschen und sie fühlen in ihrem Reich eine Art seelische Einbuße.

Diese Beispiele, wie die menschliche Seele auf die verschiedenen Reiche der Weltenschöpfung wirkt, sollen das Verantwortungsgefühl erheben. Die Verantwortung ist im Ich-Gefühl des Inneren gegründet und bezeichnet eine Reife. Sie ist eine Feuerkraft, eine Kraft des Ich. Jede Erkenntnis, jede Einsicht in die spirituellen Welten erfordert von dem Schüler ein bewusstes und verantwortliches Umgehen, denn der Schüler gründet sich mit seinem Wissen in der Mitte seines geistigen Zentrums, des »Ich bin«.

Aspiration um Vollkommenheit

I

Die Not der kommenden Zeit
erfordert wissendes Geistesgeleit

in wachem Blicke, lernbegierigem Drange
in Hinwendung zu Menschen hohem Range

aus mir selbst, in grenzensprengendem Mute
für die Menschheit, aus treuem Willen für das Gute

will ich für die Wahrheiten der drei Welten
als wachsendes Vorbild baldmöglichst gelten

in ringender Beziehung tiefinnigster Würde
trotz allem Misserfolg, übersteige ich die Furchteshürde.

II

Die Liebe, Wahrheit, Weisheit
der so schwer greifbaren Imaginationen
will ich in der ganzen Wirklichkeit finden;
in Vollkommenheit der Gabe,
wie die schöpferische Geisteswelt
in sich selbst vollkommen ist,
will ich selbst vollkommen sein.

Seelsorge und Gemeinschaftsbildung

Vortrag vom 26. Juli 2002

Liebe Studienteilnehmer, liebe Freunde, liebe Zuhörer,

diese Tage, die vor uns stehen, wollen wir in die esoterisch thematische Richtung der Seelsorge und zugleich auch in die esoterisch soziale Richtung des Gedankens der Gemeinschaftsbildung nützen. Wenn wir uns diese Themen für die bevorstehenden Tage intensiv und detailliert vergegenwärtigen, dann werden wir in ihnen eine innerste Verwandtschaft sehen. Gemeinschaft unter Menschen ist nicht nur eine Angelegenheit des physischen Planes, sondern es ist auch eine Angelegenheit des gesamten kosmischen Lebens oder Daseins. Das Leben, es wurde schon öfters hier charakterisiert, besteht nicht nur aus einem körperlichen, physischen Existentsein, sondern aus einem seelischen Dasein und auch aus einem geistigen, transzendenten Bewusstsein oder aus einem höheren, schöpferischen Sein.

Wenn die Schüler eines geistigen Schulungsweges das Thema der Gemeinschaftsbildung betrachten, dann kommen sie ganz naturgemäß zu der innersten Wesensseite des Daseins, sie werden zu der feinstofflichen Wesenswelt der Aurenverhältnisse kommen und schließlich werden sie die Toten in den physischen Plan mit einbeziehen müssen. Alle Bemühungen des Daseins, alle Bestrebungen, selbst wenn sie noch sehr unbeholfen, sehr unvollkommen, sehr materiell bezogen angesetzt sind, tragen in sich einen verborgenen Keim nach größerer Harmonie und nach größerer Einheit. Alle Handlungen und auch alle psychischen Reaktionsfähigkeiten wollen in eine Richtung der Vereinigung mit dem anderen und den Welten kommen. Die Menschen suchen nach Harmonie, sie suchen nach Geborgenheit, sie suchen nach Erfüllung und nach einem Weg der Verbindung mit anderen. Es wird wohl kaum einen Menschen geben, der dieses Gemeinschaftsbedürfnis vollkommen leugnen kann und damit ein Existentsein ganz im Abseits, isoliert für sich selbst, bestimmen kann. Wenn der Suchende dieses Gemeinschaftsbedürfnis betrachtet, so wird er erkennen, dass es aber nicht nur zu einzelnen

Menschen oder von einem Menschen zu einem anderen hin besteht, sondern dieses Bedürfnis besteht auch vom gesamten Menschsein hin zum Reich der Erde, zum physisch sichtbaren Reich. Jeder will im Grunde eine gewisse Einheit mit dem Physischen finden. Daran schließt sich beispielsweise das Bedürfnis nach besserer Gesundheit und nach einer Nähe zur Heimat an, das Gefühl der Heimat, des heimischen Vertrautseins.

Die Menschen streben aber auch danach, die Umwelt, zum Beispiel die pflanzliche Umwelt, in Harmonie zu empfinden. Die Bewegungen des Umweltschutzes, die moderner Art sind und die oftmals auch in Form von manischen Reaktionen erfolgen, sind aber doch Beispiele, dass eine Harmonie oder eine natürlichere, vielleicht sogar eine frommere Verbindung mit dem Pflanzenreich, mit den gesamten vegetativen Erscheinungsformen gesucht wird. Der geistig Strebende wünscht sich eine kraftvolle Natur, er wünscht sich Gesundheit in der Erde, Gesundheit im Wachstum, Gesundheit in den ihn umgebenden Naturbedingungen. Er sucht gewissermaßen danach, wenn wir es geistig ausdrücken, eine Freude im Elementarreich der Pflanzen zu sehen, ein entzückendes Lächeln der Blumen zu sehen. Wenn dem Geistschüler die einzelnen Schatten- und Lichtverhältnisse warm und freudig, ja, lichtvoll, bezaubernd, fast märchenhaft entgegenkommen, dann fühlt er automatisch in sich eine natürliche Zugehörigkeit oder eine fromme Berührung in der Seele. Diese Harmonie oder Einheit, die er mit dem Pflanzenreich, mit dem sprießenden, vegetativen Leben seiner Umgebung sucht, ist nichts Anderes als ein Bedürfnis nach mehr Verbindung und schließlich nach einer heileren, größeren Weite in der Entwicklung. Er sucht Heilung in der gesamten Erde. Er sucht die Heilung nicht nur in sich, sondern er sucht sie im pflanzlichen, er sucht sie im irdischen Leben, er sucht sie in seiner Umgebung.

Weiterhin kann der Interessierte auch ein ganz nahes Gefühl bemerken, das ich in dieser ersten Ausführung in die Mitte stellen möchte, und das ist ein gewisses Harmoniebedürfnis, das mehr den kindlichen Organismus, das jung gebliebene Gemüt betrifft. Dieses Harmoniebedürfnis besteht beispielsweise im Hinblick zum Tierreich. Wie sehr schmerzt es uns, wenn die Tiere leiden. Wie sehr ist es eine Anforderung, zu betrachten, wenn eine Person ein Tier erniedrigt, quält oder schlägt. Wie unerträglich ist es, wenn Tiere, wie es zum Beispiel in manchen arabischen Ländern der Fall ist, in denen es keine Gesetze des Tierschutzes gibt, von den Menschen manchmal auf unmögliche und für uns kaum verständliche Weise zu Arbeitstieren verwendet und bis hin zur Erschöpfung gequält werden. Die Tiere sind unsere nächsten Lebensgefährten, sie sind die Gefährten, die uns am deutlichsten im Gefühl nahe stehen.

Wer nach geistiger Entwicklung strebt, sucht auch eine Harmonie mit dem Tierreich, und ganz besonders die Kinder drücken diese Nähe zum Tierreich aus. Das Streicheln der flauschigen Haustiere schenkt ein inneres Geborgenheitsgefühl für das Kind. Wenn wir dieses Gefühl zu den Tieren betrachten und es im Herzen ordentlich erwägen, so stellen wir fest, dass es ein Harmoniegefühl oder Harmoniebedürfnis ist nach der eigenen Integrität. Diese Gefühlswelt der Tiere steht unserer eigenen Gefühlswelt nahe. So sucht der Tierfreund in Wirklichkeit nicht nur die Tiere in der Harmonie außerhalb von sich selbst, in einem gewissen freundlichen Spiel, in einem angenehmen Zugehörigsein, sondern er sucht mit der Tierliebe in Wirklichkeit auch die integere Harmonie in seinen eigenen Gefühlen.

Sehr weit aber ist das Wissen des modernen Bildungsstandes bereits entfernt, dass es ein Gefühl oder eine stille Interaktion auch mit den Verstorbenen, die im nachtodlichen Leben existieren, gibt. Sehr wenig werden in unserer Kultur die Empfindungen gepflegt, die das Jenseitige mit dem Diesseitigen in eine zugehörige Einheit oder Harmonieverbindung interpretieren. Die Empfindungen zu der jenseitigen Welt sind in unserer Kultur zu sehr verschlossen, sie sind nicht mehr in den Bildungsangeboten erwähnt, sie wurden in den Bewusstseinsformen der heutigen Zeit auch nicht mehr richtig akzeptiert. Viele Unsicherheiten existieren, ob es überhaupt ein jenseitiges Leben gibt, ob das Leben mit dem Tod beendet ist oder ob es tatsächlich ein jenseitiges Dasein mit einem Seelensein nach dem Tode gibt. Ob es so etwas gibt wie ein Purgatorium, eine Reinigungsebene im Jenseitigen, ob es im Jenseitigen nur Glück gibt oder ob es genauso wie im irdischen Dasein Leiden gibt, darüber streiten sich heute viele Menschen und darüber sind große Unsicherheiten ausgebreitet.

In einem initiatorischen Schulungskurs, bei dem sich die Themenbezüge auf die Seelsorge ausrichten, müssten die Anwesenden naturgemäß an ein Seelendasein nach dem Tode glauben, denn sonst hätte die gesamte Arbeit des seelischen Ausgerichtetseins, das Vorlesen für Tote beispielsweise oder das Widmen von Gedanken für die Toten, keine wirkliche Bedeutung. Es wäre eine geistige Schulung tatsächlich auch von sehr minderem Wert, wenn ihre Interessenten nicht an ein Fortleben der Seele nach dem Tode und ein Fortbestehen des Geistes nach all den irdischen Formen glauben würden. Die Schüler müssen um des Erfolges willen an diese Vorstellung des Weiterlebens der Seele nach dem Tode zutiefst im Herzen glauben und sie müssen natürlich auch innerhalb der ganzen Weltenschöpfung im Hinblick auf die anderen, im Hinblick auf das gesamte sich formende Leben der Erde, an die Tatsache des Existierens eines Ich-Selbst, eines *puruṣa*, des Existierens eines unendlichen schöpferischen Geistes, der immer wieder in die Verkörperung kommt, glauben. Diese Tatsache müssen die Schüler annehmen, darüber sollen sie nicht diskutieren. Es ist aber von dem intellektuellen Bewusstsein der Gegenwart recht wesentlich zu bemerken, dass wir ganz wenig konkrete Anhaltspunkte haben, wie unser Dasein hier im Irdischen immerfort mit einem jenseitigen Dasein zusammenhängt und wie wir oftmals ganz nahe, vielleicht näher als im irdischen Dasein, mit den Verstorbenen mitfühlen. Diese Tatsache ist durch äußere Gedankenformen, durch äußere Leistungsprinzipien der Welt verdeckt und somit entrückt sie aus dem Bewusstsein. Nur in stillen, kontemplativen Stunden des Lebens rückt uns dieses seelische, empfindsame Existentsein nahe, das um uns herum ist, das sich in unserer Aura befindet, das eigentlich immer anwesend ist und das von anderen in uns hereinstrahlt, sich hereinspiegelt, das in das Innere hinabwirkt.

Der Astralleib ist mit den Gefühlen verbunden, die in einem imperituren Rhythmus nach der Unendlichkeit drängen. So sucht der Aspirant, um diesen einleitenden Gedanken zusammenzufassen, auf vielfache Weise eine Harmonie im Leben. Er sucht die Harmonie zur Heimat im Sinne von warmen Heimatgefühlen, er sucht sie zum Pflanzenreich, indem er eine gewisse Gesundheit oder eine Elementargeistigkeit, eine schimmernde Freude im Pflanzenreich, ein entzückendes Lächeln des Wesens des Pflanzendaseins erfahren will. Der geistig Strebende sucht eine angenehme, friedvolle Beziehung zu den eigenen Gefühlen und eine Liebe zu dem Tierreich, zu den nähesten Brüdern der Erde. Er sucht zu den Tieren eine Verbindung und gleichzeitig zu sich selbst eine angenehme, integere Gefühlsbeziehung. Und schließlich sucht er eine Verbindung zu den Menschen, eine universale Verbindung zu allen, er sucht Brüderlichkeit zu den Menschen, er sucht Zusammengehörigkeit, er sucht eine versöhnende Einheit mit den Menschen. Darüber hinaus aber sucht der Aspirant nicht nur diese Einheit mit den Menschen auf dem irdischen Plan, er sucht diese Einheit auch mit denen, die schon abgeschieden sind. Und wieder darüber hinaus sucht er sogar eine Einheit mit den unfassbaren transzendenten, schöpferischen Welten, mit der Schöpferkraft selbst, oder anders ausgedrückt, er sucht eine Einheit mit Gott und seinen Hierarchien, mit den höchsten Wirklichkeiten dieses Universums.

Indem wir sagen, der Mensch strebt nach einer Einheit mit Gott, sprechen wir die Tatsache mehr in der unmittelbaren Form des Selbst aus und meinen erst einmal die singulare Form, den Gottesbegriff in seiner monotheistischen Dimension. Wenn ich aber dann erweitere und sage, der Mensch sucht eine Einheit mit den schöpferischen Wirklichkeiten, dann wird der Gottesbegriff nicht nur auf ein einziges Wesen ausgedrückt, auf einen Gott, sondern es wird die Person Gottes als eine universale Einheit zugleich in die Vielheit gedeutet, das heißt in eine Monade, in eine Dimension, in der es unendlich viele göttliche Aspekte gibt, die aber bezeichnend sind für die Einzigartigkeit, für die Transzendenz des einen Gottes selbst. So sucht der Aspirant diese Einheit mit Gott oder mit den geistigen Welten, mit den schöpferischen, unendlichen, sich immerfort neu variierenden Wirklichkeiten. Im theologischen Vergleich sollten wir deshalb diese Begriffe in gleichem Maße werten.

Dieses Harmoniebedürfnis, das der Mensch in der Seele trägt und das ihn in einem mehr oder minder spürbaren Grade zu einer geistigen Schulung oder geistigen Erkenntnisübung beflügelt, ist ein innerstes Bedürfnis, das zutiefst in sein ganzes Wesen, aber hauptsächlich in seinen Astralleib eingraviert ist. In dem menschlichen Astralleib besteht die Begierdensubstanz, sich auszudehnen, um aus dieser Ausdehnung heraus eine größere Harmonie und Einheit zu finden. Der Astralleib möchte sich seiner Anlage gemäß nicht verengen, sondern er möchte sich zunehmend weiten und auf die versöhnende Sympathie mit allen Geschöpfen ausdehnen. Verengt sich der Astralleib, so entsteht jene Tatsache des ängstlichen, eingeschnürten und damit minderen Gefühls, es entsteht die Form der Angst. Wenn sich der Astralleib aber weitet, entsteht das Gefühl der Erfüllung und Zufriedenheit, des Optimismus und der Hoffnung. Der Astralleib möchte sich mit den hohen und höchsten Welten erfüllen und in Beziehung kommen. Das Begierdenprinzip, das grundsätzlich einmal nicht negativ zu werten ist, das Prinzip des sich ausdehnenden Astralleibes, das Begehren, möchte zu einer unendlichen Erfülltheit finden. Würde sich dieser Astralleib zu sehr schwächen, wie beispielsweise durch Lebenszurückgezogenheit oder jene Maßnahmen, die durch Fasten oder strenge Formen der Askese entstehen, dann würde der Schüler unter Umständen gerade diesem Prinzip des schöpferischen Werdens hin zu einer universalen Einheit entgegenwirken. Obwohl alle Geistschüler eine gewisse Form der Askese pflegen müssen oder sich in mancherlei Verzicht üben müssen und auch wollen, so dürfen sie grundsätzlich das Bestreben nach Ausdehnung, nach Weitung und somit auch nach Gemeinschaftsbildung, nach Brüderlichkeit mit vielen Menschen, nach Versöhnung mit vielen Menschen nicht leugnen. Die Schüler der gegenwärtigen Zeit dürfen den Weg zu einer göttlichen Wirklichkeit nicht in dem Rückzug zur Einsamkeit sehen, sondern sie müssen ihn in einer so progressiven Weise ausrichten, dass sie einmal sogar das Ziel haben, mit allen Menschen, mit dem gesamten Universum und mit allen auch dahinterstehenden, darunter oder ferner liegenden Reichen wie beispielsweise dem Tierreich, Pflanzenreich oder Erdreich, in eine rekonzilierende Verbindung, in eine monadische Einheit zu treten. Der Mensch ist dazu vom Innersten her angelegt, und der individuelle Astralleib als der Werkmeister, als der Werkstoff der Gefühle, möchte sich zunehmend universalisieren. Nur ist dieses Prinzip des Universalisierens ein gewisses paradoxes Prinzip, das nicht ohne weiteres durch sich selbst, durch das Begehren des inneliegenden Willens funktioniert. Jedenfalls ist es eine wesentliche Tatsache, die alle Schüler einmal bemerken sollten: Das Gefühlsleben sucht nach Einheit, es strebt ein Begierdenstoff auf imperiture Weise nach Erfüllung und Integrität.

Die Sinneserscheinungen, die das Auge in der Welt sieht, bezeichnet die indische Philosophie als eine typische Form der *māyā*, als eine Täuschung. Tatsächlich ist die Welt, die Erscheinungsform des gesamten Sinnesdaseins eine Form der Illusion, die dem Tagesbewusstsein ein Kehrbild von der eigentlichen Wirklichkeit vermittelt. Selbst der Mensch, wie er im Leben steht, ist in sich in allen Dimensionen verkehrt organisiert oder zumindest, nach esoterischem Hintergrund, nicht harmonisch in den gesamten Kosmos hineingestellt. Er steht, wenn wir es geistig betrachten, verkehrt herum auf der Erde. Er steht mit dem Kopf oben und mit den Füßen unten. Normalerweise müsste er mit dem Kopf unten stehen und mit den Füßen oben, oder mit den Gliedern im Kosmos sein und mit dem Kopf auf der Erde. Im irdischen Dasein ist diese Anordnung der Glieder normal, im geistigen Dasein ist der Mensch aber schon in eine erste Widersprüchlichkeit hineinorganisiert, in eine Widersprüchlichkeit, die nicht leicht lösbar ist. Denn normalerweise sollte sich nach anthroposophischer Betrachtungsweise dasjenige, was in den Gliedern ist, der Wille, die Stoffwechselkraft in den Gliedern, unendlich ausstreuen können in den Kosmos, und das, was die Denkleistung ist, sollte nicht zu sehr in den Kosmos hinausgleiten, sondern sollte in das Bezugsfeld kommen, in die unmittelbare Berührung von Gedankenstoff und Erde, oder es sollte der Gedankenstoff in die Materie, in die Durchgeistigung der Materie hineingehen. Diese Umkehrung ist deshalb schon anatomisch bedingt, da der Kopf zu weit oben ist und die Glieder meist zu sehr in der Erde verhaftet sind. Es sollte sich der Mensch geistig umwandeln. Er steht aber, so tragisch oder so herausfordernd es auch immer gewertet wird, zunächst einmal verkehrt in der Welt, er steht in einer paradoxen Spannung in der Welt, so dass er aus geistiger Sicht nicht wirklich brauchbar ist oder zumindest einmal unvollkommen oder in sich widersprüchlich ist. Geistig gesehen steht der Mensch so in diesem Widerspruch.

Aber es gibt sehr viele Widersprüche. Wenn wir das Leben betrachten, so sind unendlich viele Widersprüchlichkeiten gegeben, die natürlich die Frage aufwerfen, ob wir überhaupt an eine Göttlichkeit in dieser Schöpfung glauben können. Wenn sich diese Widersprüchlichkeiten in einem größeren Ausmaß zeigen, können daraus wahrhaftige Tragödien entstehen, die den Menschen zur absoluten Gottverneinung und auch zur Verneinung eines Anteilnehmens an dem sozialen, gesellschaftlichen und gemeinschaftlichen Umfeld treiben können. Die Widersprüchlichkeiten sind aber als eine bedingte Resistenz dem Menschen auferlegt.

In Wirklichkeit sollten wir einmal darauf achten, ganz besonders in der geistigen Schulung, was die Schöpfung mitteilen möchte, was das Totenreich mitteilen möchte und was überhaupt dieses ganze Leben mit den verschiedenen Erscheinungsformen und auch mit den Widersprüchlichkeiten mitteilen möchte. Wenn die Schüler auf die verschiedenen Empfindungen hinschauen, wenn sie zu den einzelnen Aspekten, zu den Erscheinungsweisen des Daseins blicken, wenn sie sich ausrichten zu einer Erscheinungsform, die ihnen im Sinneserleben der Außenheit entgegenkommt und zu einem Gefühl des Inneren wächst, dann bemerken sie im ungeschulten Bewusstsein noch nicht, dass diese Gefühle sehr nahe verbunden sind mit intensivsten Mitteilungen, die an sie herankommen wollen. Tatsächlich bemerken die Schüler oft nicht, wie hinter diesen Harmoniebedürfnissen, hinter diesen Sehnsüchten nach Geborgenheit, nach Gesellschaftsharmonie oder nach Frieden in der Erde, das selige Reich der Toten steht und wie diese Toten intensiv an gewisse Herzensgefühle und Innerlichkeiten hinklopfen. Die Toten wollen sich innerhalb der Gefühle, nicht innerhalb der Emotionen, das ist etwas Anderes, aber innerhalb der Gefühle, innerhalb der Empfindungen bemerkbar machen. Sie wollen eine Mitteilung an die Lebenden senden. Wir können uns die Frage stellen: Was fühlt der Tote? Wie fühlt er etwa? Wie kann er etwa fühlen? Er wird lebendig fühlen, er wird sogar ganz frei, lebendig ausgedehnt fühlen und immer wieder an das Innere der Hinterbliebenen pochen. Er will näher an den Empfindungsstoff kommen, so dass er fast als eine sensible, glänzende Existenzweise, als eine ultrasensible Seinswelt nahe empfunden werden kann. Der Tote schmiegt sich an unsere Seele heran beziehungsweise lebt sich unmittelbar in das Gefühl unserer Seele oder in unsere Aura hinein und er möchte sich in Form von ganz deutlichen Empfindungen in das Bewusstsein offenbaren. Die Gefühle der Menschen sind aber meist noch nicht so weit entwickelt, dass sie hinter dem Dasein den Toten bemerken, hinter der Erscheinungsform das Licht eines jenseitigen Zaubers feststellen könnten. Die Empfindungen sind bei den meisten Menschen noch viel zu wenig gegliedert, viel zu wenig differenziert, um zu bemerken, wie der Zauber eines ganz anderen Daseins immer wieder heranrückt oder hereinleuchtet und das gegenwärtige Bewusstsein erfüllt. Diese Empfindungen will der geistige Entwicklungsweg aber schulen, indem sich die Schüler immer wieder Empfindungen vornehmen, sie bis in die Tiefe hinein amplifizieren, ausarbeiten, immer weiter ausgestalten, bis das erkennende Bewusstsein einmal bemerkt: Da ist eine Seele, eine Seele, die ein Mitteilungsbedürfnis hat, eine Seele, die dem Leben ganz freundlich gesonnen ist und die auf ihre Entwicklung wartet. In diesen Empfindungen lebt ein Ultralicht von einer ganz anderen Wirklichkeit, die auf einen befreienden Erkenntnisprozess oder auf eine ausdehnende Wahrnehmung der höheren Wirklichkeit wartet. Es ist das Ziel, die Empfindungen so zu schulen, dass der Einzelne zumindest bemerkt, dass diese Wirklichkeit existent ist und dass sie mit sehnsüchtiger Hoffnung an unsere Herzenstüre pocht.

Diese Empfindungen warten auf den Geistschüler und wollen auch innerhalb des gesamten Prozesses durch die verschiedensten Eigentümlichkeiten entdeckt werden. Die richtige Ausgestaltung von Empfindungen, die richtige Durchgestaltung des Astralleibes, des Ätherleibes und zuletzt sogar des physischen Leibes steht als Aufgabe vor dem Schüler. Er kann sein Wesen so durchgestalten, so durchgeistigen lernen, dass er immer wahrere, intensivere und auch sensiblere, feinere Gefühle entwickelt und aus diesen Empfindungen heraus die Weltschöpfung in einer größeren Weite, Harmonie und Wirklichkeit kennen lernt.

Die Empfindungen sind im Leben als lebendige Kreationen oder geistige Entitäten bereits wirksam. Nun muss sich ein Schüler gemäß seiner Verantwortung sagen, dass es noch nicht genügt, nur im passiven Zuhorchen, im passiven Teilnehmen an Schulungen anwesend zu sein. Die Gedanken nicht ordentlich zu reflektieren, nicht ordentlich weiter auszuarbeiten, ist konträr zum Weg der Selbsterkenntnis. Denn wenn der Aspirant nicht selbständig arbeitet, entsteht in zunehmendem Maße eine gewisse Disharmonie, die für das Leben relativ schwer tragbar ist.

Nehmen wir einmal als praktisches Beispiel an, eine Gruppe von Schülern hört hier nicht nur zwei Tage zu, sondern sie hört hier ununterbrochen zehn oder vierzehn Tage zu und beschäftigt sich immer wieder mit den gleichen Gedanken und nimmt Anteil an solchen Inhalten, wie sie hier von mir vorgetragen werden. Wenn die Gruppe immer wieder zuhört oder auch, wenn sie beispielsweise *āsana* von mir beobachtet oder gewisse andere Schriftstücke liest, sich die Gedanken vergegenwärtigt und damit immer mehr aufnimmt, dann entsteht erst einmal eine unbewusste Empfindung. Diese Empfindung besteht darin, dass die Schüler nicht mehr so sehr aus der rein irdischen Position den anderen betrachten, sondern plötzlich nach gewissen ersten Eindrücken hinüber zu dem anderen urteilen, so wie es aus dem Jenseitigen geschieht. Der Einzelne beginnt allmählich, sein Gegenüber nicht nur nach den Aspekten zu betrachten, die als Wertkriterien rein vom irdischen Plan her gelten, sondern er beginnt Wertkriterien anzusetzen, die etwas feiner sind und schon dem moralischen Dasein des Jenseitigen entsprechen. Deshalb ist es für den, der hier längere Zeit zuhorcht, eine gewisse Anforderung, da er zusätzlich, wenn auch erst einmal unbewusst, in Bewusstseinsformen hineinkommt, die viel feinerer Art sind und die ihn erst einmal in einer Moralität, die viel mehr dem Jenseitigen entspricht, stützen und ihn von dieser Seite inspirieren. Dadurch richtet der Einzelne Gefühle aus, mit denen er den anderen betrachtet und viel leichter das Wesen hinter den äußeren Worten, hinter den äußeren Handlungen berücksichtigt. Es kann nun sein, dass er diese Umgangsformen dann im täglichen Dasein durcheinanderbringt. Das, was die Welt als konkret bezeichnet, das, was sie beispielsweise als konkrete Wissenschaft veranschlagt, wird dann plötzlich mit ganz heimlichen, esoterischen Bewusstseinsformen erweitert und es werden Tatsachen in der Welt entdeckt, die nicht nur dem irdischen, evidenten Dasein entsprechen, sondern die aus ganz anderen Wahrnehmungsverhältnissen kommen, so dass sich der Einzelne für das Jenseitige leichter in Form einer Hellsichtigkeit öffnet, ohne dass er es weiß. Er öffnet sich leichter für eine Hellsichtigkeit und bemerkt im Gegenüber unbewusst übersinnliche Tatsachen, ohne aber diese Tatsachen als solche sicher von den anderen Verhältnissen abzutrennen. Dadurch entstehen natürlich mancherlei Spannungen, mancherlei Unruhezustände, und es ist nicht verwunderlich, wenn

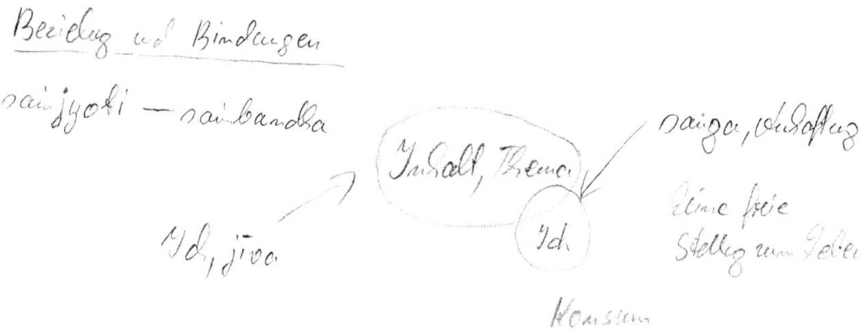

verschiedene außenstehende Personen dann mit erheblicher Kritik über den, der geistige Schulung macht, abfällig urteilen. Auch die Tatsache des eigenen Standpunktes kann nun verschmelzen, wie die Zeichnung, die vorhin angefertigt wurde, zeigt. Der eigene Standpunkt kann verschmelzen, so dass nicht mehr der klare, führende, eigentliche geistige Inhalt besteht, sondern dass tatsächlich eine Verschmelzung von Inhalten im Sinne einer Gedankenform stattfindet, die sich aber in einer Einheit befindet ohne diesen Standpunkt des Selbst. Damit kann der Einzelne gar nicht mehr unterscheiden, was seine eigene Wahrnehmung ist, was die Wirklichkeit ist und wohin sich nun der nächste Lernschritt bewegt, wohin sich die Erkenntnisforschung der nächsten Zeit bewegt. Es ist deshalb der Standpunkt, die Standpunktfindung und die eigene Verantwortung, die eigene Beziehungsaufnahme zu einem Geistigen recht wesentlich, da sich die exoterische Grundlage sonst mit der esoterischen ineinander verkoppelt und Formen entstehen, die mit der Zeit die Entwicklung tendenziell eher blockieren als lösen.

Das Jenseitige aber spielt in das allgemeine Leben herein und es spielt beispielsweise auch herein, wenn wir hier in einem Kurs sind. Es spielen hier Gedankenformen herein, die der Aspirant normalerweise auf dem irdischen Plan nicht vorfindet, und diese Gedankenformen bewegen sich nun bis hinein in seine Gemütslage und bestimmen schließlich die nächste Entscheidung. Der Schüler muss immer wieder den Standpunkt aufsuchen und sich immer wieder vergegenwärtigen, wo die Grenzen zwischen der Wahrnehmung sind, die bezüglich der tatsächlich messbaren, ponderablen Wesen bestehen, und wo eine Wahrnehmung beginnt, die eventuell schon den psychologischen oder gar den metaphysischen, den tatsächlichen höheren, seelischen, imponderablen Wirklichkeiten entspricht. Diese Differenzierung muss der Übende selbst immer wieder herstellen, damit er im Leben zurechtkommt. Die Toten wollen den Lebenden aber eine Mitteilung machen und sie wollen sie sogar mit ganz typischen Empfindungen aufladen, sie wollen die Hinterbliebenen immer wieder durch Geschicklichkeiten und Eigentümlichkeiten forcieren, ihnen nahe treten, damit sie gewisse Gefühle oder gewisse tiefere, evidentere geistige Eindrücke gewinnen. Sie wollen förmlich den Geist lehren, das geistige Gesetz nahe bringen. Das irdische Gesetz ist nicht das gleiche wie das geistige Gesetz, denn so, wie in der irdischen Welt eine gewisse Gesetzlichkeit beispielsweise in Form der materiellen Weltenordnung besteht, so finden wir in der seelischen Welt und vor allem in der geistigen Welt meistens Gegenbilder, Gegenbilder zu der irdischen Welt. Paulus sprach in einem Brief ganz deutlich diese Wahrheit aus. Grundsätzlich ist diese Wahrheit im Evangelium an vielen Stellen überdeutlich sichtbar. Er sprach beispielsweise: »Ich tue nicht dasjenige, was ich von mir aus will, sondern ich tue immer dasjenige, was ich hasse. Aber das, was ich wirklich will, das tue ich nicht, das unterlasse ich.« (Rö 7, 15-16) Wenn wir den Menschen betrachten, wie er in der Erde steht, wie er in das gesamte Dasein hineinorganisiert ist – mit dem Kopf oben, mit den Füßen unten, verkehrt herum also, so dass der Gedanke entflieht und der Wille sich in der Erde verhaftet – wenn wir dieses Bild nehmen, so ist der geistig Strebende aufgefordert, immer dasjenige zu tun, was er in Wirklichkeit nicht will, und das zu tun, was eigentlich verkehrt herum ist, was er vom Gemüt oder der Seele aus hassen müsste. Denn Paulus meint: »Das, was ich von der Seele heraus hasse, das tue ich, aber das, was ich vom Geiste, von meiner selbst aus wollen würde, das unterlasse ich«. So ist der Mensch in der Regel in das Leben hineingestellt, er ist eigentlich tragisch, aber gleichzeitig herausfordernd in dieses Dasein hineingestellt. Die Toten wollen aber dem Menschen immer näher rücken, die Toten möchten ihm förmlich mitteilen: »Du musst nun aufmerksam werden auf diese andere Wirklichkeit, denn ich kann keine Erlösung finden, wenn du nicht aufmerksam wirst auf die jenseitige Welt, und du kannst keine Zufriedenheit finden. Wache auf, schaue, blicke mir in die Augen, blicke doch endlich dorthin, wo diese andere Welt ist, damit du dich aus den gesamten Lastern und Fangschlingen der irdischen Klebrigkeit, der Zähigkeit im Irdischen entfernst. Lasse dich nicht ganz in den klebrigen Fangschlingen des alltäglichen Daseins fassen.« Der Tote möchte den Menschen förmlich auffordern, hinzublicken auf diese Gesetzmäßigkeiten, die wirklich in der jenseitigen, oder wenn wir sie so bezeichnen, in der moralisch tieferen Welt des Daseins angelegt sind. Nicht, dass die moralischen Empfindungen, die wir hier im Dasein haben, nun alle umzukehren wären, sondern tiefere Empfindungen bestehen, tiefere Gesetze bestehen im Jenseitigen, die dieses moralische Gesetz, so wie es jetzt bei uns angelegt ist, erweitern wollen.

Es gibt beispielsweise, um eine Anschaulichkeit hereinzuführen, im Volksmund den Ausspruch, dass jemand deshalb gestorben ist, weil ihn seine Tante, seine Großmutter oder sein Vater, seine Mutter, seine Frau oder irgendein anderer Verstorbener geholt hat. Nehmen wir einmal dieses Beispiel heraus: Es stirbt zum Beispiel eine Frau, die mit ihrem Mann in einer sehr nahen Verbindung gestanden ist. Der Mann ist daraufhin sehr unglücklich, und mit der Zeit wird auch der Mann kränklich und muss bald sterben. Dann sagen die beobachtenden Dorfbewohner aus einem naiven, fast abergläubischen Bewusstsein: »Die Frau hat ihn geholt.« Was ist Wahres an diesen Volksempfindungen? Die Betroffenen suchen eine gefühlsmäßige Erklärung für einen Zusammenhang zwischen Jenseits und Diesseits, sie suchen darin etwas auszudrücken, was in Form einer dumpfen Ahnung lebt. Gibt es so etwas, dass eine Seele, die schon verstorben ist, zugreift und den Nächsten holt, dass sie ihn holt in dem Sinne, dass er krank wird und verstirbt oder in einen Unfall verwickelt und getötet wird?

Zu einem gewissen Grad ist es wahr, aber diese Volksanschauung oder diese dunkle Ahnung des Volkes vergisst noch die progressive Entfaltung des Seelenlebens, sie ist noch mehr mit dem Schleier der Angst verhaftet. Aus der Angst heraus, aus der Angst vor dem Tod, aus der Angst vor dem Unfassbaren spricht der Volksmund: »Der ist geholt worden.« Das Wort »Holen« hat einen makaberen, einen düsteren Charakter. Ist es nicht so?

Ohne Geistschulung, ohne die Entwicklung von großen, universalen Wahrheitserkenntnissen bleibt der Schleier der Angst. Im bloßen Lebensgefühl getragen, besitzen die alltäglichen Ereignisse um Krankheit und Tod einen Charakter, als ob man sich wirklich immer vor den Unterwelten oder vor den jenseitigen Welten verbergen müsste. Tatsächlich ist es aber so, dass gewisse bestehende Konflikte, zum Beispiel zwischen Mann und Frau oder in der Familie, auch über den Tod hinaus fortwährend weiterbestehen. Wenn nun eine Person stirbt, sagen wir, die Frau stirbt und der Mann, der sich bislang auf seine Frau verlassen hat, bleibt nun einsam zurück, dann wird meistens der Hinterbliebene in der Anlage, die in diesem Fall der Mann dann besitzt, das Problem übernehmen. Das Problem wird sich nicht in die geistige Welt hinwegbewegen, es wird sich nicht verflüchtigen, es wird nicht ein Problem der geistigen Welt sein. Zunächst scheint das Problem, das sich im irdischen Konflikt ausgedrückt hat, erst einmal gelöst, weil jemand verstorben ist und weil der Konflikt deshalb nicht mehr besteht oder weil die Art der Symbiose, die Bindung oder das Trauma nicht mehr besteht oder sich zumindest etwas entfernt hat. In Wirklichkeit wandert das Problem aber nur wieder weiter und sucht sich den Nächsten. Und gerade diejenigen Personen sind dafür prädestiniert, die alleinstehend, einsam oder ausgegrenzt sind, diejenigen, die einen Verlust im Dasein verzeichnen müssen, und diese werden natürlich von den ungelösten Problemen, die im Umfeld oder in der Genetik einer ganzen Familie bestehen, wieder aufgesucht. Die Person also, die dann alleine übrig bleibt, trägt und übernimmt die Schicksalslasten, die hinterlassenen Missgeschicke, die ungelösten Konflikte, die in der ganzen Familientragödie bestehen. Dieses Tragen und Ertragen von Schicksalslasten oder von ungelösten Aufgaben führt leicht zur Überforderung und lässt den Tod kommen. Der Mensch ist in diesem Sinne Opfer. Er ist Opfer von unendlichen, ungelösten Problemen und er kann sich diesem Schicksal, mit dem er beladen wird, nicht entziehen. Deshalb ist es nur eine halbe Wahrheit, dass eine verstorbene Seele beziehungsweise ein Toter auch den Nächsten holen kann. Die eigentliche Wahrheit ist es, dass das bestehende Problem nicht ausreichend mitgeteilt werden kann. Die Lasten, die Krankheiten, die bei dem Einzelnen dann bis in die Genetik hinunterwandern und die wiederum verschiedenste weitere Konflikte verursachen, sind es, denen der Einzelne dann nicht mehr standhalten kann und an denen er sterben muss. So trifft es also nicht zu, dass die Seele, die verstorben ist, den anderen nun holt, vielmehr besitzt sie nicht das ausreichende Mitteilungsbedürfnis beziehungsweise ist die Empfänglichkeit der Hinterbliebenen nicht groß genug, um das eigentliche Problem durch progressive, schöpferische Entwicklung auflösen zu können. So wandert das Problem in die Genetik hinab und kann nicht aufgelöst werden.

Wir wollen uns deshalb mit den Fragen beschäftigen: Wie kann ich ausreichend Seelsorge leisten? Wie kann ich Empfindungen heranbilden, die dieses Seelendasein nach dem Tode intensivst würdigen? Wie kann dieses Seelendasein auf eine heilsame Weise gefördert werden? Wie kann ich selbst in der Heilkunde, in den Formen des Miteinanders, in den Gemeinschaftsbestrebungen und allgemein in dem gesamten fortschrittlichen Dasein die Stimmen der Toten richtig identifizieren und daraus das Leben weiter mit einer tieferen Moralität, intensiveren Empfindung, intensiveren Entwicklung oder entsprechend logischeren Entwicklung durchdringen? Wie kann ich einen Sinn empfinden lernen, der mir von den umliegenden astralisch-seelischen Welten auferlegt ist? Der Weg dorthin ist immer mit einer Bewusstseinsentwicklung verbunden.

Nehmen wir hierzu einmal ein meist bestehendes Bedürfnis heraus: Der Mensch sucht allgemein nach Geborgenheit, nach Harmonie, nach Miteinander, nach Verbindung, nach Berührung mit dem Schönen, mit dem Wahren. Er sucht im Leben auch nach einer vornehmen Differenzierung und schließlich nach einer Erkenntnis der eigentlichen Wirklichkeit. Die Suche nach Geborgenheit ist eine tiefe, aber noch leidenschaftliche Antriebskraft. Es ist die Sehnsucht nach Geborgenheit im Hinblick auf die Gemeinschaftsbildung das größte Antriebsmittel, das besteht. Schließlich ist für jeden Menschen eine Notwendigkeit gegeben, Geborgenheit einmal vorzufinden, miteinander zu erleben. Findet er dieses Miteinander, diese Verbindung nicht, so kann er keine gesunde Entwicklung hindurchgehen.

Der Mensch blickt auf die vielen Widersprüchlichkeiten des Daseins und er muss sich erst einmal in einem Urwald von Paradoxien zurechtfinden, um zum Kernpunkt dieser seelischen Frage hindurchzufinden. Ein Verstorbener aber betrachtet das Dasein, wie es dem Menschen vom Alltag und von den sichtbaren physischen und von den psychischen Erscheinungen oder auch von den psychologischen Tatsachen entgegenkommt, nach Wesensmerkmalen, die ganz anders sind und auch andere Bewegungen aufweisen. Der Verstorbene empfindet gegenüber den Lebenden tatsächlich eine Art Kontrainteraktion. All das, was die Verstorbenen in den Bewegungen der Welt erleben, ist eine Art Kontrainteraktion. Diese ganz andere Form der Beziehung in den jenseitigen Welten hat feinste, aber intensivste und vornehmste Empfindungen in sich. Die Seelen im Jenseits wollen nicht nach den väterlich geprägten, leidenschaftlichen Trieben die Menschen verbinden. Sie wollen sie nach den Prinzipien eines Gesetzes dieser reinen Bewegungen, einer nach Überwindung der Physis drängenden Liebe verbinden.

Ich will heute einmal auf eine Empfindung hinarbeiten, die wir an einem ganz normalen Beispiel des Lebens ersehen können. Wir beobachten beispielsweise, wenn wir schon etwas seelisch geschult sind, dass diejenigen Menschen im irdischen Dasein schöner werden, die sich edlen Idealen unterstellen. Wir können ebenso beobachten, dass diejenigen Menschen die sich keinen höheren Idealen unterstellen, sondern sich vielleicht sogar dem Negativen eher hingeben, zwar nicht unbedingt kränker werden, aber bei genauerem Blick vitaler, undifferenzierter, vielleicht sogar raffinierter erscheinen. Jedenfalls werden sie bei genauerem Blick nicht schöner. Aber wohlgemerkt bei genauerem Blick, denn bei etwas oberflächlichem Blick wirkt derjenige vital, gesund und damit auch schön, der sich auf gute Weise Macht verschaffen kann, während der, der sich unterordnen muss und sogar in irgendeiner Weise Erniedrigungen ertragen muss, der sich auf den ersten Blick nicht kraftvoll bewegen kann, sich gar nicht schön gebärdet und vielleicht sogar viele Krankheiten in sich trägt. Meist spricht man dann: »Krankheit ist nicht schön«, oder man sagt: »Er sieht schlecht aus, er ist ziemlich heruntergekommen, er ist in einem schlechten Zustand.« Aber bei genauerem Blick, bei einem mehr seelischen Blick kann es viel leichter und viel häufiger der Fall sein, dass das seelische Auge bemerkt, dass bei diesem sogar etwas Schönes gegeben ist, während bei jenem, der sich mit eitlem Machteifer erheben kann, das Schöne, das wirklich Lichte fehlt. Das Vitale erbaut sich eher auf Dunkelheit. Es muss nicht immer so sein, aber sehr häufig entsteht der Eindruck, dass der, der sich der weltlichen Macht anschließt, leichter indifferent beziehungsweise vital und kräftiger wird, und der, der sich erniedrigen lassen muss, der in der Gesellschaftsklasse minderwertiger steht aber seine Ideale bewahrt, differenzierter und damit schöner wird. Bei genauerem Blicke bemerkt man bei ihm sogar einen gewissen Zauber, etwas Edles, aber dazu muss der Blick schon seelischer Art sein. Äußerlich gesehen dürfen wir von der Tatsache sprechen, dass dasjenige, das in der Welt Macht bekommt, oft kraftvoll und attraktiv wirkt, während dasjenige, das in der Welt schwach ist, wenig Anziehung äußert.

Blicken wir nun aber noch auf eine andere Tatsache, die ganz besonders den Biologen oder den Zoologen Rätsel aufgeben kann. Blicken wir auf die Tatsache im Tierreich, dass es dort Geschöpfe gibt, die etwas außerordentlich Edles darstellen, und das sind die Raubtiere. Die Raubtiere äußern einen ausgesprochen edlen Charakter. Betrachten wir einmal einen Bussard, einen Habicht oder einen Marder, so sind das eleganteste, edle Wesen. Der Raubvogel ist der Herr der Lüfte. Der Adler ist das Sinnbild für den freien Flug. In unseren Landen sind es der Falke oder der Habicht. Diese Vögel sind Tiergeschöpfe, die faszinierend sind, während wir den kleinen Spatzen gar nicht so viel Beachtung schenken mögen. Die kleinen Vögel erfüllen den Luftraum, aber die Herren in diesem Luftraum sind die Raubvögel, sie sind die Könige, die in weiten Bögen mit ruhigem Flügelschlag im Luftraum kreisen. Richten wir aber beispielsweise die Aufmerksamkeit auf das auf dem Land lebende Tierreich, so kann der Marder, der in einen Hühnerstall einbricht, alle Hühner verschleppen und töten. Die Hühner können sich gar nicht gegen den Eindringling erwehren. Die These müsste nun lauten: Das Huhn müsste eigentlich etwas Schönes haben, weil es ja Opfer ist, während der Marder, wenn wir das glitzernde Fell und die Eleganz des Wesens betrachten, etwas Unschönes haben müsste. Aber gerade umgekehrt ist es. Die Raubtiere sind die edelsten Geschöpfe. Wie elegant gebärdet sich selbst eine Katze im Jagdfieber, wie anziehend, wie funkelnd werden die Augen, das Fell, die sensitiven Haare, die Wahrnehmungsorgane, wie faszinierend ist der Gang, der Sprung, die Leichtigkeit. Wir sehen, ein Tier tötet wieder das in der Rangordnung unter ihm liegende Geschöpf, das stärkere Tier tötet das schwächere. Es ist ein ganz deutliches Hierarchieprinzip im Tierreich erkennbar.

Es ist offensichtlich wie die Raubtiere, die Könige im Tierreich, die anderen Tiere mehr oder weniger beherrschen, sogar töten und ihren Edelmut im Jagdfieber ausdrücken. Wir sehen bei den Raubtieren, bei bestimmten funkelnden Äußerungen des Federkleides oder auch der Haartracht des Felles förmlich das astrale Glitzern, ein astrales Licht, das elektrisch aufgeladen zu sein scheint. Die elegante Farbenpracht und Anziehung ist ein Ausdruck für ein astralisches Wirken und Weben. Diese Tiere bezeichnen dasjenige, was im Astralreich vor sich geht, aber sie bezeichnen etwas, was sich abgesondert hat aus dem Menschenreich. Im Tierreich besteht eine Hierarchie, und so entstehen die Fragen durch den interessierten, wissenschaftlichen Verstand: Warum ist gerade im Tierreich diese Hierarchie mit einer vortrefflichen Faszination und Schönheit, aber auch mit einer gewissen grausamen Schönheit angelegt? Denn für das menschliche Empfinden ist es eine grausame Tatsache, wenn beispielsweise ein Tier ein anderes frisst oder ein Tier ein anders jagt. Die Tatsache, wie eine Katze mit ihrem verletzten Opfer umgeht, wie sie mit dem Vogel oder mit der Maus umgeht, wie sie im Spiel des Tötens eine Stärke beweist, ist eine nicht unbedingt leicht erträgliche Erscheinung. Ganz oben aber in der Hierarchieordnung stehen die Raubvögel oder die edlen Tiere, der Löwe beispielsweise als der Herr der Wüste oder der südlichen Zonen, der Tiger, der Herr des Dschungels. Sie sind die Könige im Tierreich und sie offenbaren etwas Faszinierendes.

Wir sehen in der Hierarchieordnung des Tierreiches, dass das starke Tier das schwache beherrscht und das schwache sich vor dem starken fürchten muss. Das Schwache muss um das Überleben kämpfen, es wird dem Starken immer unterlegen sein. Wie kommt es zu dieser so schwer begreifbaren Tatsache oder was spricht sich im Geheimnis der Natur aus? Um eine Empfindung zu den Wahrheiten der Naturgeheimnisse zu bekommen, ist es wertvoll, wenn wir den Blick wieder hinüberrichten auf das menschliche Reich und auf die Wahrheiten des Geistseins im nachtodlichen Dasein. Im Menschlichen sehen wir aber eine umgekehrte Tatsache, denn der Mensch wird von sich aus beispielsweise die Eigenschaft des Tötens auf eine andere Weise erleben. Der Mensch erlebt das Töten nun nicht in dem Sinne, dass er seinen Trieb befriedigen muss, indem er Nahrung entnimmt, sondern der Mensch erlebt das Töten auch als eine existentielle Sache. Er erlebt es aber auf tiefere Weise unter dem Aspekt der Verantwortung. Er erlebt das Töten unter anderen Voraussetzungen, nicht allein unter den Voraussetzungen des Triebes oder Instinktes. Der Instinkt wird beim Menschen veredelt durch ein größeres Verantwortungsgefühl. Und so ist es auch dem Menschen allein bescholten, dass er in die Hierarchieordnung des Tierreiches eingreift, wie beispielsweise der Jäger, der auf eine natürliche Ökologie oder Ordnung in seinem Wald oder Revier hinarbeitet.

Diese Tatsachen, diese Bilder des Daseins können uns aber darauf aufmerksam machen, dass das Töten aus dem Geistsein tatsächlich ganz anders verstanden werden muss. Das Töten zeigt schon in der *Bhagavad Gītā* ganz andere Komponenten. Aus der *Bhagavad Gītā* soll eine Tatsache heraussprechen, dass der Tod eines Menschen nicht der Tod der Seele ist und schon gar nicht der Tod des Geistes sein kann. Deshalb sagt Krishna zu Arjuna:

»Darum erhebe Dich, o Arjuna, zum Kampfe entschlossen.« *Tasmād uttiṣṭha kaunteya yuddhāya kṛta niścayaḥ.* Dieses feste Entschlossensein zum Kampfe sagt nichts Anderes aus als das: Dieser Tod ist gar nicht der Tod, denn das, was du tust, ist sogar ein größeres Verantwortungsgefühl, es geschieht aus Pflicht, aus dharmischer Notwendigkeit, aus Liebe. Das moralische Gesetz erweitert sich nun zunehmend durch eine solche Aussage, und das Verantwortungsgefühl übersteigt die irdischen Schranken.

Tatsächlich lebt im Jenseitigen eine Tatsache, auf die uns das gesamte Tierreich und die gesamten Erscheinungsformen mit ihren Widersprüchlichkeiten aufmerksam machen wollen. Es ist im Tierreich auch eine jeweilige Seele inkarniert, eine spezifische Art eines Seinsprinzips in dem Raubvogel oder eine andere Art im Bär, der ja ein ausgesprochenes Raubtier ist. Diese Tatsache, die Ordnung des Tierreiches, die Erscheinungsweise des Tötens möchte uns auf etwas aufmerksam machen, denn es ist tatsächlich so, dass im Jenseitigen die Kraft so lange Mitteilungen setzt, bis Menschen sie in sich erfassen können und die Widersprüchlichkeit dann auflösen. Im Jenseitigen sind Seelen und sie sind beladen mit den Lastern des irdischen Daseins. Wir haben es schon des öfteren in unseren Kursen erwähnt, dass die Seele, die abscheidet beziehungsweise hinübergeht in ihr Reich, den Körper zurücklässt und das leidenschaftliche Potential, das ihr noch anhaftet, im sogenannten Reinigungsfeuer oder *kāmaloka,* in der Begierdenebene, nun selbst als ein Laster erleben muss. Indem der Körper hinwegfällt und die irdische Seinswirklichkeit nicht mehr gegenwärtig ist, bleibt die seelische Natur des Begierdendaseins frei und unmittelbar als Stofflichkeit spürbar. So lange es möglich ist, dass ein Körper die Begierde auffängt und die Begierde zufrieden stellt, so lange kann die Begierde untertauchen in das Anonyme des weltlichen Daseins. Wenn nun aber die Seele den Körper verliert, hat sie nicht mehr die Möglichkeit zur Kompensation über die irdischen Sphären und muss sich nun selbst mit dem eigenen Begierdenstoff konfrontieren. Dieses Konfrontieren mit dem eigenen Begierdenstoff ist damit ein Konfrontieren, das in sich selbst sofort den Wunsch erzeugt, im nächsten Dasein das Gegenteil zu entwickeln.

Nehmen wir an, eine Person ist auf eine bestimmte Weise sehr schwärmerisch im Leben gewesen und hatte sich über die Schwärmerei begierdenmäßig zu weit in das Irdische hineingelebt. Nehmen wir an, sie ist zu sehr eine Art schwärmerischer Philister geworden und hatte damit den Emotionen zu weit, zu ekstatisch freien Lauf gewährt, dann wird sie mit dieser aus der Schwärmerei geschaffenen seelischen Hülle, die ja auch schon im Irdischen im Worte verpackt war, nun im Jenseits zumindest so weit konfrontiert, dass sie die Wirkungen davon spürt. Die Wirkungen aus schwärmerischer, enthusiastischer Rhetorik sind, wenn sie ohne tieferen Inhalt geschehen, eine mehr oder weniger meist leichte Art des Zerstörens, des Tötens von lebendigen Geistsubstanzen. Der Einzelne wird nun im Jenseits mit diesen Wirkungen des tötenden Triebes eine Macht erleben, die ihn gerade dorthin treibt, dass er schließlich immer mehr das Gegenteil will, denn er spürt einen Schmerz in der zurückgebliebenen Schwärmerhülle. Er bemerkt eine gewisse Form der Hässlichkeit und will nun eine wahrere, schönere Sprache, ein Gegenbild zur Schwärmerhülle entwickeln. Und das Gegenbild ist ein Bewusstsein, das prioristisch ist, das von Vernunft, Klarheit und Erkenntnis abgeleitet ist. Es will die Rede, das Wort, das, was wir nach außen bringen, nicht von der Emotion abgeleitet sein, von irgendwelchen philiströsen Reden, sondern von der Klarheit, es will vom Gedanken selbst kommen, es will prioristisch sein, es will sich unmittelbar in der Schönheit, in der Klarheit eines Gedankens ausdrücken. So entfaltet der, der ein Schwärmer ist, über sein jenseitiges Leben für die nächste Zeit mit einer relativ großen Sicherheit die gegenteilige Tugend beziehungsweise sucht er sie im nächsten Dasein auf und er wird viel mehr zu einem erkenntnisfreudigen Menschen werden. Er wird jene Erziehungsformen heranziehen, bei denen er Erkenntnisse findet, und er wird die Erkenntnisart des Bewusstseins, die sich aus den Gedanken heraus leitet, aufsuchen. Aber er wird es unter Umständen durch viele Konflikte, viele Missstände hindurch erst einmal erwerben müssen, denn er wird es im Jenseitigen nicht als Geschenk bekommen, sondern er wird nur den Antrieb dorthin für das nächste Leben aufnehmen. Er wird aus dem Schwärmen herausgerissen, er wird eine Leere empfinden und wird die Notwendigkeit für sein nächstes Dasein spüren, aber seelisch spüren, ohne dass er es vielleicht weiß. Er wird den seelischen Antrieb in sich aufnehmen und die Schönheit des Erkenntnisbildeprozesses wertschätzen.

Im Jenseitigen werden wir mit einer seelischen Stofflichkeit konfrontiert, die uns in der Seele ganz genau spiegelt, ob sie nun geeignet ist für die Lichtverhältnisse, für die Schönheit des Kosmos, für die zauberhafte Welt des Kosmos, ob sie seelisch reichhaltig ist, oder ob sie Schmerz ist, ob sie Lasterhaftigkeit, Leidenschaftlichkeit, Leiden selbst trägt. Aus dem Leiden verwandelt sich das gegenteilige Bedürfnis, das Bedürfnis, wenn jemand beispielsweise spaltend im Leben gewirkt hat, im nächsten Dasein verbindend zu wirken. Wenn jemand schwärmerisch war, wie das Beispiel zeigt, dann will er eine prioristische Rede entfalten, dann will er eine Schönheit im Wort einmal entwickeln, eine Erkenntnis im Wort mittragen und nicht mehr Gefühle, Schwärmereien, Emotionen, die nichtssagend sind, die nur sinnliche Verschleierung über das Dasein geben, ausdrücken. So organisiert sich das Menschsein aus dem Seelischen heraus, Gegenbilder entstehen. Diese Gegenbilder sind in der seelischen Welt so tief verankert, sie sind als Gesetz verankert, als Gesetze, die nicht vergehen werden, wie das Evangelium aussagt. Das ist auch die Bedeutung dieser Stelle, die aussagt: »Nicht ein Strichlein dieses Gesetzes wird vergehen.« (Mt 5,18) Obwohl der Christus die Erfüllung des Gesetzes bringt und die Formen der Askese, des reinen Zurückgezogenseins und alte Einweihungsstrukturen überwindet, so sagt er aber: »Nicht ein Strichlein dieses Gesetzes wird vergehen«, denn dieses Gesetz ist tatsächlich in der Seele so tief verankert, es möchte genau immer das Leidenschaftliche, das gebundene Prinzip überwinden und wieder ein neues, ein besseres, ein hoffnungsvolleres, ein weiteres, ein moralisch höherwertiges Prinzip entfalten. Darin besteht der ganze Entwicklungsweg der Menschheit, der sich zunehmend differenziert und sensibilisiert, aber auch mit dem Ich verbindet und dadurch immer wieder neue Formen und Anforderungen stellt.

Dieses Gegenprinzip, das in der jenseitigen Welt besteht und das so tief als Gesetz verankert ist, hat nun aber eine Ausdrucksart, eine Form, in der es Bilder in die Welt sendet. In das menschliche Reich wird nun immer wieder das Bild des Konfliktes hineingebracht, das Bild der Gemeinschaftsentzweiung, beispielsweise Krieg, Streit, Aggression, aber auch das Bild, das im Jenseitigen ganz anders ist. Dieses Prinzip will Formen finden in allen Reichen, es will beispielsweise Formen finden im Tierreich, im Pflanzenreich, im Erdreich. Das Gegenbild, das zu diesem Prozess nun besteht, ist tatsächlich die Hierarchieordnung der Tiere, denn die Hierarchieordnung der Tiere erbaut sich geradewegs auf dem seelischen Verlangen nach dem, was eigentlich rein ist und nach dem, was in der irdischen Welt als schwach gilt, was aber in der seelischen Welt dann plötzlich als Stärke erscheint. Das, was der Mensch in der irdischen Welt ausdrückt, ist ja ein Prinzip des Zerstörens, und dieses Zerstören wird erst aufhören, es wird erst zum Friedensprinzip werden, wenn der Mensch immer mehr die schöpferische Wirklichkeit entfaltet und diese Seinswirklichkeit in der Seele bemerkt. Der Mensch in der irdischen Welt, selbst wenn er friedvoll lebt, stört und zerstört noch, er wird aber dann nicht mehr stören, wenn er die Wirklichkeit des Seelen- und Geistdaseins in sich entfaltet.

So, wie der Mensch im Leben steht, und das ist eine Tatsache, die zunehmend mehr auf einem Schulungsweg spürbar ist, ist er genötigt, durch sein Denken, durch seine Emotionen, auch durch seine Willenshandlungen und durch die Verkopplung der Prozesse immerfort andere zu schmälern. Er ist immerfort ausgerichtet, im Leben zu zerstören. Er kann noch nicht erschaffen im wirklichen Geistsein. Je schwächer er ist, desto mehr schmälert er, je weniger er Geist aufnimmt, je weniger er sich in die geistige Wirklichkeit hineinarbeitet, desto mehr zerstört er, desto mehr ist er dem Prinzip des *hiṃsā*, des sogenannten Tötens, unterworfen. Niemand kann aus diesem Gesetz herausbrechen, wir müssen zu einem gewissen Grad gemäß unserer Entwicklung Todeskräfte in die Welt hineinsenden, da wir ja denken müssen, da wir atmen müssen, da wir handeln müssen, da wir Gefühle äußern müssen und da wir spalten, entzweien müssen. Erst wenn diese Kraft so weit verwandelt wird, dass der Einzelne das seelisch-moralische Gesetz und das schöpferische Dasein der anderen Wirklichkeiten aufnimmt, wird er selbst in sich zu einem Bewusstsein kommen, das nicht mehr tötend ist. So wird der Schwache mehr töten und der Starke weniger zerstören. In der geistigen Welt wird dieses Prinzip erfahren, und der Lohn wird nach der Stärke und dem Entwicklungsgrad der Seele zuteil.

Das Prinzip des Todes erscheint wieder in den verschiedenen Reichen, im Pflanzenreich, dort aber sehr still, und im Tierreich mit dem Prinzip der Hierarchie, nach dem die Starken die Schwachen töten. Im menschlichen Reich ist es aber so, geistig gesehen ist es so, dass die Schwachen die Starken töten, denn die Schwachen verbinden sich mehr mit der ahrimanischen, luziferischen und der asurischen Macht. Die Schwachen verbinden sich mehr mit den Todeskräften, mit der Unterwelt und töten damit diejenigen, die reiner Art sind, und das sind die Starken. So zeigt es auch das christliche Mysterium: Die Schwächeren, diejenigen, die geistlos sind, die nicht verstehen, was der Christus darstellt, töten den Christus und er geht in das Opfer der Erde hinein. Die Schwachen töten den Starken oder grundsätzlich das Geistige, nicht das Starke tötet das Schwache, denn das geistig Starke ist ausgerüstet und entwickelt sich aus dem schöpferischen Prinzip der Liebe, aus dem Prinzip des immer weiteren Gebens, das frei von Todeskräften ist.

Innerhalb dieser Todeskräfte entwickelt sich schließlich die Ordnung des gesamten Daseins, die Welt entwickelt sich daraus. Die Todeskräfte aber schüttelt derjenige von sich, der die moralischen und geistigen Prinzipien immer mehr aufnimmt. So sehen wir eine Naturordnung und wir sehen eine menschliche Ordnung und beide stehen unweigerlich miteinander in Verbindung. Wenn einmal dieses moralische Gesetz entfaltet sein wird und das schöpferische Dasein zur ganzen Wirklichkeit unseres Menschseins geworden ist, dann wird auch das Tierreich sich immer mehr auflösen, es wird wieder viel mehr eine Einheit sein und der Todesgedanke wird aus dem Tierreich entweichen. Es wird dann nicht mehr ein Tier das andere auffressen. Aber dieser Weg ist ein Evolutionsweg, der noch sehr weit in verschiedene Daseinsstufen kommen will.

Die Verstorbenen wollen uns ständig von ihrem Dasein, von ihrem Gesetz etwas mitteilen. Die Verstorbenen wollen aus der Seele heraus niemandem schaden, aus der Seele heraus wollen die Verstorbenen die Menschen zusammenführen. Hören wir nach innen, dann kann es sein, dass wir aus Verzweiflung und Trotz heraus sagen: »Mit denen, die uns verletzt haben, die uns zu nahe getreten sind, wollen wir nichts mehr zu tun haben.« Aus der tiefsten, inneren Seite aber, wenn wir den Konflikt, der allgemein im Menschsein besteht, einmal nicht so sehr werten, wenn wir die Konflikte, die sich ständig aufwühlen, nicht beachten, wollen wir in Verbindung treten, wir wollen mit allen Menschen und vor allem mit unseren nähesten in Verbindung treten. Aus Trotz aber sagen wir allzu leicht: »Nein, es ist für mich endgültig vorbei, ich will nichts mehr wissen von meinen Angehörigen oder von dieser Gruppe.« Aus tiefster, innerster Mitte, aus einer Liebe heraus sprechen wir aber nicht wirklich einen Trotz, sondern wir sprechen: »Wir haben noch keine Wege gefunden, um in Verbindung zu treten. Die Liebe ist noch verfehlt, das eigentliche Miteinander haben wir noch nicht leisten können.« Und die Toten bangen und sagen: »Gut, wenn Du die Einsamkeit wählen willst, dann werde ich aber immer wieder an Deine Herzenstüre klopfen, ich werde Dir die Einsamkeit so vorspielen, dass Du doch wieder Wege des Miteinanders finden musst, denn wenn Du dich absonderst, findest Du niemals zur Weite der Vereinigung in der Entwicklung und in der Liebe einer größeren Gnade und Substanzkraft.« Diese innigliche, wahrheitstreue Verbindung zu vielen Menschen sucht die Seele. Der Trotz als innere Resistenz bemächtigt sich dem Menschen und er verneint eventuell erst einmal diese inneren Bedürfnisse. Die Seelen im Jenseitigen aber pochen an die Herzenstüre und richten stille Mahnungen an die irrende menschliche Seele: »Finde Wege der Auflösung, denn Deine Auflösung, die Du entwickelst und Dein Fortschritt sind meine im Kosmos atmende Freude.« Die Seelen im Jenseits bangen zur Erhaltung der Gemeinschaft und im Bedürfnis zur Verbindung mit anderen Menschen, und das kann auf weiterer Strecke oder auf mehr persönlicher Erfahrungsebene beruhen. Die Sehnsucht nach Geborgenheit und Verbindung sind Ausdrucks- und Antriebsformen, die die Verstorbenen geben und die zunächst erst einmal im Willen und in Trieben halbbewusst zum Ausdruck gelangen. In der Sehnsucht nach Geborgenheit und Verbindung, in dem Geborgenheitsbedürfnis atmet ein mysteriöser Wunsch der verstorbenen Seelen. Die Lebenden bemerken oft gar nicht, wie sie die Seelen dazu mobilisieren, motivieren wollen, Verbindungen mit anderen auf wahrheitsgetreue Weise aufzusuchen, Verbindungen mit mehr Verantwortung und Gegenseitigkeit eigenständig einzugehen. Diese innersten Antriebe und anteilnehmenden Bedürfnisse spiegeln die Verstorbenen in die Lebenden herein und sie wollen damit die Entwicklung fördern. Wir alle kennen das Bedürfnis, die Sehnsucht nach Geborgenheit, nach Heimat, nach Miteinander, nach Reinheit in der Natur, nach einer Harmonie im Dasein. Diese Bedürftigkeiten erstrahlen in einer Art rötlichen Aura und erwecken das Triebvermögen der Menschen. Die Toten jedoch wollen nicht eine Genugtuung für die bloßen Wünsche, Inklinationen und Forderungen geben, sie wollen vielmehr die Mitteilung zu einem moralisch gehobenen, wachen, einfühlenden Zueinander fördern. Sie wollen die Grenze des Verlangens sprengen und die Macht der seelischen Berührtheit, der Wahrheit des Himmels wie einen ultrazarten Lichtschimmer zum Funkeln bringen

Das kosmische Feld

Vortrag vom 27. Juli 2002

Wir haben gestern über ein sogenanntes kosmisches Feld gesprochen, das für die Meditation von großer Bedeutung ist. Dieses kosmische Feld, das in Beziehung zu einer geistigen Quelle steht und untereinander in einer kosmischen Einordnung ruht, ist deshalb so wichtig, da wir in der gesamten Ausrichtung niemals ganz von uns allein abhängig sein können. Die Vorstellung, die man eventuell aus einem relativ materiell oder weltlich orientierten Denken, aus einem sehr irdischen Denken gewinnen könnte, die besagt, dass wir ganz für unsere Entwicklung bei uns selbst, bei unseren Bedingungen allein verantwortlich wären, ist im Hinblick auf die Wirklichkeit der Seelenwelt nicht existent. Innerhalb der Seelenwelt sind die Kräfte viel mehr ineinander verwoben, sind die Raum- und auch die Zeitverhältnisse anders geordnet. Es sind die Verhältnisse innerhalb der Seelenwelt nahezu wie grenzenlos zu sehen, sie sind nicht auf einen Ort beschränkt, sie sind nicht auf eine bestimmte Raumesdimension ausgerichtet, sondern sie sind tatsächlich in der Seelenwelt, innerhalb des Seelenstoffes, innerhalb des Seelen-Licht-Wesens organisiert und unterliegen Gesetzen, die wir von dem irdischen Standpunkt gar nicht so leicht beurteilen können. Aus diesem Grunde müssen sich die Schüler innerhalb der Seelsorge auf sehr sorgfältige Weise mit den originalen Empfindungen durchdringen, damit sie nicht die gewöhnlichen und bekannten Gefühle auf die nachtodliche Welt hinüberprojizieren. Die nachtodliche Welt mag jetzt nicht vollkommen anders sein, wie diese Welt hier, sondern sie ist nur von der ganzen Art der Bewegung, der Ausrichtung und von der Sensibilität der Empfindung anders. Sie weist sehr viele, wie wir gestern gesagt haben, sogenannte Kontrainteraktionen auf. Sie weist gegenüber der irdischen Welt tatsächliche Kehrseiten, Kehrbeziehungen und Gegenbilder auf. Das, was in der Seelenwelt an Beziehungen existiert, ist meist in einem umgekehrten Verhältnis zu denjenigen Beziehungsformen, die wir in der sichtbaren, physischen Welt vorfinden. Somit begegnen wir in der Initiatorischen Schulung der Schwierigkeit, dass die Schüler diese Welt, wie sie ist, nicht einfach als den Maßstab ansetzen können, um die seelische Welt zu beurteilen. Die Beurteilungsmaßstäbe müssen die Schüler deshalb erst einmal erringen, sie müssen das Urteil, das rechte Urteil tatsächlich auf viel intensivere Weise herausarbeiten, auf viel authentischere Weise dem Seelenwesen entsprechend gerecht abringen. Diese Arbeit erfordert immer ein Zurückweichen von bekannten, gewöhnlichen Gefühlen und ein neues Sich-Öffnen, neues Sich-Hinwenden, Hingeben an Inhalte, die unbekannter Art sind. Das Geheimnisvolle oder Eigentümliche bei dieser Ausrichtung ist, dass sich Schüler niemals auf den bisherigen, alten Eindruck verlassen dürfen, sondern den Eindruck, den sie gewinnen wollen, das heißt das rechte Urteil über die innere Welt, die sie finden wollen, müssen sie für jeden Tag und für jede Erkenntnisforschung neu herausarbeiten. Das, was vor einiger Zeit gültig war, dürfen sie nicht als Ausgangsprinzip anwenden und wieder gültig machen für die nächste Erkenntnisforschung. Obwohl die Aspiranten Erfahrungen sammeln müssen im Umgang mit den geistigen Welten und geistigen Schriften, im Umgang mit verschiedenen Imaginationen, so dürfen sie niemals von der einen Erkenntnis auf das Gegenwärtige, auf die neue Wirklichkeit schließen. Deshalb ist die Seelsorge fortwährend in eine Arbeit gekleidet, die sich selbst übersteigen lernt, das heißt, die eine Selbstüberwindung am Anfang voraussetzt, eine Überwindung der Denk- und Gefühlsmuster, und die sich neu gründet in einem Gedanken, der in der Konzentration, in der Bewusstheit, in der Art, wie er gehalten wird, sich erst einmal ganz klar beleben und finden muss. Die Schüler müssen immer wieder auf neue Weise hineinfinden in diese so ganz andere Welt, denn selbst die vergangenen Erkenntnisse werden einmal Bestandteil der irdischen Welt, sie werden aufgesogen von der irdischen Welt, vom irdischen Gedächtnis, vom gesamten Strom des leiblichen Wesens. Diese Schwierigkeit ist in der Seelsorge gegeben und sie ist eine relativ große Schwierigkeit, sie stellt eine große Anforderung dar, da sie Ungewöhnliches voraussetzt. Sie setzt sogar wahre Askese, wahren Verzicht voraus, Verzicht auf das bisherige Wissen. Diese Erkenntnisforschung setzt ein Zurücklassen-Können voraus, ein Zurücklassen-Können der Gedanken- und Gefühlsmuster, die die Aspiranten bereits erworben haben. Die Schüler müssen sich dem Eindruck immer wieder in gewagter Offenheit hinwenden, sie müssen sich immer wieder in sich selbst, in ihrem bisher geformten Seelenwesen übersteigen, damit diese andere Welt für den Kosmos auf authentische Weise heranrücken kann.

Wenn dieser Prozess gewährt wird oder wenn wir uns auf rechte Weise Mühe geben, uns auf rechte Weise bewegen, das heißt, einerseits mit der nötigen Bescheidenheit, auf der anderen Seite aber mit dem nötigen Willen, mit dem nötigen Ehrgeiz, mit einer gesunden Aspiration auf diesem Weg, dann ist die Ausrichtung immer ordnend für das Gesamte. Ein Faktor, der aber dem gesamten Ausgerichtetsein, dem Hinwenden zu den geistigen Welten, zu den nachtodlichen Welten, ganz wesentlich entgegensteht, ist die Furcht, die tatsächlich existente Angst, die mehr oder weniger jeden Menschen auf eine ungesehene oder auf eine etwas undifferenzierte Weise begleitet. Die Angst ist ein Wesen, das in der Weltschöpfung lebt, und sie ist dasjenige Erscheinungsbild, das tatsächlich im Gegensatz zum gesunden Begehren, zum gesunden Wollen steht. Der gesunde Willensantrieb begegnet auf seiner Kehrseite der Angst, der Furcht. So stehen sich auf der einen Seite die Aktivität und auf der anderen Seite die Enge oder Angst gegenüber. Sie beherrschen den astralen Plan. Angst schnürt das Wesen über das Nervensystem ein und bringt Schwankungen, Unsicherheiten und Irrtümer im Verhalten hervor, und somit bringt die Angst eine Spannung, die mit der Zeit auf die gesamte Entwicklung zunächst erst einmal wie eine Hemmung erscheint. Die gesunde Aktivität, das gesunde Begehren, das Wollen nach Fortschritt, nach Weitung und auch nach einer Entfaltung der moralischen Fähigkeiten, der Tugenden, des besseren Lebens, des gerechteren Lebens sind normalerweise im Menschsein nicht begrenzt angelegt, diese moralischen Kräfte, die vorwärtsdrängen, werden aber durch die Angst eingeschnürt.

Das kosmische Feld sollte in Ordnung gebracht werden oder die Schüler sollten daran arbeiten, das kosmische Feld so günstig wie möglich herzustellen, da dieses kosmische Feld sowohl für die Gemeinschaft, für die umliegenden Personen als auch für die Verstorbenen von sehr heilsamer Energie und von sehr heilsamer Bedeutung ist.

Wir können uns die Frage stellen, wie die Angst in den Menschen hineinzieht, wie sie Wurzeln ergreift und wie sie in ihrer heimlichen Interaktion zu einem Hinderungsgrund in der Ausrichtung der gesunden Aktivität wird. Wie geschieht das gesamte spannungsgeladene Werden in der Entwicklung und wie nimmt die Angst ihren Vollzug? Wir wissen aus der Psychologie, dass die Angst durch gewisse Kindheitstraumen, durch Schwierigkeiten, Konfliktsituationen innerhalb der ersten Lebensjahre, etwa den ersten 10, 12, 14 Lebensjahren angelegt wird, eventuell auch noch etwas später, aber in den ersten Jahren ganz besonders, und dann wird die leibliche Konstellation, Konstitution, Kondition in den Kindheits- und Jugendjahren in etwas vermindertem Maße in die Entwicklung gebracht. Es gibt dann Menschen, die sind mehr gezeichnet von der Kindheit und andere sind weniger von Traumen, weniger von Schicksalen geprägt. Diejenigen, die mehr gezeichnet sind, die mehr Schicksal erhalten haben, sind in der Regel in der Leib-Seele-Konstellation, in dem Verhältnis, wie die Seele zum Leib hinfindet, auch labiler, sie sind sensibler und reagieren auf Außeneinflüsse empfindsamer, während diejenigen, die ein gutes, gediegenes Verhältnis erfahren haben, die wenig Konfliktsituationen erlebt haben, wenige Projektionen von Ängsten schon in der Kindheit erfahren haben, die ein gutes Gleichgewicht erhielten, in der Regel dann auch mit den Außenfaktoren leichter umgehen können. In der Psychologie oder Psychoanalyse sind diese Faktoren alle recht bekannt und werden beispielsweise in der Traumatologie beachtet oder in den verschiedenen Verfahren zur Auflösung gewisser Spannungen, gewisser psychischer Konflikte angewendet.

Wenn der Mensch im Leben steht, so entwickelt sich eine relativ große Anziehung aus einerseits karmischer Notwendigkeit, andererseits aber auch aus einer Notwendigkeit des gesamten Daseins heraus zu bestimmten Schicksalsneigungen, Schicksalsschlägen. Der Mensch wird sich nicht ein Dasein erhoffen können, das vollkommen frei, vollkommen harmonisch und einheitlich vonstatten geht. Immer wieder zieht er Missgeschicke, Leiden und Schicksalsschläge an, da er sich mit diesen Faktoren, die so leidlich hereinmünden, in eine entsprechend neue oder höhere Entwicklung begeben muss. Durch Schicksale, Tragödien, Leidensmächte, die herangezogen werden, entwickelt sich eine größere Spannkraft und die Notwendigkeit, in eine neue oder andersartige Beziehung des Daseins hineinzuarbeiten. Der Mensch darf nicht stehen bleiben bei dem, was er bereits hat, sondern er muss ringen im Konflikt um eine Realität, um eine Gerechtigkeit oder um eine Sinnfrage, die er nicht ohne Weiteres erhalten kann, die noch nicht offen ist. Das kosmische Feld stört sich bei dem Einzelnen deshalb durch den Einfluss auf das sensible Leib-Seelen-Gleichgewicht und durch die Macht der Angst, die Jakob Böhme sogar als eine sogenannte Angstqual bezeichnet hat, denn es ist tatsächlich ein leidendes, quälendes Wesen. Durch diese Angstqual wird der Mensch im Dasein erschüttert. Es ist aber diese Angstqual nicht nur in einer einzelnen Person wirksam, sie ist ebenfalls in Konstellationen von Personen tätig, sie ist sogar mit bestimmten musterhaften Variationen über ganze Völker oder Länder ausgedehnt. Bestimmte Ängste sind charakteristisch für bestimmte Bezirke, bestimmte Ängste sind wieder vorzüglich wirksam in bestimmten Gruppen oder Gruppierungen. Es gibt die Angst nicht nur auf das Individuum bezogen, sondern es gibt auch die Angst, die sich kollektiv ausbreitet, die wirksam wird auf ganze Nationen oder ganze Völker. Wenn die Angst einmal als ein Macht- oder quälender Einfluss den Menschen zu Handlungen treibt und der Breitengrad des Ausmaßes immer größer wird, dann spricht man in der eingeweihten Terminologie von einem Wesen, das sich ausbreitet und man benennt es mit »asurisch«. Es ist das asurische Wesen, der *asura*, der nicht der Sonne entsprechende Pol vorhanden. »*Surya*« bezeichnet die Sonne, und *asura* heißt, mit dem »*a*« verneint, nicht der Sonne entsprechend.

Dieser Machtpol ist heute in der Weltschöpfung wirksam mit einer Erscheinungsform, die viele Menschen schleichend erobert und die auf eine sehr manipulative, sehr geschickte Weise mit verkehrten Vorstellungen und auch sogar verkehrten Liebesbegriffen zu immer weiterem Ausmaße vordringt. Unsere Kultur kennt dasjenige, was wir zum Beispiel im Islam sicherlich kritisieren, das ist das fundamentalistische Denken, das Denken, das sich mit einer sehr patriarchalischen Härte ausdrückt und das sich beispielsweise gegen weibliche Prinzipien richtet und auch gegen lebendige Beziehungsformen, lebendige Fortschrittsformen, das sich einseitig in die Weltschöpfung hineinbegibt. Das fundamentalistische Prinzip ist aber nicht nur im Islam tätig, sondern es ist ein Prinzip, das sich in Europa zunehmend mehr ausbreitet. Der Anführer dieses fundamentalistischen Prinzips ist der sogenannte *asura*, der nicht der Sonne entspricht.

Es ist das fundamentalistische Prinzip, wie es von mir gemeint ist, leichter zu verstehen, wenn einmal der Gegensatz betrachtet wird. Der Gegensatz dazu besteht in der Weltschöpfung mit dem, was man bezeichnen würde als das *deva*-Prinzip. Das *deva*-Prinzip oder das geistige, das engelhafte, das göttlich-geistige Wirkungsprinzip zeigt sich darin, dass sich Beziehungsfreude, Beziehungsaufnahme, Beziehungsleben, Beziehungsaktivität gestaltet. Das fundamentalistische Prinzip beruht auf einer Einschnürung und auf der starken Rezeption der Angst, auf der starken Verinnerlichung, der Internalisierung von Angst, während das beziehungsfreudige Wesen, das aktive, vorwärtsstrebende, in die Gemeinschaft hineingerichtete Prinzip auf den intakten Bewusstseinsformen beruht. Das Bewusstsein muss in den Fortschritt, in die Progression hineingehen, es muss eine prospektive Ausrichtung hinein in die nächste Stufe der Entwicklung stattfinden, es muss der Wille nach einem neuen, weiteren Bewusstsein bestehen. Das Bewusstsein möchte nicht stehen bleiben, möchte nicht resignieren, sondern es möchte tatsächlich die nächste Stufe erringen. Es ist dies der Drang des Kosmos selbst. Der Kosmos möchte vorwärts gehen, der Kosmos möchte nicht rückwärts schreiten, möchte nicht stillstehen, nicht warten, nicht in sich verharren, sondern er möchte immer wieder und immer wieder Bilder des Neuen hervorbringen, neue Konstellationen, neue Strahlungsintensitäten hervorbringen. Der Fundamentalismus dagegen, so, wie er hier von mir verstanden wird, ist das Gegenprinzip, das dem asurischen entspricht, das sich aus dem Göttlichen herauslöst und das darin seine Macht entfaltet, dass es sich verbindet mit Formen, die tatsächlich der Gewalt entsprechen oder der Macht des Verharrens, des In-sich-Festhaltens. Im Fundamentalismus, in diesem Sinne, wie der Begriff von mir gemeint ist, wird die Angstqual förmlich im Menschen materialisiert. Wenn sie bis hinein in den Leib wirkt, bis in die Persönlichkeitsstruktur tief hinabgesunken ist, so haben wir es zu tun mit dem asurischen Prinzip, mit dem dunklen Prinzip, das nicht mehr der Sonne entspricht.

Es ist nebenbei bemerkt, dass bei all diesen fundamentalistischen Prinzipien, wenn wir den Begriff weiter fassen und nicht nur auf die äußere Welt beschränken, das Weibliche, das mehr sensible, feminine Prinzip immer ausgeschlossen ist. Das weibliche Prinzip kommt nicht recht zur Entfaltung. Je mehr der Fundamentalismus Boden gewinnt, um so weniger wird dem Weiblichen das natürliche Recht in der Welt zugestanden oder zumindest werden Formen, die dem Femininen entsprechen, tendenziell ausgeschlossen und die Frau wird mehr darin gesehen, dass sie vermännlicht werden soll. Aber das Weibliche wird der Frau nicht richtig zugestanden, so dass sich eine Gesellschaftsstruktur erbaut, die auf einer Tendenz beruht, die das Weiche, das Hineingehende, das mehr In-Verbindung-Tretende, Beziehungsfreudige ausschließt und harte Strukturen oder Formen entfaltet, die scheinbar sehr machtvoll und bestimmend sind, die aber in Wirklichkeit einen inneren Wesensteil, einen seelischen Wesensteil zu weit entbehren. Das Bewusstsein braucht aber beide Seiten, die stabilisierte, die feste Seite und es braucht die geschmeidige Seite, das bewegte Wesen, das tatsächlich mehr dem Femininen entspricht. Das Bewusstsein braucht das Maskuline und das Feminine und es muss sich damit in die Beziehungsformung der ganzen Welt begeben. Wenn Einseitigkeiten bestehen, so kann schließlich das Negative in der Welt oder das Materialistische oder das, wie hier angesprochen, fundamentalistische, das asurische Prinzip immer mehr Boden gewinnen.

Zu der Bewusstseinsentwicklung gehören die verschiedensten Schritte und die verschiedensten Entwicklungsstufen dazu.

Die Inhalte der Schulung beschäftigen sich auf der einen Seite mit Seelsorge und auf der anderen Seite mit Gemeinschaftsbildung, und es wurde immer wieder in den Ausführungen erwähnt, dass beide Richtungsziele zusammengehören. Je besser die Menschen in Beziehung kommen, in die Beziehungsfreude, in die Beziehungsaufnahme innerhalb der Welt, innerhalb des gemeinschaftlichen Prinzips, um so mehr können sie auch den Seelen im Nachtodlichen geben. Das, was der Einzelne im irdischen Dasein erringt, das, was er auf gerechte Weise ausgestaltet, kommt auch den Seelen zugute, die nicht mehr auf dem physischen Plan anwesend sind. Beide Richtungen, die irdische und die seelische Welt, sind so nahe zusammen, dass sie niemals ganz voneinander getrennt werden können. Sie werden nur per Wort getrennt, sie werden nur in der Dialektik getrennt. Sie werden einmal getrennt, damit sie auf eine Anschauungsbasis gebracht werden und von den verschiedenen Erscheinungsbildern, von den Unterschieden der Erscheinungsbilder nicht verwirren. Aber grundsätzlich sind diese Welten so nahe zusammen, dass sie in sich selbst nicht trennbar sind. So trifft der Satz tatsächlich zu: Das, was man dem Nächsten tut, das, was man im sinnvollen Einsatz für den anderen tut, das hat man dem Christus auch getan, das hat man in die schöpferische Welt hineingebracht und das wird man auch in der Seelsorge als eine gute, hervorragende Leistung bezeichnen. Das, was den Mitmenschen zugute kommt, das kommt auch den Seelen zugute. Die Frage ist natürlich offen: Was ist wirklich eine gute Leistung, was ist eine wirkliche Teilhabe an den positiven Kräften der Weltschöpfung und was ist eine Förderleistung hinein in die Gemeinschaft? Über diese Frage müssen sich die Schüler in der geistigen Schulung und in der Ausrichtung immer wieder klar werden, sie dürfen sie nicht als äußeren Maßstab, als äußeres Gebot, als äußere Regel aufnehmen, sondern sie müssen sich selbst ein rechtes Urteil darüber bilden.

Das kosmische Feld ist von den Seelen im Nachtodlichen abhängig und es ist von dem abhängig, wie die Menschen zueinander treten. So, wie die Menschheit zueinander tritt, so ordnet sie auch den Astralleib. Ein geordneter Astralleib – eine Aufgabe in der geistigen Schulung – wirkt immer befreiend oder auch erlösend. Je besser die Menschen den Astralleib ordnen können, um so mehr werden sie Erlösungsarbeit vollziehen können. Manchmal ist die Erlösungsarbeit noch ganz unbewusst, noch ganz ohne direkte

Absicht geleistet, da sie durch den Einsatz, den die Menschen im täglichen Leben bringen, auch eine Leistung hinüber zu den astralen Welten darstellt.

Eine Gemeinschaft ist aber nicht nur abhängig von dem, was der Einzelne leistet, sondern sie ist tatsächlich von vielen Einflüssen mitbestimmt. Nun können wir einmal ein Beispiel nehmen, ich will es zwar nicht zu kompliziert machen in den Ausführungen, aber ich will doch diese esoterischen Angaben hier hereinführen, da ansonsten das Wesen der Seelsorge und der Gemeinschaftsbildung nur einseitig von einem sozialen Hintergrund besprochen würde. Wir können uns vorstellen, dass eine Person in einen Urlaub fährt und vielleicht für eine Woche in einem schönen, südlichen Bezirk unterwegs ist. Es ist nun möglich, dass diese Person innerhalb dieser Urlaubsfahrt pausenlose gesundheitliche Beschwerden bekommt, obwohl das Klima günstig ist, die Ernährung angenehm entgegenkommt und ihre Familie, die sie begleitet, ganz wohlgesonnen zu ihr steht. Trotzdem kann es passieren, dass sie auf der Urlaubsfahrt beständig kränkelt, beständig Beschwerden hat und keinen definitiven Grund dafür angeben kann, warum sie schwach ist, warum sie morgens daniederliegt, den Tag nur mühsam bewältigen kann und eventuell sogar irgendwelche Medikamente nehmen muss. Normalerweise zerbricht sich der Mensch dann den Kopf und fragt sich, was er alles verkehrt macht, oder er fragt sich, was sein *karma* wohl ist, dass er auf dieser Urlaubsfahrt solche Beschwerden aufweist. Alle nur erdenklichen esoterischen Gedanken kommen natürlich hier zurate und werden erwogen, aber meist ohne Ergebnis. Warum wird jemand unter diesen Umständen krank? Warum ist manchmal eine Spannung gegeben, die unerklärlich ist? Würden der Einzelne den Blick nun von einem ganz anderen Bewusstsein ansetzen können und weniger die lokalen Konditionen, die Bedingungen am Ort miterleben, sondern würde er vielleicht die Bedingungen ganz woanders begutachten, an einem ganz anderen Ort, der mit der kranken Person in Verbindung steht, dann würde er plötzlich ganz andere Eindrücke feststellen. Es gibt vielleicht an einem anderen Ort einen Bekannten oder eine Gruppe von Personen, die genau das Kehrbild aufweist. Es zeigt sich womöglich, wie auf unerklärliche Weise jemand vitalisiert ist und dabei aber gar nichts investiert hat, keine Gesundheitsmaßnahmen getroffen hat, sich gar nicht in irgendeiner Weise sehr positiv oder charmant benommen hat, sondern sich vielleicht sogar recht dreist, recht unverfroren im Leben bewegt und aber vital, kräftig oder sogar mächtig ist. Wir finden tatsächlich, wenn wir das kosmische Feld von Menschen betrachten, ganz viele Wechselspiele, bei denen einer herniedersteigt, krank wird, und ein anderer dafür einen energetisch großen Gewinn hat. Nun wird man sich fragen: Was geschieht? Wie geschehen diese Wechselspiele? Was ist in der feineren, sensibleren astralen Welt des sogenannten *karma* tätig? Nun wird der Betrachter vielleicht zu dem Entschluss kommen, dass bei diesen Personen eine karmische Verbindung bestehen muss. Meistens ist eine Verbindung gegeben, ob sie nun karmisch genannt wird oder ob sie nur als reine innere Verbindung bezeichnet wird, ist für unsere Betrachtung vorerst einmal einerlei. Es besteht jedenfalls zwischen Menschen eine Verbindung und es entstehen eigentümliche Wechselspiele. Der eine ist krank, der andere ist übermächtig gesund. Dann kann sich das Bild wieder ändern und der andere ist krank und der gegenüberstehende, der in Verbindung steht, fühlt sich besser, fühlt sich wieder intakt mit seinen Gliedern. Die Angst spielt für die Klärung eine ganz nennenswerte, wichtige Rolle, denn diese Umstände finden auf einem Plan statt, der sehr geheimnisvoll ist, der aber auch durch das Totenreich, durch das verbindende Totenreich geregelt wird. Im Astralen findet dieses übergeordnete Wechselspiel statt, so dass manche hinuntersteigen im Leiden und andere aufsteigen in Freudeerlebnisse, aber Erlebnisse, die zu sehr an den Leib, zu sehr an das äußere Bewusstsein, an das äußere Machtspiel des Daseins gebunden sind.

Wenn wir nun beide Personen betrachten, und wir würden sie einmal von einer mehr tiefenpsychologischen Sicht aus näher begutachten, dann stellen wir fest, dass sie im Miteinander in irgendeiner Form einen gemeinsamen Lebenskampf schon vollbracht haben, ein Ringen um Entwicklung, das aber durch bestimmte Erlebnisse oder Schwierigkeiten nicht produktiv zu Ende gegangen ist. Es ist bei solchen Verhältnissen ersichtlich, dass in der Regel die Angst die Personen motiviert, aber nicht die wirkliche Ich-Kraft in der progressiven Durchgestaltung der gesamten Entwicklung tätig ist. Durch diesen Einfluss der Angst kommen in der Regel Mächte zum Vorschein, die heute ganz typisch sind und die immer mehr im Gesamtplan der Welt zu beobachten sind. Es kommt bei diesen Menschen etwas zum Vorschein, das typischerweise für den Kampf von *deva* und *asura* einen Ausdruck nimmt. Es streiten in der geistigen Welt die dunklen oder die ganz unbewussten Kräfte mit den Kräften, die um Bewusstsein bemüht sind. Meistens streiten diese Kräfte so, dass die Mächte, die unbewusst sind, sich mehr in das Unbewusste begeben wollen und jene Kräfte, die um das Bewusstsein ringen, die mehr, wenn wir es so bezeichnen, ohne irgendwelche Klassifikationen davon abzuleiten, um das *deva*-Prinzip ringen, dass diese mehr und mehr um das rechte Urteil, um das Wissen, um das Bewusstsein selbst kämpfen. So kämpfen tatsächlich manche in einer Art Autonomie um die Erhaltung des Unbewussten, und die anderen kämpfen an einer ganz gegensätzlichen Front um die Entwicklung des Bewusstseins.

So sind heute kosmische Felder wirksam, die von sehr nennenswerter Bedeutung sind, denn sie beeinflussen den Status der gesamten Entwicklung, sie beeinflussen derzeit all jene Menschen, die im Lebenskampf in irgendeiner Position um Wahrheit und um Vollkommenheit bemüht sind. Das *deva*-Prinzip ist im Streit begriffen mit dem asurischen Prinzip. Das Unbewusste möchte zum Unbewussten, zu seiner Dunkelheit weiter zurückkehren, und das Bewusstsein möchte zum Bewusstsein, zum Licht. Die Folgen dieses geistigen Kampffeldes sind innerhalb einer geistigen Schulung, wie sie hier besteht, sehr gut sichtbar, denn die Bewusstseinsschritte sind in ihren natürlichen Rhythmen wie gelähmt und immer wieder von größeren Schwierigkeiten beeinträchtigt. So lebt das Bewusstsein auf der einen Seite und das Unbewusste auf der anderen Seite, und es zeigt sich tatsächlich in vielen Konstellationen eine Art kosmischer Kampf. Für die Zukunft, und das ist schon über die ganzen letzten Monate hinweg spürbar, ist es so, dass nur noch diejenigen in einer geistigen Schulung bestehen, die mit einer sehr gediegenen, sehr klaren Willens- und Entscheidungshaltung fortschreiten. Es werden in der Zukunft nur diejenigen eine solche Schulung, wie wir sie hier erarbeiten, bewältigen können, die sich in einer ganz klaren, kontinuierlichen Entschlusskraft zur Sache befinden. Diejenigen, die wenig Entschlusskraft hervorbringen und die eher auf den äußeren Schein der Welt achten, werden in einer solchen Schulung nur ein sehr schweres Bestehen haben. Warum ist das so? Warum entwickeln sich alle Wege dorthin?

Die Entwicklung in dieser Schulung stellt eine Seelsorge dar, die sich zunächst einmal an unsere Nächsten richtet. Diese Entwicklung ist aber so tief angelegt, dass sie niemals stehen bleibt in unserem Verwandtschaftskreis, sondern sie sucht sich immer mehr die universale Weltenverbindung. Diese Weltenverbindung wird aufgesucht, indem Begegnungen stattfinden, die in der gesamten weltkosmischen Ausrichtung von wesentlicher Bedeutung sind. Warum sucht sich diese Entwicklung immer weiter den Weg zu einer Universalität? Es ist die naturgegebene Entwicklung, dass jene Schüler, die nach einer vollkommenen Liebe streben, nicht stehen bleiben in einem persönlichen Kreis. Vielmehr ist es eine Entwicklung, die tatsächlich etwas mitzuteilen hat für alle anderen Menschen. Wenn der Schüler die Seelsorge für seine Nächsten entwickelt, so will mit dieser Seelsorge nicht nur die einzelne Seele erlöst werden, sondern es wollen Seelen auf dem gesamten Plan mithorchen, mit teilnehmen und sie suchen das Gute, das Gedeihliche, sie fördern die Erlösungsarbeit. Deshalb tritt diese Schulung zunächst einmal mit dem Lauschen der verstorbenen Seelen in Verbindung und dann dringt sie automatisch immer weiter in den Weltenplan durch viele Schicksalsneigungen, viele Tragödien vor. Nicht durch das Bequeme, Angenehme, Zufriedene entwickelt sich die Verbindung in den Astralsphären, durch das Tragische, durch die Macht des Schicksals, durch das Weben des unfassbaren Außenseiterstandes entflammt die Liebe des Erlösers, des Christusgeistes. Die Entwicklung bleibt nicht stehen in einem engen Kreis der Verwandtschaft oder in den ganz persönlichen Verhältnissen.

Was geschieht aber in den Welten? Die Schüler eines geistigen Weges ringen um das Verständnis für die Gemeinschaftsbildung, sie ringen um ein rechtes Urteil, um Konzentration und um ein Wissen, das sie durch die Schulung im besten Sinne erwerben können, um schließlich die Seele zu veredeln. Sie ringen um Einsichten in die geistigen Welten. Sie ringen darum, einen nächsten Blick in die verschlossenen Mysterien zu gewinnen. Innerhalb dieses Ringens zeigen sich die verschiedenen Notwendigkeiten. Das Beziehungsleben soll sich weiter entfalten. Sie werden aber innerhalb ihres gesamten Ausgerichtetseins feststellen, dass sie nicht frei von Ängsten sein können. Und sie stellen weiterhin naturgemäß fest, dass diese Angst tatsächlich ein Faktor für sie ist, der sie bis ins Irrationalste hinein lähmen kann. Sie müssen damit, durch die Bedingungen der Schulung und durch die Bedingungen der Zeit, sich selbst erneut mit ihren eigenen Ängsten und damit auch mit ihren Kindheitstraumen konfrontieren.

Das asurische Prinzip steht heute mit ungesehener Gewalt in der Schöpfung, dass es geradewegs diejenigen boykottiert, die in ein Beziehungsleben, in einen progressiven Austausch treten möchten. In ganz spezifischer Weise stehen sich heute diese Mächte gegenüber und arbeiten gegeneinander. Es gibt Menschen, die tatsächlich in einem Status des Lebens sind, in dem sie sich vollkommen mit diesem asurischen Prinzip vereinigen können und somit nicht nur ein Prinzip, das am geistigen Himmel ist, zur Wirksamkeit erklären, sondern das Wirkungsprinzip auch im Irdischen nach außen hin ausdrücken. Es gibt also Menschen, die sich auf der Grundlage von wiederholten negativen Handlungen ganz in das vitale, mächtige, asurische Prinzip hineinleben können. Diese Menschen beherrschen, ohne es zu wissen, zu einem gewissen Grad eine ganze Nation und sie ziehen auch immer mehr Kraft zu einem Volk herab, so dass sich andere Personen in ihrer Bewusstseinsaktivität bedroht, beängstigt, wie gelähmt, wie eingeschnürt fühlen. Dieses Zeichen, das die Schüler heute in einer Schulung relativ hart und unangenehm bemerken und das gerne beim Studium oder beim Miteinander-Zusammenwirken aufkommt, das auch dann aufkommt, wenn eine Gruppe meditieren will, wenn sie sich zu Schriften näher besinnen will und das in Form von Nervenspannungen gespürt wird, ist ein typischer Einfluss, der aus diesem astralen Störungsfeld kommt, das heute über der Menschheit ausgebreitet ist. Die Schüler kennen die Symptomatik: Sie wollen eine Lektüre studieren und sie wollen freudig in die Erkenntnis hineinarbeiten, aber das Ergebnis ist Unruhe und Verzagtheit, und sie müssen aufgrund dieser Spannungen, die entstehen, dieser Ängste, die vielleicht sogar entflammen, das Buch schließen und können nicht weitermachen. »Der Geist ist willig, das Fleisch ist oft zu schwach«, aber die Hindernisse der Einflüsse sind groß. Innerhalb einer Schulung ist es ja ebenfalls an vielen Beispielen deutlich geworden: Man will zum Thema kommen, aber bemerkt die gesamten Schwierigkeiten und kommt nicht richtig hin zum Thema, fühlt sich eingeschnürt, Ängste wallen auf und Unruhezustände entstehen. Gerade das Gegenbild von dem, was geistige Schulung sein sollte, also Ruhe, Kontemplation, Frieden, Miteinander, Herzlichkeit, ist momentan zu beobachten. Und es ist tatsächlich so, als ob diese Früchte wie aus dem atmosphärischen Bereich entzogen sind und der Einzelne sich mühsam hinarbeiten muss, mit Willensaufopferung und unter Nervenspannungen, bis er den eigentlichen Teil der Vorbereitung absolviert hat. Und hat der Schüler einmal eine Erkenntnis gewonnen oder ein gesundes Ergebnis gefunden, dann wird dieses Ergebnis von der Gegenatmosphäre aber um so schneller hinweggeweht, so dass auch sogleich wieder die negative Gefühlserscheinung kommt.

Früher, vor etwa zehn Jahren, war es noch eine erfreuliche Tatsache, dass nach einer Meditation, die in einer Gruppe von Teilnehmern durch mich stattgefunden hat, noch Tage im Nachhinein die Meditation spürbar war. Heute ist das Hinringen zum eigentlichen Zentrum eine Schwierigkeit, und wenn der Schüler dann hingefunden hat, so geht er kurz danach auf die Straße oder begegnet wieder anderen Verhältnissen und die Meditation scheint geradewegs wie weggezogen zu sein, so dass das Empfinden der Ruhe, der Seligkeit, das Empfinden eines inneren, ersten aufkommenden geistigen Bewusstseins nicht gehalten werden kann. Das, was in der Regel als die Seligkeit des Christusbewusstseins vor zehn Jahren ganz naturgemäß in den Meditationen entflammt ist, was durch die Begegnung selbst entflammt ist, das ist heute sehr schwer zu finden, und außerordentliche Mühe ist einzusetzen, um zu diesen angenehmen Formen des Innenlebens wieder hindurchzuringen. Viel Opfer ist zu bringen, und wenig Frieden, wenig Erfolg ist spürbar. Auf dem geistigen Plan ist es aber nicht so. Der Schüler braucht heute für eine geistige Schulung viel Glauben an das Geistige und er muss bei sich selbst feststellen, dass das Irdische nicht mit viel Glückseligkeit, *ānanda*, beschenkt wird, sondern dass erst dann, wenn die harte Arbeit geleistet ist, der Lohn zu späterer Stunde kommt im Sinne eines Fortschritts des Ich und dass diese Tage tatsächlich kurz sind. Der Erfolg in diesem Leben wird beschnitten. Das ist durch das gesamte astralische Feld spürbar. Wir sind in einem Spannungsfeld, in dem Asurisches mit den *deva*-Prinzipien kämpft. Wenn wir hier heute meditieren oder zusammenkommen, dann spüren wir unweigerlich eine fast auszehrende Macht hereinmünden, die mit Angstqual feindlich beladen ist und die uns immer abhalten möchte, den nächsten Fortschritt durchzuringen. Sie möchte uns tatsächlich von dem Weg hinwegbringen.

Das asurische Prinzip, das mit dem *deva*-Prinzip streitet, bringt vor allem jene Polaritäten um so stärker hervor, wenn Verletzungen in den Menschen eingedrungen sind und zwei Menschen, die sich vielleicht fern stehen, aber nun in einer Polarität Gesundheit und Krankheit erleben. Damit ist das gesamte Gemeinschaftsleben, wenn es aus esoterisch-geistiger Sicht betrachtet wird, von diesen Umständen viel mehr abhängig, als man glaubt. Das Leben ist nicht vom irdischen Plan allein determiniert, es ist sogar am allerwenigsten vom irdischen Plan gelenkt, sondern das Leben ist von dem abhängig, was sich innerhalb dieser Situation des Ringens unbewusster Kräfte, die weiter ins Unbewusste hineingehen wollen, die aus dem Geiste herabkommen wollen, die ins Licht gehen wollen, beeinflusst.

Nun ist die Lösung, die in der geistigen Schulung angestrebt wird, unweigerlich vorprogrammiert. Das, was sich als Unbewusstes offenbart, darf nicht beständig durch das Bewusstsein genährt werden, denn das Bewusstsein soll sich dort aufhalten, wo es produktiv arbeiten kann. Der *asura* besitzt aber die unglaublich faszinierende Gabe, dass er für sich selbst die Kräfte des Bewusstseins nützt, damit er seine unbewusste Machtstruktur erbaut. Im Gesundheitlichen zeigt sich das so, dass die einen dann krank werden und andere dafür eine vitale Gesundheit erbauen. Der *asura* verteilt die feinsten Energien, die in der Weltenschöpfung tätig sind. Der *asura* ist der Regent der gesamten Welt. Der *deva* ringt aber im Kampfe um das Recht, und dieses Ringen ist dafür bezeichnend, dass der Einzelne dies spürt, wenn er ein Buch liest und um Wahrheit, um Imaginationen, um Erkenntnis bemüht ist. Gleichzeitig liegt in diesem Ringen aber auch Ästhetik, da sich jenes Prinzip entfalten will, das geradezu hineingeboren, hineingewoben, herausgelesen ist aus der Zeit, das Prinzip von Esoterik und Exoterik. Denn in Wirklichkeit ist das exoterische Prinzip, je weiter es geboren wird, dasjenige, das dem *asura* am allerschlechtesten bekommt, das für ihn am schlechtesten überhaupt zu genießen ist. Der *asura* kann dasjenige nicht vertragen, was wirkliche Konfrontation, Klarheit, Unmittelbarkeit und Wahrheit ist. Der *asura* arbeitet im Versteckten.

Das asurische Prinzip ist auch ganz besonders mit der Sexualität verwoben. Die Sexualität ist ein Teil, der den Intimbereich des Menschen umschließt, und sie soll auch im Intimbereich des Menschen bleiben. Die Sexualität ist ein Bereich, der nicht auf die Straße gehört. So, wie das heute in den verschiedenen Zeitschriften angepriesen ist, zeigt sich eine schreckliche Erscheinungsform, die jeden jungen, aber auch jeden erwachsenen Menschen zutiefst schmerzen muss, denn die Sexualität gehört in den vertraulichen Bereich des Menschseins. Die Sexualität aber hat in sich eine ganz geheime Macht und sie kann als geheime Macht sehr wirksam gemacht werden. Das asurische Prinzip benützt in der Regel immer die Formen mit, die durch die Sexualität in irgendeiner Weise in eine Missstimmung geraten sind. So sehen wir das Unbewusste ganz tief in der Triebkraft verhaftet und wir sehen das Bewusstsein, das edlere Formen über diese Triebformen hinaus entwickeln möchte, und beide streiten miteinander. Beziehungsfreude, Beziehungsheiligkeit sogar, streiten mit der zerstörenden Kraft, mit dem destruktiven Potential.

Die meisten Verletzungen und Traumen, die Menschen im Laufe eines Lebens erhalten, sind nicht so sehr dadurch gekennzeichnet, dass sie durch äußere, unmittelbare Gewalt entstehen, beispielsweise durch eine Messerstecherei, sondern sie entstehen dadurch, dass im Intimbereich Verletzungen einziehen. Es gibt nun Seelen, die unter außergewöhnlichen Voraussetzungen inkarniert werden. Dies sind jene Seelen, die das Evangelium mit den Worten benennt: »Wehe denen, die andere versuchen.« (Mt 18,7) Es gibt Seelen, die eigentlich nicht inkarniert sind, sie kommen nicht zu ihrer Inkarnation, da sie durch das *karma* nicht zu einer Inkarnation in einen Leib herabkommen können. Dennoch aber kommen sie herein durch den göttlichen Plan. Sie kommen herein und dürften aber normalerweise unter moralischen Voraussetzungen gar nicht inkarniert werden. Da sie nun nicht ganz inkarniert werden, drücken sie erneut ein schweres *karma* aus.

Stellen wir uns einmal die Frage: Wenn man beispielsweise ein Kind betrachtet, das noch in der Seligkeit der Engel lebt, das noch ganz unbescholten und frei in dem Lichtweben eingebunden ist, das ganz frei von Sünde ist, dann hat man das Gefühl, dass solch ein Kind ein unantastbares, heiliges Geschöpft ist. In einem Kind mit vier, fünf oder sechs Jahren, sogar bis zehn Jahre noch, lebt normalerweise eine Reinheit, eine Faszination verborgen. Bei einem sehr vitalen, verzogenen Kind, wird man jedoch nicht sogleich diese Gefühle haben. Das kleine Kind mit einem wachem Blick zu beobachten ist eine Übung, die uns die Reinheit der Weltenschöpfung vergegenwärtigt, denn das Kind ist ohne Sünde, es nimmt erst im Laufe der Zeit die vielen Belastungen auf. Dabei kann man sich dann die Frage stellen: Was kann in einem Menschen vorgehen, der ein Kind sexuell missbraucht? Welche Kräfte sind in diesen Menschen hineingefahren? Was lebt in einem solchen Menschen? Das Kind ist schwach, es kann sich nicht wehren, der Erwachsene aber, ein Mann beispielsweise, hat Kraft. Indem der Übende solche Betrachtungen anstellt, gewinnt er einen Eindruck und wird unweigerlich zu dem Entschluss kommen: Derjenige, der einen Missbrauch bei einem Kind leistet, was eigentlich das schwerste Verbrechen darstellt, das man begehen kann, ist in eine Inkarnation hereingetreten, in die er gar nicht wirklich hereingetreten ist. Er ist nicht herabgekommen zu sich selbst und zu einem gesunden Blick, er bedient sich nur des Kindes. Und so sagt sich dieses Wesen, das in den Menschen hineingefahren ist: »Ich möchte ja gar nicht die Sexualität, sondern ich möchte durch die Sexualität die Seele dieses Kindes gewinnen. Diese Seele brauche ich für mich«. Der Täter braucht nicht die Sexualität, das wäre auch absurd, denn wie soll sexuelles Wunschdenken in einem Kind in dieser Reinheit greifen? Der Angriff ist tatsächlich auf die Seele des Kindes gerichtet. Das wehrlose Kind soll seine Seele nun hergeben, es soll die Seele hergeben und tauglich sein für die Machtergreifung des Sexualverbrechers. Dadurch verschafft sich der Sexualverbrecher Macht. Nun gibt es sicherlich Personen, die von der Polizei gefasst und verurteilt werden, andererseits gibt es aber hunderte, ja, tausende Personen, die sich auf diese Weise Macht verschaffen, indem sie die Seele aus einem kindlichen Organismus rauben. Dieses grausame Spiel nimmt dann in abgeschwächter und nicht so gravierender Form aber einen Verlauf im ganzen Beziehungsleben, in dem die Sexualität wieder eingesetzt wird, weil sich der Mann oder manchmal auch die Frau sagt: »Ich brauche die Seele des anderen, ich will zugreifen, denn ich bin schwach und deshalb will ich den anderen für mich gewinnen.« Dieses Motiv lebt in dem gesamten Spiel. Es lebt sich hinein und es drückt sich aus in Form von Gewalt oder mit einer unheimlichen Manipulation. Wenn diese Kräfte im Menschen wirken, dann entstehen unweigerlich typische gespaltene Formen, traumatisierte Formen bis hin zur Schizophrenie. Jene Kräfte zeigen sich auch darin, dass die einen vitalisiert und andere extrem geschwächt sind. Dies kann geschehen, da innerhalb dieser Spaltungsprozesse das asurische Machtspiel Boden gewinnen kann. Es werden damit Lebenskräfte gebunden, die als Seelen kommen. Die Seele selbst kann nicht wirklich gebunden werden, aber die Lebensäthersubstanz wird gebunden. Sie wird in das Leibliche hineingebunden und damit beginnt im Leiblichen ein unendlich wirres Spiel von Prozessen des Auf und Nieders in Form von Ängsten und Krankheiten. Das asurische Potential und gerade auch das, was sich im Fundamentalismus der Zeit zeigt, ist in Wirklichkeit auf den Formen des patriarchalisch-einseitigen Prinzips aufgebaut und offenbart sich im Umgang mit der Sexualität. Dieses Prinzip missbraucht tatsächlich andere, es wertschätzt die Frau nicht wirklich, es lässt sie nicht wirklich zu ihrer Stellung kommen und schließt somit auch das Weibliche in der Weltschöpfung aus.

Das Gemeinschaftsprinzip ist ein kosmisches Prinzip und es kann jene Wunden heilen, die aufgerissen wurden durch Traumen, die in der Kindheit, Jugend- oder Erwachsenenzeit vorgekommen sind. Je besser das Gemeinschaftsprinzip intakt ist, um so mehr können sich alte Muster der Psyche beim Einzelnen lösen, denn im Miteinander entsteht Entspannung und eine Integration der Fähigkeiten. Die Gemeinschaft darf aber nicht eine Art Sekte oder eine typische Gruppe werden, sondern sie muss von Individuation getragen sein, von Respekt, Achtung und von einer wirklichen Klarheit im spirituell-mentalen Erfassen der Wirklichkeiten. Das Gemeinschaftsprinzip darf nicht ein mystifiziertes, phantastisches Außenseiterdasein aufweisen.

Dann ist dieses Gemeinschaftsprinzip gerade für diese Traumen, die Einzug gefunden haben, eines der wertvollsten Heilprinzipien, es bietet Heilchancen, die man normalerweise in der gesamten Ausrichtung der Psychoanalyse gar nicht finden kann.

Nehmen wir ein Beispiel, wie die Heilung durch Gemeinschaft zu verstehen ist. Wenn ein schweres Trauma in der Kindheit durch irgendeine Art der Sexualität oder durch eine Konfrontation mit der Härte des Trieblebens in den Menschen Einzug gefunden hat, dann ist der Betroffene normalerweise an jenen Menschen gebunden und kommt von ihm nicht mehr los und gleichzeitig ist er gegenüber anderen ängstlich distanziert und kann sich auf niemand anderen mehr einlassen, er kann sich nicht wirklich öffnen. Nun wäre der Schritt der Heilung, nachdem die rechte Distanzierung geschaffen ist, ein Zugehen auf neue Beziehungen oder neu geregelte Gemeinschaftsordnungen. Bei jenen Menschen, zwischen denen ein sexuelles Trauma oder eine sexuelle Bindung besteht, die Machtgefühle äußert, muss eine radikale, strikte Trennung eintreten. Selbst Telefonate dürfen miteinander nicht geführt werden. Es muss nun ein wirkliches, gehobenes Beziehungsprinzip gedeihen, es muss ein richtiger, neu gegründeter Austausch gedeihen zwischen Mann und Frau und zu den Kindern, wenn Kinder in der Familie vorhanden sind, und es muss dieses Prinzip so ausgerichtet sein, dass es wieder offen ist für höhere Ziele, für die Entwicklung von Freundschaftsgefühlen und für Brüderlichkeit. Das Gemeinschaftsprinzip muss geschult werden, damit es schließlich auf einer höheren Ebene als es die gewöhnliche soziale ist, tauglich wird, um jene Traumen, die einmal Einzug gefunden haben, zu übersteigen. Aus der gewöhnlichen physischen Ordnung des Sozialverhaltens sollen intensivere, edlere Gefühle gedeihen, die eine harmonische Ordnung der Ätherkräfte geben, aus denen sich Gesundheit und Integrität für alle ermöglichen. Eine ätherisch wohl abgestimmte Gesellschaft soll entstehen.

Das ist etwa in diesem Sinne zu verstehen, und nehmen wir für dieses Beispiel eine andere Ebene, dann ist es leichter zu fassen: Wenn heute jemand Misserfolg hat, da er in einem Betrieb ausgebootet oder gemobbt worden ist und aus dem Betrieb auch entlassen wurde, dann ist das unter Umständen ein schwerer Schlag, vielleicht sogar ein Trauma. Wenn diese Person dann aber in einem anderen Betrieb eine bessere Stellung findet, dann wird sie mit einer gewissen Freude hinschauen können und sagen: »Sollen die anderen doch ihr Eigenes machen, ich habe nun einen Fortschritt entwickelt.« So wird der Betroffene im Trauma nicht den Rückzug antreten, sondern wird in die Beziehungsaktivierung, in das Miteinander einen Fortschritt hineinbringen, so dass er sich nicht weiter mit den alten Formen grämt, sondern neue Möglichkeiten aufbaut. Da die Schüler hier außerordentlich beziehungsfreudig sind in allen Teilen zur Weltschöpfung hin, nicht nur im Partnerschaftlichen, im Partnerschaftlichen ist es natürlich ein recht wesentliches Thema, da sie sich in allen Teilen freudig entwickeln wollen, haben sie die bestmöglichen Voraussetzungen über diese alten, eingekerbten Verletzungen und über die schweren Bindungen hinauszusteigen und neue Möglichkeiten zu entfalten. Der Ätherleib soll auf eine höhere Ebene des empfindsamen Lebensgefühls steigen und geschlossen in seiner Energie mit anderen schwingen.

Der Kosmos ist ein Ausdruck der Gemeinschaft. Der Kosmos will in sich selbst, wenn er aus esoterisch-meditativer Sicht betrachtet wird, nicht nur Kosmos bleiben, sondern der Kosmos will in sich selbst das gesamte Menschsein aufnehmen. Der Kosmos will Mensch werden, der Kosmos will in Wirklichkeit nicht getrennt von der Erde und vom Menschsein sein, sondern er will ganz in sich Mensch werden. Das ist eine tiefe Intuition.

Der Kosmos bedarf der verschiedensten Individuationseinwirkungen, so dass alle Planeten mit der Zeit durchgeistigt werden und alle Seelen, die leiden, erlöst werden, denn der Kosmos ist ja der Ausdruck für das Seelische. Wenn wir in den Kosmos hineinblicken, dann blicken wir dort hinein, wo das seelische Reich, das Lichtreich der Verstorbenen, ja, aller Seelen webt. Dieser Kosmos möchte in sich ganz zur Menschwerdung kommen, zum Einswerden in sich selbst durch das Ich, durch den Geist der Liebe.

Der Mensch kann nun im Hinblick auf seine Organe und im Hinblick auf dasjenige, was das Ich ist, verstanden werden. Der Kosmos selbst und unsere Galaxie besteht aus den bekannten Planeten, vor allem aus den sieben Hauptplaneten und den drei anderen Planeten. Die sieben Hauptplaneten sind beispielsweise wieder bezeichnend für die sieben Organe, die der Mensch in sich trägt. Der Mensch hat ein Gehirn, das zum Mond in Beziehung steht, ebenso wie die Reproduktionsorgane. Dann hat er weiterhin die Lunge, die zum Merkur in Beziehung steht. Er trägt die Milz in sich in Beziehung zum Saturn, die Galle zum Mars, das Herz zur Sonne, die Leber zum Jupiter und die Nieren zur Venus. Er trägt in sich die Organe, die Ausdruckskräfte für das Planetarische sind, und oben oder außen stehen die Planeten, die mit ihrer Strahlungsintensität hereinfluten. Diese Planeten sind der positive Teil, der Kosmos selbst, sie sind der Teil, der nach der Menschwerdung trachtet, der eins werden möchte, der sich selbst im Geist und sich selbst im Gemeinschaftlichen erfahren möchte.

Wenn nun ein Trauma stattfindet, bei dem eine gewisse seelische Schöpfersubstanz verloren geht, wenn beispielsweise ein Einfluss der Gewalt auf ein Kind stattfindet oder eine sehr unangenehme Gewalteinwirkung auf einen Menschen ausgerichtet ist, vor allen Dingen dann, wenn die Sexualität in Verbindung damit steht, dann wird durch diese Gewalteinwirkung der Kosmos in sich gestört. Der Kosmos steht in einer bestimmten Konstellation. Wir können uns vorstellen, dass solch eine Gewalttat, die wie Seelenraub wirkt, so hereinmündet, dass aus diesem Kosmos – und das sei nun ganz bildhaft vorgestellt – der Stern herabfällt. Er fällt herab und er fällt zu tief in den Leib hinein. Der Stern ist dann nicht mehr oben, sondern er fällt auf die Erde herunter. Es fällt vielleicht der Merkur herunter und es entwickelt sich ein Trauma in der Lunge. Fällt die Venus herunter, dann entwickelt sich ein Trauma, das nierenspezifisch ist. Im Organbereich zeigt sich damit eine spezifische Veränderung. Diese Veränderung kann nun nicht in medizinischer Beweisbarkeit nachvollzogen werden, sondern sie kann nur, wenn das Organ etwas feiner betrachtet wird, eine Klärung erhalten. Das Organ gerät aus dem Zusammenhang, so wie im Kosmos eine Störung stattfindet. Fortan ist dann diese Störung immer wirksam. Diese Störung, die im Kosmos wirksam ist, ist auch im Menschen sichtbar, beispielsweise indem ein Organ aus dem Zusammenhang gerät. Das Organ, die Lunge, es kann auch das Herz sein, die Nieren oder auch die Leber, kommt nicht in die Verbindung mit den anderen Organen. Wir haben es dann zu tun mit dem Krankheitsbild der Angst, das sich von Depressionen bis hin zu Psychosen steigern kann. Ein schweres Trauma löst bekanntermaßen auch die Krankheitsbilder von starken Depressionen bis hin zu Psychosen aus. Wir können unter Umständen bei schweren Fällen die klassische Krankheit der manifesten Schizophrenie diagnostizieren.

Schwierigkeiten über Schwierigkeiten entstehen aufgrund der Verluste von Schöpferkräften. Dieses Bild, so wie der Mensch zum Kosmos steht, lässt sich dann auflösen, wenn wir versuchen, den Kosmos im richtigen

Sinne zu verstehen. Der Kosmos wie auch das Gemeinschaftsprinzip sind der positive Teil, der nach der Menschwerdung trachtet. Das, was wir für die Gemeinschaft produktiv gestalten und indirekt damit in den Kosmos hineinbringen oder das, was wir in die Seelenwelten hineinbringen können, heilt auf universaler Ebene, während das, was wir nur herausnehmen, all jene Kräfte, die wir nehmend herausziehen, zum Verlust werden und in Wirklichkeit nur die Einschnürungen, Spaltungen und Ängste nähren. Deshalb ist das Seelsorgeprinzip und das Gemeinschaftsbildeprinzip, das ja ein werdendes Prinzip in sich ist, immer heilsam, da es zum positiven Teil ausgerichtet ist, zum Kosmos und zum Menschwerdeprinzip, während der Rückzug, die Bindung oder alle egozentrischen Verhaltensweisen Mächte sind, die uns unweigerlich immer wieder in das psychisch abhängige Dilemma hineinmanövrieren und an die organische Welt binden. Wir müssen dann unweigerlich innerhalb der Verdrängungsmuster Spaltungen und Anbindungen leben. Die organische Welt ist der negative Pol, die Gemeinschaft der Menschen der positive.

Das Bewusstsein will sich aber entfalten, es will aus dem Negativen der Organe das Positive finden und es will gerade im Hinblick auf das Miteinander eine Versöhnung erhalten, es will klärend wirksam werden zu den Strukturen, die ungeklärt sind oder die im Gesamtprozess noch eine weitere Arbeit erfordern. Mit dem Zugehen auf die Gemeinschaftlichkeit wird das Prinzip des Willens, des Wollens, des Begehrens, die Begehrenssehnsucht in die positive Integration und sogar Inkarnation in die Welt geführt, während aller Rückzug, Trotz und alle Verneinung tatsächlich an das Organische zurückbindet. Aus dem Grunde ist es für die Schüler, bedingt schon durch die Zeiterscheinungen, durch das Immer-stärker-Werden des asurischen Prinzips, notwendig, zu einem rechten Gemeinschaftsprinzip, zum rechten Austausch und rechten Miteinander sowie zum kollegialen Zueinander zu kommen, damit sie einen Stand in der Welt für sich, für das eigene Selbst, aber auch im Hinblick auf die ganze Entwicklung der Erde weiterhin finden.

Es ist innerhalb der Zeit, des Zeitgeistes notwendig, auf diese Weise zu sprechen und auf diese Weise auch die Entwicklung zu interpretieren. Stehen Schüler absolut isoliert, bei sich allein, dann werden sie nur unter sehr großen Mühen zu einem Fortschritt kommen. Stehen sie aber im regen Austausch, so können sie sich gegenseitig stabilisieren und beleben. Sie finden dadurch zu einer Fortschrittlichkeit, und die Seelen, die im Nachtodlichen warten, finden auf harmonische Weise in das Zueinander. Die Seelen warten und sie wollen dieses Gemeinschaftsprinzip fördern. Es gibt nichts Hoffnungsvolleres für eine Seele, die verstorben ist, als dass sie Menschen zusammenführen kann. Und es gibt kein gravierenderes Gegenprinzip, als das Asurische, das aus vital potentiellen Kräften besteht, Kräften, die sich dem Menschen vollkommen bemächtigen können, die Gemeinschaften spalten und ihre Macht aufbauen wollen. Das ist das Gegenprinzip zu dem seelischen und es entspricht heute vielfach den fundamentalistischen Formen. Diese Kräfte sind in der Weltschöpfung in einer harten Front begriffen.

Das Werden einer neuen Kultur

aus einem Vortrag vom 28. Juli 2002

Das, was der Zeitgeist spiegelt, ist nichts anderes als das Werden einer neuen Kultur. Deshalb ist das heutige Thema auch ganz besonders in diese Richtung gelenkt. Diese neue Kultur sieht in jene Richtung etwa folgendermaßen aus:

Es werden sich Menschen begegnen, und die Begegnung trägt in sich immer wieder die Möglichkeit zu einem Neuanfang, zu einer neuen Wahrnehmung. Zwei Menschen begegnen sich, zwei Seelen begegnen sich, aber auch das jenseitige Reich begegnet sich, geistige Substanzen begegnen sich, Schöpfersubstanzen begegnen sich. Wir wissen von den bisherigen Kursen, wie eine Begegnung unsichtbarer Art auf verschiedenen Ebenen stattfindet. Zwei Menschen begegnen sich und sie sollen sich in der Zukunft so begegnen, dass sie einander stärken. Es wäre ein Zielpunkt, dass diese beiden Menschen sich aber nicht im egoistischen Sinne stärken, sondern sich so gegenübertreten, dass eine Wahrnehmungsfähigkeit durch die sogenannte Bewusstseinsseele oder durch die Klarheit, durch die Wachheit des Wahrnehmens, durch das Bemühtsein des Erkennens entsteht. Ein weiteres Ziel wäre es, dass eine neue Fähigkeit entflammt, wo zwei Menschen einander begegnen, indem sie einander so wahrnehmen, dass jenes Wesen der Angst leichter weichen kann, dass jenes Wesen der Verzagtheit, der Deprimierung von dem Einzelnen weicht und der Hoffnungsschimmer des Selbst wieder durchleuchtet.

Zwei Menschen begegnen sich und beide nehmen sich in dieser Weise so klar, so objektiv, so vornehm, so würdevoll und vielleicht sogar auch humorvoll – es gibt viele Formen der Wahrnehmung – aber so würdevoll, so achtsam, so bewusst, so strebend nach dem Geiste, nach der Wahrheit wahr, dass sie sich in ihrem eigenen Selbst stärken. So begegnen sie sich und sie laden nicht gegenseitig ihre Energien aufeinander, wie das mehr in Symbiosen, in Abhängigkeitsverhältnissen der Fall ist, sondern sie begegnen sich befreiend, erbauend, so dass die Kräfte aus der Begegnung hinübergehen und sich lösen können aus dem gebundenen Dasein, sich wieder reintegrieren und zurückbilden können. Begegnung soll in der Zukunft immer deutlicher heilend werden und sie bezeichnet damit das wichtigste Liebesmerkmal der Gemeinschaft. Sie ist das Liebesmerkmal der Gemeinschaft, einer Gemeinschaft, die sich aber erst in langsamen Wehen heranbildet, sich aus vielen auch schweren Mustern herausbilden möchte. Dieser heilsame, befreiende Aspekt, dieser liebende, heilsame, befreiende Aspekt bezeichnet die Gemeinschaft.

So, wie ich euch gegenübertrete, zu euch spreche und ihr mit meinen Worten langsam einen Wirklichkeitsschimmer, eine Wirklichkeitshoffnung gewinnt und damit wieder leichter eine Depression oder Schwere hinter euch lassen könnt, so sollt ihr in der Zukunft dieses wesentliche, befreiende und heilsame Kräftewirken in euch heranbilden. Und wenn ihr einander und auch der Außenwelt begegnet, so soll weder Unterwürfigkeit noch Macht, weder eine Hybris, noch eine Selbstaufgabe diese Begegnung leiten, sondern das Verantwortungsgefühl, das zur heilsamen Klarheit führt und das Menschen wieder zu einer Mitte, zu einem Thema, nicht zu einem nur missionarischen Gottesbild, sondern zu einem Thema, zu einem Sachbezug oder zu einer angemessenen Klärung hinführt. Das soll das wesentlichste Zeichen einer zukünftigen Gemeinschaft sein. Viele andere Merkmale könnten hier noch aufgezählt werden, aber das wesentlichste Merkmal ist das Begegnen von Seelen, der Wahrnehmung, von einer gegenseitigen Verantwortung und Beziehungsaufnahme.

Es wird für die Zukunft eine wesentliche und notwendige Forderung für alle diejenigen sein, die aktiv weitermachen wollen, dass sie eine praktische Durchgestaltung finden. Meine Worte sind noch entfernt und sie sind noch schwer greifbar. Der Einzelne wird für die Zukunft mehr praktische Durchgestaltungsmöglichkeiten brauchen. Wer dieses Ideal anstrebt, muss sich für die Zukunft auf jene Weise ausrichten, dass er in Form von Übungen oder praktischen, methodischen Lernschritten zu einer Sache besser hinfindet, zu einer Beziehungsaufnahme hinfindet. Er muss sich tatsächlich jene Disziplin auferlegen, so eigentümlich und infantil es klingen mag, erst einmal die Beziehungsfähigkeit zu den verschiedenen Reichen der Natur, im Miteinander und in pädagogischer Form richtiggehend auszuprägen. Viele sind noch nicht ausreichend in der Beziehungsfähigkeit angekommen, zu unsicher sind sie auch in ihren Methoden, in ihren Gestaltungsformen. Die Beziehungsfähigkeit ist eine Angelegenheit, die eines unendlichen Lernens bedarf. Sicherlich sind viele schon weitaus beziehungsfähiger als der Durchschnittsbürger der Zeit, aber für diese Schulung hier ist es natürlich von ganz besonderem Wert, wenn jeder gerade in diesen Möglichkeiten eines selbsterzieherischen Prozesses zur Beziehungsfähigkeit weitergeht.

Beziehungsfähigkeit heißt so viel wie die Fähigkeit, intensiver in die Welt hineinzudringen oder in die Materie durchgeistigend hineinzuwirken. Beziehungsfähigkeit würde auch einschließen, mit Menschen befreiend und harmonisierend umgehen zu können. Dabei gibt es hier keine Methoden, die aus einem Schema geboren sind und die nur als ein Mittel zum Zweck angewendet werden, sondern es gibt tatsächlich die Beziehungsfähigkeit durch den Gedanken, durch das Gefühl im Hinblick und in Hinwendung zur Sache selbst, so dass die Beziehungsfähigkeit eine unmittelbar seelische Größe ist. Je besser die Beziehungsfähigkeit wird, um so mehr dürfen die Schüler auch erwarten, dass ihre Seele gedeiht und sich der Astralleib weitet. Es ist die Beziehungsfähigkeit eine seelische Größe, die sich dann in pädagogischer Geschicklichkeit, in der Wärme der Handlung, in der Hinwendefähigkeit, ja, in der Liebesfähigkeit zur Welt ausdrückt.

Die praktische Erstellung eines kosmischen Feldes

Die Sonne leuchtet über den Sternen aus ihrer selbst ausstrahlenden Licht- und Wärmequellenkraft. Der Kosmos will in sich selbst Licht, Fülle und Geist darstellen. Er will in sich, in seiner Ganzheit Mensch werden oder, anders ausgedrückt, er will den Geist in sich verlebendigen. Er will gewissermaßen eins werden mit der Sonne, eins mit dem Licht und Wärme ausstrahlenden Fluidum. So, wie der Kosmos nicht von der Sonne allein abhängig sein soll, so soll eine Gemeinschaft ebenfalls nicht von einem über alles thronenden geistigen Führer abhängig sein. Jedoch sind jene Menschen, die in sich den Christuskeim zur Entfaltung gebracht haben und eine schöpferische, lebendige Ausstrahlung in ihren Gedanken, Gefühlen und Handlungen tragen, von einer besonderen Bedeutung für die Erhöhung und die spirituelle Bereicherung der Gemeinschaftsangehörigen. Das Licht des Christlichen thront aber nicht hierarchisch über den anderen, sondern es leuchtet inmitten aller und fördert die edlen Eigenschaften des Seelischen zu einem höheren Niveau. Im Kosmos gibt es keine Hierarchie in dem Sinne, dass ein Stern den anderen beherrscht, sondern es existieren vielmehr nur Konstellationen, Verbindungen und Bewegungen, Bewegungen von verschiedenen Lichtkräften. So soll es auch in der menschlichen Gemeinschaft Bewegungen und lebendige Kommunikationsverhältnisse geben, die durch ihren regen Austausch, durch ihre Gegenseitigkeit, durch ihre Wahrnehmung, durch ihre Verschiedenheit, durch ihre Zustimmungen, durch ihre Positionen im Aufgabenfeld und durch ihr Ringen um Bewusstsein und Weisheit zu einem lebendigen Kräfteorganismus werden.

Die Gesellschaftsformen sind nicht hierarchisch durch bestimmte Autoritätsgesetze geregelt, sondern sie sind in einem kosmischen Bewusstsein durch eine Unzahl monadischer Kräfte getragen. Aber es sind in den Gemütern noch zu sehr Denkformen eingegraben, die an hierarchische, autoritäre Ordnungen erinnern und falsche Formen des religiösen Verständnisses und falsche Gefühle der Hingabe produzieren. Christus aber thront nicht über dem Menschen, denn Christus ist Liebe und die Liebe thront nicht über einer Gesellschaft, einer Gemeinschaft oder Familie. Die tiefe Liebe webt als Mysterium von innen durch den Menschen und verbindet durch ihr eigenes

Geheimnis die Menschen im Miteinander. So ist die Sonne nicht der führende Planet, der über den anderen thront, sondern die Sonne ist im Menschsein inmitten aller Herzen gegeben, und aus diesen innersten individuellen Seinsgründen strebt die Liebe zu ihrer weiteren Vollkommenheit. Ein wahrer Pluralismus mit einer größtmöglichen Akzeptanz soll die Gemeinschaft prägen. Gleichzeitig soll ein wahres, strebendes, nach Vollkommenheit ringendes Bewusstsein die Gemeinschaft in ihrem äußeren Gefüge straffen und zu der ersten Säule der Tugend, der Aufrichtigkeit und Aufrichtekraft führen. Das unablässige Streben nach Wahrheit führt im Innersten zu einer alles verbindenden Gegenseitigkeit und zu einem gesunden Aktivitätsdrang im Miteinander.

Das kosmische Feld ist heute in einer Gesellschaftsstruktur noch gar nicht realisierbar, da die Ziele zu weit in den materialistischen Konsum tendieren und die Formen wahrer christlicher, wahrer inniglicher Geistigkeit ausgeschlossen sind. Die kosmische Ordnung der Gemeinschaft kann auch erst dann entstehen, wenn sich die Menschen im Fühlen begegnen lernen und sich nicht durch die Schutzwallungen, die der physische Körper bietet, voneinander abgrenzen. Heute sind in der allgemeinen psychischen und physischen Struktur des Lebens die körperlichen und materiellen Umstände so stark betont, dass sie gegenüber den feineren Empfindungen und dem Fühlen, dem Mitfühlen, dem Mitteilhaben am anderen wie eine Schutzwand wirken. Der Körper ist zu materialistisch, zu intensiv mit physischen Stoffen umgeben, so dass das feinere Seelenleben nicht mehr leicht in die Berührung mit den Mitmenschen gelangt. Aber wenn sich die Menschen zu dem Bewusstsein durchringen, dass es weitaus lebenswerter, fröhlicher und fortschrittlicher ist, wenn die Gefühle den Geist erahnen, wenn die Gemüter im anderen sogar fühlen und leben lernen, dann entsteht die Dringlichkeit, die physischen Schranken zu sprengen und im Ätherischen, das heißt in den Lebenskräften, in den fluktuierenden, sensitiven Energien des Ätherleibes zu einem ausgleichenden Schwingungsfeld zu gelangen. In diesen ätherischen Lebensenergien gibt es keine wirklichen Spaltungen. Es würde durch den Zugriff des physischen Leibes, durch die Triebkraft beispielsweise wie sie in der Sexualität besteht oder wie sie in anderen Gewaltattacken, die das menschliche Gemüt allzu leicht verübt, keine Befriedigung geben. Die Schweremächte des Schicksals würden sich innerhalb eines lebendigen Lebensfluidums, das in sich selbst zu Ausgeglichenheit und energetischer Stabilität drängt, nicht mehr als bedrohlich erweisen. Ein kosmisches Feld kann sich dann, wenn die physischen Schutzmechanismen zerbrechen, eröffnen. Aber es ist sogar nennenswert, dass sich dieses kosmische Feld als therapeutische Notwendigkeit für viele Menschen als hilfreich erweisen würde, denn wenn Menschen durch die Neigungen des Schicksals in ihrem physischen Recht erschüttert wurden und im Gemüte sensitiv, offen und verwundbar dem Tag gegenüberstehen, so schenkt ihnen ein rechtes Eingebundensein in ein lebendiges Lebensfluidum, in ein ausgeglichenes Fluidum des Äthers eine neue Perspektive. Für viele Menschen ist das intakte kosmische Feld eine dringende Notwendigkeit.

Das von mir entwickelte kosmische Gebet, das sieben Einzelschritte in der Bewegung symbolisiert und jeweils mit den Bewegungen der Arme einen Gedanken zum Ausdruck bringt, beschreibt eine Art Entwicklungsgang, der sich im Ich-Wesen einer jeden menschlichen Seele vollzieht. Die erste Bewegung mit ineinander gelegten Händen beschreibt den Beginn, *ārambhaḥ*, oder, wie es in der Fachsprache heißt, die Initiation. Das bezeichnet den Zustand der Gegenwart oder des sich selbst und dem Kosmos gegenüberstehenden Gegenwärtigseins. Es ist dies ein Zustand der Ruhe, bei dem das Bewusstsein nur die Gegenwart des Selbstseins oder Existentseins, des Seins der Welten registriert. Das Bewusstsein ist noch nicht differenziert, noch nicht allwissend, aber es ist sich dem Ich des Eigenen und dem Ich des Gesamten gegenüber den Welten gewahr.

Aus dieser ersten Bewegung entwickelt sich sogleich die zweite, in Sanskrit *siddhatāyām*, die mit Bereitschaft übersetzt wird. Es ist im Leben eine der wichtigen zu bemerkenden Tatsachen, dass der nach Erkenntnis Strebende nicht unmittelbar nachdem er eine erste Bewusstheit oder ein erstes Wissen erlangt hat, in die Praxis der Realisation oder Umsetzung gelangen kann. Die Bereitschaft ist ein Faktum, das einerseits die eigene Zustimmung benötigt, darüber hinaus aber auch die Geduld des Abwartens fordert, denn es müssen gleichzeitig die Bedingungen, das heißt die kosmischen Umstände, die Umstände, die im allgemeinen personalen Umfeld bestehen, so weit entwickelt sein, dass ein nächster Handlungsschritt auf dem Weg des Yoga möglich wird. *Siddhatāyām*, die Bereitschaft, ist mit der Disziplin der Geduld und zugleich mit einem wachen, beobachtenden, inneren Willen, der in der Erwartungshoffnung einem Gesamten gegenübersteht, gegeben. In dieser zweiten Bewegung sind kosmische Bereitschaft und individuelle Gegenwart mit hoffnungsvollen Erwartungen symbolisiert.

Die Hingabe (7)

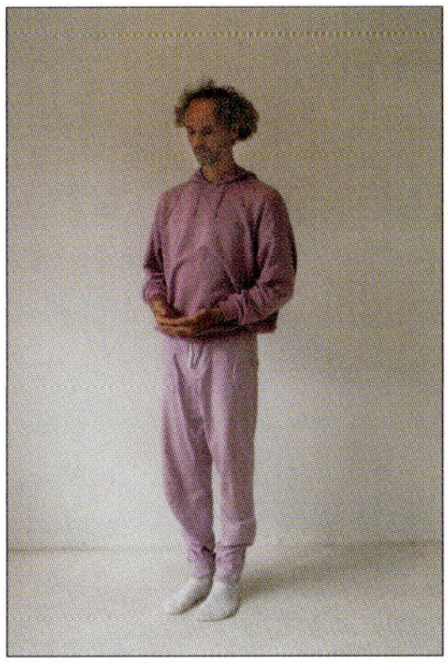

Der Beginn (1)

Die Bereitschaft (2)

Die Anerkennung (6)

Das Kosmische Gebet

Die Blume (3)

Die Mitte (5)

Die Weite (4)

Aus der zweiten Bewegung entwickelt sich die dritte anmutige Geste der Blume, *puṣpa*, oder des Wesenszustandes der Blume, *puṣpa bhāvanā pravṛddhaye*. Das ist der innere Zustand des menschlichen Seins, der allen Ansprüchen an eigene Wahrheitsrechte entsagt. Die Blume ist das Sinnbild von Anspruchslosigkeit und Reinheit. Die Blume aber, und das ist wohlgemerkt anzuführen, gibt ihr eigenes Existentsein, ihr eigenes Gewahrsein, ihr Wesen der Schönheit, ihre zauberhafte Farbe, ihre Lichtreflexion, ihr inneres Aufgerichtetsein, ihre innere Individualität nicht auf. Sie existiert nur in anspruchsloser Würde. Die Ansprüche, die der Mensch in der Regel mit Emotionen und eventuell sogar auch mit Gewalt verbindet, sind, wenn sie irrational in das Leben hineingerichtet sind, ein Wesenszug, der bindend wirkt und der verzerrende, bis hin zu hässlichen Formen schenkt. Die Blume zeigt sich aber in der Schönheit, da sie keine irrationalen Ansprüche hegt. Auf dem geistigen Weg sind es vor allem die einseitigen Wahrheitsansprüche, die Ansprüche, die im Sinne eines stolzen, eitlen Selbstbewusstseins entstehen, die sich irrational, hart, bis hin zu Arroganz gegenüber anderen ausdrücken. In einer Gemeinschaft, die kosmisch geordnet ist, müssen die Ansprüche auf eine rationale Grundlage des Miteinanders zurückweichen. So, wie die Blume einen Anspruch auf Licht besitzt und von anderen Mächten nicht verdrängt werden darf, so kann der Mensch ebenfalls entsprechende Ansprüche geltend machen. Wahrheitsansprüche und besondere, exklusive Persönlichkeitsansprüche, die im eitlen Verlangen oder in Form von Ängsten das Miteinander beeinträchtigen, sind im Gemeinschaftsleben störend und können Disharmonien erzeugen.

Aus der dritten Bewegung öffnet sich die Geste zu einer großen Offenheit gleich Blütenblättern, die sich in den Raum hinaus ausdehnen. Es ist dies das Sinnbild der Weitung, *puṣpaṃ prakāśasphuṭaṃ*, das ist der Lotus, der sich dem Lichte öffnet oder, wieder anders ausgedrückt, es ist die eigentliche kosmische Stufe der Entwicklung, die Beziehungsaufnahme zum Lichte, die Beziehungsaktivität zum Wesen des Miteinanders, zum Erleben des Miteinander-Verbundenseins, zum Erleben des Seelischen. Es ist die Seele mit dem Lichte verwandt, und das Licht schenkt die Berührung der Verbundenheit. Aus der Reinheit der Anspruchslosigkeit erfolgt nun der Schritt, der tatsächlich aktiv aus den Seelenkräften entflammt und der zu einem bewussten In-Beziehung-Treten, zu einem Lernen oder zu einem interessierten Austausch im Miteinander führt. Das ist die Stufe, die am deutlichsten eine gezielt entschiedene Aktivität nach außen kennzeichnet.

Aus der Weite entsteht schließlich die Einkehr nach Innen in ein Zentrum, das bezeichnenderweise das Herzzentrum als die innere Sonne, als das innere Selbstsein darstellt. In *madhyasthitam*, in dem Zentrum des Herzens, fühlt der Übende inniglich. Wörtlich übersetzt heißt das Sanskritwort »in der Mitte stehend« oder »in die Mitte gekommen«, ebenso wie die äußere Sonne, das äußere schöpferische Sein gleichzeitig auch das innere Zentrum im Herzen bildet. Außen und Innen sind in Wirklichkeit eines. Dennoch erlebt der Übende das Außen als ein großes Umfeld und er erlebt das Innere als ein Zentrum des Ruhens und Tätigseins zugleich. Er erlebt in den vielen, scheinbar großen Polaritäten des Universums die Einzigartigkeit einer allgegenwärtigen Mitte, die sowohl außen im Objektiven als auch innen im Subjektiven besteht.

Aus dem realen Fühlen eines Zentrums in der Weltschöpfung, eines einzigartigen Mittelpunktes, der überall, in jedem Menschen, in jeder Existenzerscheinung, in jedem Partikel der Erde besteht, entwickelt sich in der sechsten Bewegung angedeutet das Bewusstsein zu einer unmittelbaren Ich-Substanz-Erkraftung, die sich im Wesen der Anerkennung, *ādare*, ausdrückt. *Ādare* heißt wörtlich übersetzt »mit Anerkennung«. Diese Anerkennung ist nicht als eine Folge der Unterwürfigkeit oder als bloße Autoritätsannahme zu verstehen. Sie strömt aus dem menschlichen innersten Wesen durch das eigene, entwickelte Selbst wie eine produktive, für den Menschen und für alle Geschöpfe raumschaffende Lichtgeste hervor. Die Anerkennung schenkt allen Individuen und allen Geschöpfen dieser Erde den produktiven, erhaltenden und freiheitsfördernden Raum. Sie ist jene Kraft, die den Mann zum Manne auserkort und die Frau zur Zierde des weiblichen und schönen Wesens auserwählt. Sie ist jene Kraft, die alle archetypischen Formen in ihrer Reinheit fördert.

Aus dem Lichtstrom und raumschaffenden Lebensfluidum der Anerkennung erwacht schließlich eine noch intensivere Dimension des Bewusstseins und das ist die Hingabe oder die Opferfähigkeit, die Bereitschaft, alles um eines Zieles willen, um eines Geistes willen, um eines Höheren willen hinzugeben. Das Licht der Anerkennung wird nun zum Feuer der inniglichsten, geeinten Verbindung mit allem, es wird zum Strom der Liebe selbst, es wird zur Alleinheit im Opfer. Es wird der Mensch sich selbst im Geiste des Christus erleben. Diese höchste Stufe, *bhaktyāṃ*, ist die höchste Stufe allen kosmisch-geistigen Werdens und sie ist vergleichbar mit dem christlichen

Opfer. Jeder Mensch wird sich einmal erleben als ein Teil des Weltganzen. Er opfert sich dahin, um die All-Einheit, die All-Kraft, die All-Liebe zu fördern, um das Leben zu erhalten, ja, um das Leben zu geben. Diese letzte, noch sehr weit entfernte, unfassbare Stufe der Entwicklung, die Stufe des reinen *bhakti-yoga*, der reinen Hingabe, existiert aber bereits in jeder Menschenseele. In der Wirklichkeit unseres allerinnersten Seins entflammt zunehmend das christlich-geistige Feuer der Hingabe, des *bhakti*, und es wird einmal der erwartungsvolle Tag kommen, an dem wir die Ahnung der Identität fühlen, dass wir selbst in dieser Liebe und Hingabe tatsächlich und identisch leben.

Diese sieben Stufen des Kosmischen Gebetes beschreiben einen Entwicklungsgang, den alle Menschen in einem unbewussten oder nur teilbewussten Vollzug erleben. Das Kosmische Gebet beinhaltet innigliche Wahrheiten, die durch die einzelnen Worte und Andeutungen in den verschiedenen Gesten zu einem Bewusstsein kommen sollen. Es ist günstig, wenn die Schüler, die das Kosmische Gebet praktizieren, reale Vorstellungen über die meditativen Mantra-Worte gewinnen. Die Mantren sind mystisch verschlüsselte Sätze, die zutiefst jene geheimnisvolle Wahrheit eines geistigen Seins beinhalten.

Für die Zukunft wäre es ein großes Ziel, wenn diese sieben Stufen des Kosmischen Gebetes in das praktische Leben Einzug finden würden und gewisse Konstellationen im Arbeiten des Miteinanders oder im gemeinschaftlichen Sinne nutzbar werden würden. In einer hierarchielosen, pluralistischen Gemeinschaftsordnung, die auf der einen Seite ein geistiges Lebensziel mit großer Aspiration erstrebt und auf der anderen Seite Wahrheitsansprüche eliminiert und zu einem lebendigen Austausch im Miteinander kommen möchte, ist es möglich, geeignete Initiativen zu gründen, die in sich selbst hervorragende und edle Gefühle erzeugen. Es ist möglich, zu Projekten und Initiativen zu gelangen, die die einzelnen Stufen des Kosmischen Gebetes beinhalten und die ein Zueinander fördern, das durch die Fähigkeiten, die der Einzelne mitbringt, so sorgfältig abgestimmt ist, dass es eine progressive Selbstentfaltung und Bereicherung des wahrnehmenden Miteinanders gibt. Die verschiedensten Fähigkeiten, die der Einzelne mitbringt, und die Weisheiten und inneren Qualitäten der Liebe müssen zu einem größeren Zielpunkt ausgerichtet werden. Wie eine Pyramide eine Spitze besitzt, die von allen Seiten sichtbar ist, und wie eine Pyramide vier Flanken aufweist, so sollten die Gemeinschaftsprojekte, bei denen ein kosmisches Feld erstrebt wird, einen Zielpunkt oder eine Spitze definitiv erhalten. Bei den Gemeinschaftsprojekten können jedoch beliebig viele Menschen mitarbeiten. Diese Gemeinschaftsziele oder das wesentliche Ziel ist wie die Spitze der Pyramide. Die Mitarbeit, der Strom der aktiven Seelenbewegung, der zu dieser Spitze führt, ist wie die Flanke einer Pyramide. Es können aber unendlich viele Flanken zu der Spitze strömen, denn die Pyramide ist nicht davon abhängig, dass sie nur vier Einzelseiten aufweist, sondern sie kann zu ihrem Zielpunkt unendlich viele Flanken markieren. Deshalb können viele Mitarbeiter zu einem Ziel hinarbeiten. Das Ziel, das bearbeitet wird, schenkt die verbindende Einheit.

Die indische Weisheit und die Systeme des Yoga übertrugen die gesamten Ziele, die auf dem geistigen Weg erstrebenswert sind, auf die Person des *guru*, auf den Meister oder auf den Lehrer, der die Verkörperung der Allwissenheit, Alleinheit und Allliebe ist. Durch diese intensive Zentrierung aller Aufmerksamkeit auf eine Meisterpersönlichkeit können die indischen Systeme leichter ein kosmisches Energiefeld bewahren. Der *guru* ist wie die Spitze der Pyramide, und alle Schüler bewegen sich in Hingabe, im Lichte ihrer Aufmerksamkeit, in ihrer Dienstleistung und Würdigung zu dieser einen, an der Spitze stehenden Person. Die indischen Systeme sind bekannt für die Bewahrung der Energien, der *prāṇa*-Energien und auch der Energien, die intensiver in der yogischen Entfaltung zum Erkraften kommen sollen, das sind die sogenannten *kuṇḍalinī śakti*-Energien. Die Energie als eine kosmische Kraft, die sich in Feuer und Licht in das Nervensystem zentral begibt, soll dem Schüler zur Erlangung des höchsten Wissens dienen. Die indischen Systeme des Yoga nutzten im Sinne eines kosmischen Feldes diese Energien.

Für die Schüler der Initiatorischen Schulung ist es sehr wichtig zu wissen, wie die Energien in ihrem inneren Verlauf zur Erkraftung kommen können und wie sie innerhalb einer Konstellation zu fördern sind. Das Wissen ist heute in äußeren Kreisen der Gesellschaft nicht mehr bekannt und es ist selbst in den westlichen Schulen, die mit Spiritualität beschäftigt sind, weitgehendst entledigt. Ein Beispiel aber wie heute in der Weltschöpfung dieses kosmische Feld bewusst zu einem zentralen, energetischen Mittelpunkt geschaffen wird, bietet der *darśana* von Sathya Sai Baba in Puttaparthi, in dem kleinen, aber wohlbekannten Dorf in Indien, das die Geburtsstätte des großen Lehrers der Gegenwart ist.

Dieses kosmische Feld, das in Puttaparthi besteht, ist durch die Persönlichkeit von Sathya Sai Baba getragen. Sie bildet die Mitte, das Ziel und die Kraft des ganzen Feldes. Sathya Sai Baba ist eine große Persönlichkeit, die inniglichst von göttlicher Liebe getragen ist und viele Charismen besitzt. Aber es sind nicht unbedingt die Charismen, die das Kraftfeld der Liebe eröffnen, sondern es ist die Art und Weise der Begegnung, die im *darśana* in einem wohlgeordneten Feld konstelliert wird. Während Sathya Sai Baba durch die Schülerreihen geht beziehungsweise vor den Schülern vorbeigeht, entwickelt sich in den Herzen der Einzelnen eine innigliche Liebe zum Geiste oder es erwachen energetische Kräfte, die entlang des Zentralkanals des Nervensystems emporsteigen. Die Schüler bemerken, dass sie mit der Person Sathya Sai Baba´s Liebe, Weisheit und Kraft in einem sehen. Sie blicken auf eine verwirklichte Persönlichkeit, auf einen Menschen, der ganz zu Gott geworden ist oder göttliche Substantialität verkörpert. Nicht menschliche Substantialität, sondern durchgeistigte, göttliche Substantialität offenbart sich in dem eigentlich recht kleinen Mann, mit dem krausen, schwarzen Haar, von Puttaparthi. Auf den ersten Blick könnte diese Persönlichkeit gar nicht einmal als schön wirken, denn sie ist klein, hager und unscheinbar. Aber bei aufmerksamem Hinschauen erstrahlt Liebe, Schönheit, Weisheit, unmittelbare Substanzkraft der Energie dem Auge entgegen. Einer der großartigsten Augenblicke ist es, diesem Menschen im *darśana* von Puttaparthi gegenüberzutreten.

Dieser *darśana* wäre weitaus weniger kraftvoll, wenn er nicht bewusst in der Konstellation aufgebaut wäre. Der indische Geist weiß von dieser Konstellation, die außerordentlich wichtig ist, dass der Blick des Schülers nun für Augenblicke ganz auf die göttliche Person gerichtet sein muss. Würde Sathya Sai Baba nur die Straßen entlanggehen, so wie ein gewöhnlicher Bürger heute auf der Straße spaziert, so könnte niemals die Energie in diesem Maße in das Bewusstsein hineinleuchten, wie es im *darśana* von Puttaparthi ist. Das kosmische Feld muss bestehen und hierzu müssen bewusste Augenblicke der Begegnung, Augenblicke des Sichtkontaktes, wie es der *darśana* beinhaltet, wie es im Sinne des *darśana* selbst ist, bestehen. Drei Aspekte sind nötig, die zur intensiveren Energetisierung und zu einem Vermachen der Liebe im *darśana* führen: Als Erstes muss ein anmutiges, ein interessantes, ein begehrenswertes, frommes Ziel für den Schüler bestehen. Dieses Ziel besteht tatsächlich, denn der Schüler möchte den göttlichen Lehrer, die Gestalt Gottes verkörpert in Sathya Sai Baba sehen. Als ein zweites Merkmal des kosmischen Feldes muss eine Dienstleistung dargeboten sein. Diese Dienstleistung besteht nun in einem sehr einfachen Sinn, denn die Schüler müssen eine lange Wegreise auf sich nehmen und eventuell im indischen Land schlechtere Bedingungen auf sich nehmen, bis sie überhaupt zu dem Ashram hinkommen. Schließlich müssen sie dort bis zu Stunden in der Sonne sitzen, um Einlass in den Tempel zu bekommen. Nicht Sathya Sai Baba geht zu den Schülern, sondern die Schüler müssen sich mühsam die Position in den sogenannten Reihen erringen, denn es bestehen dort regelrechte Reihen, wie vordere und hintere Reihen. Die Schüler sind in einer großen Erwartungshaltung. Durch diese geduldige Hinwendung und stundenlange Wartezeit erbringen sie ein erstes Opfer. Sie lassen sich gewissermaßen selbst zurück und begeben sich ganz gezielt auf den Augenblick der Hinwendung zum göttlichen Lehrer. Nur wenige Minuten dauert die Begegnung zwischen dem Schüler und dem vorbeigehenden Lehrer. Manchmal ist der Lehrer aber viele Meter weit weg, und nur aus der Ferne kann der Schüler zu der Gestalt Sathya Sai Baba's hinblicken. Es ist jedoch ein elementares Opfer mit dieser Hinwendung verbunden. Ein drittes Merkmal, das das Energiefeld markiert, ist durch das Wissen, das der Schüler mitbringt, gekennzeichnet. Der Schüler muss sich im Glauben und in der Hinwendung an ein höheres Ziel befinden, er muss den Glauben aufbringen, dass in Sathya Sai Baba tatsächlich eine höher organisierte, göttliche Kraft wirkt. Mit dieser Einstellung betritt er das Tempelgebäude und wendet sich entweder ergebungsvoll oder prüfend an die Gestalt des heiligen Lehrers. Diese dritte Eigenschaft ist ein Wesensmerkmal des Bewusstseins und sie fördert die Wachheit der Begegnung.

Für uns im Westen werden diese Formen des *darśana* Abwehrreaktionen beim Menschen erzeugen, und die kulturellen Umstände erlauben es nicht, ein in diesem Sinne gegliedertes Begegnungsfeld zwischen Lehrer und Schüler zu schaffen. Obwohl die Feierlichkeiten des Abendmahls in früherer Zeit sehr nahe an ein kosmisches Feld, wie es im indischen *darśana* gegeben ist, erinnern, so sind doch für unsere westliche kulturelle Situation diese Konstellationsmöglichkeiten nicht angezeigt. Dennoch aber erscheint es erstrebenswert, dass die innere Weisheit, die sich beispielsweise im Kosmischen Gebet ausdrückt, auf eine entsprechend gewählte, praktische Situation des Lebens übertragen wird. Das Ziel dieser praktischen Übertragung ist es, eine intensivere Liebe oder zumindest den Unterton der Liebe, des Mitgefühls, des Mitleids, der Mitempfindung im Gegenüber oder in der Hinwendung zu der

Schöpfung oder zu einer bestimmten Persönlichkeit näher zu empfinden. Bei der praktischen Realisation sollten spezifisch gewählte Projekte dienen, die jene Elemente der Opferleistung, der Anerkennung und der rechten Zielhinwendung beinhalten.

Wie eine Pyramide eine Spitze und Flanken an ihrer Seite aufweist, so sollte ein Arbeitsprojekt ein geistiges wie auch materielles Ziel beinhalten, und es sollte verantwortungsvolle Mitarbeiter geben, die im gemeinsamen, hierarchielosen, verantwortlichen Bewusstsein dieses Ziel erstreben. Hierzu müssen alle Beteiligten einen guten Willen zu dem spirituell-mentalen Pfad aufweisen und sie müssen vor allem ihre eigenen Probleme oder psychologischen Konflikte, die sie noch unbewältigterweise in sich tragen, hinter sich lassen. Die eigenen Probleme stören die produktiv-konstruktive Arbeit zu der Realisierung eines Zieles.

Ein Beispiel für die Realisierung des kosmischen Feldes kann ein Seminar bieten. Ein Seminar besteht aus einem Lehrer, der wichtige Gedanken, Inhalte, Demonstrationen oder Übungen vorträgt oder vorstellt. Sind diese Gedanken, Übungen oder Beispiele, die der Lehrer anbietet, bereits von einem christlichen Feuer der Liebe inspiriert, sind sie bereits in imaginativer oder gar inspirativer Substantialität gegründet, so können die Schüler auf sehr leichte Weise eine hohe Anerkennung als eine Gabe zu dieser Mitte führen. Ihr eigener Beitrag aber, der sich in der zentrierten Opferleistung ergibt, ist die Forschungsarbeit in der Wahrheitssuche, die sie formend in die Mitte des Podiums bringen. Schließlich bildet den Rahmen des gesamten Seminars das anmutige Ziel, das in der Erkenntnissuche oder in der Erlangung eines realen, künstlerisch gestalteten Zieles liegt, das alle miteinander verbindet. Das Ziel ist aber auch, wenn es in einer Synthese des Geistes und der Welt gedacht wird, das Ziel, das die Pyramide markiert. Die Opferleistungen sind die Flanken der Pyramide, die zielstrebig vom Boden zu dem nach oben gerichteten, höheren Pol verbindend emporführen. Wenn die Mitarbeiter, die sich in diesem Sinne in ein tiefes, kosmisches Feld geben, zu einem ansprechenden, edlen Ziel der Synthese von Geist und Welt ausrichten, ihre Wahrheitsansprüche eliminieren, konstruktiv eine Opferleistung erbringen und ihre psychologischen Eigentümlichkeiten und Probleme hinter sich lassen, dann spüren sie eine größere Nähe im Zueinander, ein intensiveres Mitgefühl und Miterleben im Gemeinschaftlichen. Sie erfahren eine nähere Berührung mit der Materie, mit dem Boden der Erde, mit der Schöpfung und sie erleben eine gewisse Geistnähe. Sie entfalten eine Art tiefe Empfindung, die an das buddhistische Mitgefühl und Mitleid erinnert, und gerade dann, wenn es sich um die Entdeckung und Erarbeitung von Inspirationen handelt, erleben sie die ersten Feuerflammen einer göttlichen Liebe. Das kosmische Feld beinhaltet dann Heilung für die Erde, Heilung für die Mitmenschen und es ist wie eine Flamme, die die Herzen erleuchtet und die Möglichkeiten für den einzelnen Schüler in der Zukunft fördert. Diese kosmischen Felder einer Arbeitsinitiative oder Projektplanung sollte aber mit bescheidener Klarheit und dennoch mit mutigen, regsamen Initiativkräften entwickelt werden. Alle Arbeit in der Erde wird auf diese Weise zu einer Synthese und Realisierung des verborgenen christlichen Mysteriums. Diese Arbeiten sind frei von Institutionierungen, Hierarchieformen, sie sind innerhalb eines kosmischen Feldes gegründet und leuchten wie eine stille Feuer- und Liebesflamme in der Welt. Noch lange aber wird der Weg dauern, bis der Mond zum Übersteigen des psychologisch gebundenen Ich mit seinen Ängsten gelingt und eine freie, weite Perspektive in der Arbeit entflammt. Wahre Pioniersarbeit wartet auf viele Menschen.

Widerstreitend gebärden sich die Elemente,
die Luft trocknet das Wasser,
das Feuer sprengt die Erde,
das Wasser löscht das Feuer,
die Erde erstickt die Luft,
und dennoch bilden sie im Weltenraum,
im Menschen und im Wesen
eine zusammenhängende, ätherische Einheit.

Versöhnend und helfend begegnen sich
das Wasser und die Erde,
die Luft und das Feuer,
wie Geschwisterpaare
am gleichen Werke arbeitend.

Im Herzen, dem Feuerorgan,
weicht das physische Sein
der Ordnung, der Innerlichkeit
und schenkt den offenen Raum
für andere Geschöpfe und Menschen
in der Flamme der Anerkennung.

In den Nieren, den Luftorganen,
erhebt sich das Willenswesen
Über die Festigkeit des Leibes
zu kosmischen, enthusiastischen Zielen,
gleich wie die Flügel in den Lüften
atmet Interessensdrang lebensweitend.

In der Leber, dem Wasserorgan,
strömt das verbindende Gemeinschaftsprinzip,
sie enthebt den Körper aus der Gravitation
und beschwert ihn mit der Last des Schlafes,
damit die Seele in der Tugend der Empathie
nicht in Askese verdorret, noch in Leidenschaft versinket.

In der Lunge, dem Erdenorgan,
wartet die sehnsüchtige Hoffnung
nach den ganz anderen Welten,
sie will für sich von dem Tage entschwinden,
da sie in Wirklichkeit die Erde scheut
und hungert nach geistiger Unversehrtheit.

Die Polarität von Mann und Frau

Vortrag vom 25. August 2002

Liebe Studienteilnehmer,

das Thema über die Beziehung ist sicherlich ein großes philosophisches Thema, das uns in vielen Teilen des Lebens beschäftigt. Sicherlich wird der größte Ansporn im Sinne dieses Themas darin liegen, sich selbst innerhalb seines persönlichen Beziehungsfeldes zu erleben, eventuell zu korrigieren, sich selbst in seinem Beziehungsfeld neu zu formen oder neu zu konstellieren. Das Thema »Beziehung« darf aber nicht zu einseitig nur auf die Partnerbeziehung oder auf den persönlichen Kreis der Familie oder den nahen Freundeskreis ausgerichtet sein, sondern das Thema »Beziehung« müssen wir immer in einen gesamten Kontext des Universalen einordnen.

Nehmen wir dazu ein Beispiel. So, wie unsere persönliche Beziehung ausgerichtet ist, zum Lebenspartner, in der Ehe, in der Familie, wie unsere Kraft der Beziehungsfähigkeit grundsätzlich im nahen Kreise steht, so wurzelt darin auch die Kraft für die weitere Umsetzung, ein Bewusstsein aufzubauen zum gesamten Leben. Unser nahes Beziehungsfeld oder die Substanz, die in unserem nahen Beziehungsfeld lebt, bestimmt maßgeblich das andere Beziehungsfeld, das größer ist, das wir bis hin zum Kosmos benennen können. Auch so, wie wir in unserem persönlichen und nahen Begegnungsfeld ausgerichtet sind, so werden wir darüber hinaus auf die übersinnlichen Welten ausgerichtet sein. Zu einer Aufgabe des spirituellen *sādhanā* gehört es, dass wir sowohl dieses weite Feld berücksichtigen, das universale Beziehungsfeld, als auch das ganz nahe Beziehungsleben formen und aktiv durchgestalten. Es wäre keine Lösung, aus dem persönlichen Beziehungsfeld zu fliehen, sich den Unannehmlichkeiten oder Verantwortungen zu entziehen, sich ganz aus dem persönlichen Kreise zu entsagen und einer Sehnsucht nachzueifern, die ganz in den Kosmos, ganz in die Welt der Spiritualität vordringen möchte. Sehr nahe sind diese persönlichen Verhältnisse oder der eigene Rahmen der Umgebung mit dem größeren, universalen Feld verbunden, sehr nahe sind diese einzelnen Felder miteinander in Kontakt.

Polarität von Mann und Frau

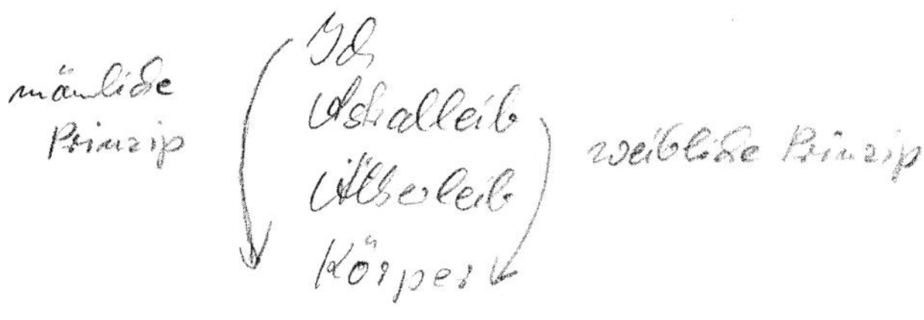

Es ist für die gesamte Ausrichtung, wie sie hier in der Schule gepflegt wird, und für die Schüler, wie sie zusammenkommen in einem gut informierten Kreis, der dem Schulungsprinzip recht nahe steht, günstig, wenn sie sich das Grundschema, den Grundgedanken der Individuation noch einmal ganz tief vor die Seele rücken. Dieser Gedanke des Gestaltungsprinzips aus einem Ich, das dem Individuationsgeist entspricht, ist deshalb so erwähnenswert, da er häufig durch andere Eigenheiten oder Eigentümlichkeiten vergessen wird. Ich will einmal das ganz gewöhnliche anthroposophische Schema zu Hilfe nehmen und es noch einmal an die Tafel zeichnen. Am Anfang steht die Entscheidungskraft, das Bewusstsein, das Selbstbewusstsein, das Ich, die Führungsinstanz aus einem Ich heraus. Obwohl vielleicht noch nicht ganz klar ist, was dieses Ich darstellt, so wollen wir es nur einmal abstrakt und begrifflich benennen mit einem Ich oder einem Selbst. Danach folgt der erste feinstoffliche Träger unserer Persönlichkeit, der Astralleib. Und schließlich, wenn die Betrachtung vom Astralleib näher zum physischen Dasein rückt, kommt der Ätherleib. Diese Darstellung entspricht dem anthroposophischen Ansatz. Und auf diesen Ätherleib folgt die letzte Instanz, der Körper, der physische Leib, das gewöhnliche, sichtbare Wesen. Alle Entwicklung sollte, wenn sie der Individuation entspricht, aus dem Ich heraus hineingehen in die Welt, in den Körper, hinein in das Leben, hinein in die sichtbare Daseinsstufe. Sie sollte aus der zunehmenden Kraft der Entscheidungsfähigkeit, aus der zunehmenden Kraft der Tugend, der Verantwortung, der Sicht des lebendigen Schauens hinein in die Welt tendieren. So, wie der Geist in die Welt dringt und die Welt vergeistigt, so soll auch in das individuelle Dasein, das heißt in jedes einzelne Leben der geistige Teil hineinwirken. Es soll dieser geistige Teil richtiggehend transformierend wirken in die physischen Träger, in die Natur, in den eigenen Körper und auch hineinwirken in die Gemeinschaft. Dass es aber immer Schwierigkeiten gibt, das zeigt jede Art des In-Beziehung-Tretens zu anderen, denn wenn wir in Beziehung treten, dann treten wir in der Regel nur mit einem halbreifen Ich in Beziehung, mit einem mehr oder weniger großen Selbstbewusstsein treten wir anderen Menschen und den Verhältnissen der Welt gegenüber. Vielfach treten wir gegenüber aus den unbewussten Tendenzen des Astralleibes und aus den eingegrabenen Gewohnheiten des Ätherleibes. Wir treten nicht mit vollreifer Ich-Kraft in die Welt hinein, sondern wir treten mit Anlagen, die sich heraufspiegeln, die herausstrahlen in das Gegenüber. Dadurch entstehen entsprechende unbewusste Konstellationen, die relativ viele Schwierigkeiten, relativ viele Bewegungen mit Konflikten verursachen. Das Ziel aller Bewegung, das Ziel aller Übung, das Ziel allen Daseins muss es aber nach dem Verständnis der Bewusstseinsseele, nach dem Verständnis der geistigen Welten für die Schüler eines geistigen Schulungsweges sein, dass sie immer reifer werden aus einem Ich und aus einem klaren, überschauenden und selbstklaren Bewusstsein das Leben durchdringen und schließlich das Leben durchgeistigen. In diesem Sinne ist der Einzelne in gewissen Phasen schwächer ausgerüstet und in anderen Phasen stärker. In manchen Phasen wird der Einzelne Schwierigkeiten haben und sich nur schwerlich zurechtfinden, in anderen Phasen wird er vielleicht mehr Fähigkeit, mehr Möglichkeit freisetzten, wird vielleicht sogar gewisse Charismen besitzen und das Leben leichter führen, lenken, durchdringen können. Auf allen Gebieten können wir das Leben nicht durchdringen, denn das wäre für eine Lebensaufgabe zu viel Anforderung. Wir wollen aber auf wesentlichen Gebieten oder innerhalb wesentlicher Aufgaben zu einer tatsächlichen Führungskraft kommen und von oben nach unten, vom Geist ausgehend das Leben beleben, das Leben mit Liebe durchdringen.

Die Devise würde in ganz einfacher Form lauten: Liebe nicht nur ernten, Liebe nicht nur passiv empfangen, Liebe nicht passiv erhoffen, sondern fähig werden zu einer größeren Gabe der Liebe, zu größerer Hingabe, zu größerer Erkraftung aus der Seele und zu einer Liebesfähigkeit hinein in die Welt. Diese Liebesfähigkeit hinein in die Welt ist immer von einem Feineren, von einem Geistigeren zu einem Physischen ausgeprägt. Sie soll nicht umgekehrt vom Physischen erhofft werden, zu einem Geistigen hin. In diesem Sinne bedarf die Beziehungsfähigkeit, die Ausprägung einer größeren Beziehungsfähigkeit eines großen Mutes, eines Selbstbewusstseins, eines wirklichen Aufmerksamseins hin zu den Bedingungen des Daseins. Konfrontation, Klarheit, Mut und wirkliche Bereitschaft sind Voraussetzungen, die wir auf diesem Weg erwarten müssen.

Von diesen abstrakten Gedanken will ich nun zu einem praktischeren Bezug überleiten. Es ist eine Sehnsucht im Menschen tätig, die wir nicht immer in vollreifer Bewusstheit spüren. Diese Sehnsucht im Menschen will zu mehr Einheit, zu mehr Harmonie, zu mehr Miteinander führen. Die Sehnsucht will aber auch auf ihre spezielle Weise zu einem Miteinander kommen. So müssen die Schüler für die Betrachtung des individuellen Standpunktes, wie er ganz weise, ganz intelligent organisiert ist hinein in das Leben, immer die Verhältnisse des gesamten Umfeldes berücksichtigen und sie müssen sogar den Teil berücksichtigen, der unsichtbar ist, der im Jenseitigen oder im verstorbenen Reich lebt. Die Erfahrung zeigt, dass ein Weg, der geradlinig zu einem Geistigen hindurchkommen möchte, der unmittelbar in dem Spirituellen anjocht, in der Regel nicht sogleich möglich ist. Zunächst müssen unendliche Schwierigkeiten durchrungen werden und moralische Fähigkeiten erworben werden, und ein erstes Wissen und eine gewisse Weisheit müssen als Grundbasis ebenfalls in der Seele erlernt werden, damit schließlich der Schüler zu einem höheren Ideal, zu einer wirklichen Klarheit in der Meditation hinkommen kann.

Es gibt nun die Schwierigkeit, die jedem Einzelnen begegnet, dass er auf seinem Weg nicht der Gewohnheit entsprechend, nicht seinem Wunsche nach seine Ausrichtung, seine Meditation, seine Konzentration dorthin setzen kann, wo er sie wünscht. Er muss in der Regel viele Umwege begehen und kommt vielleicht zu ganz anderen Verhältnissen als sie seinen Träumen entsprechen. Diese ganz andere Ausrichtung kommt daher, dass der Mensch mit einem *karma* geboren ist, er ist geboren mit einer Last aus der Vergangenheit. Gerade im Beziehungsleben, gerade dort, wo der Einzelne seine Sehnsüchte am allernotwendigsten spürt, scheint gerade auch der *karma*-Gedanke am meisten Möglichkeit zu seinen Schicksalsweisungen zu finden. Innerhalb der Beziehungen, innerhalb der menschlichen Begegnungen spielt geradezu die Melodie des *karma*, die Melodie eines vergangenen Lebens.

Nehmen wir dazu ein praktisches Beispiel, um den Gedanken aufzuzeigen, wie das Leben abgelenkt wird, wie das Leben in ganz andere Bezugsrichtungen gebracht wird, Bezugsrichtungen, die scheinbar erst einmal im

Widerspruch zu der geradlinigen Entwicklung stehen. Wenn eine Person im nahen Umfeld stirbt, sagen wir der Vater, die Mutter oder auch die Großmutter oder der Großvater, wenn eine Person, die mit uns in Blutsverwandtschaft steht oder im ganz nahen Kontakt gestanden ist, verstirbt, dann entschwindet ein Teil des gemeinschaftlichen Zusammenhangs in das Ungreifbare, in das Jenseitige. Dieses Hinwegtreten eines Menschen aus dem irdischen Kreis kann unter Umständen traurig und schmerzlich erlebt werden oder es kann auch so erlebt werden, wie wenn etwas mit dem Verstorbenen hinweggeht. Es gibt sehr viele unterschiedliche Empfindungen. Genau genommen sind aber die Empfindungen recht ähnlich. Mit dem Tod eines Menschen geht einerseits ein geliebter Teil oder zumindest ein gewohnter Teil hinweg in die jenseitige Welt und auf der anderen Seite, wenn die Hinterbliebenen tief in ihre Seele hineinhorchen, bemerken sie, dass dieser Tote ja gar nicht so weit hinweggeht, sondern viel näher in den Raum geht, viel näher in das eigene Innere hineingeht und dort, in dem eigenen Inneren, eigentlich immer einen Wunsch hinterlässt. Der Wunsch, den der Verstorbene den Hinterbliebenen gibt, ist eine Art geistiger Nachlass, ein Hinweis des *karma*. So, wie der Vater vielleicht dem Sohn, der Tochter, den Kindern ein Haus vererbt und die Kinder in das Haus eintreten und die angenehmen und die unangenehmen Seiten dieses Besitztums verwalten müssen, so ist es aber auch auf psychisch feinerer Ebene der Fall, dass neben ganz sichtbaren Seiten ein innerster Wunsch von dem Vater zu dem Sohn oder zur Tochter strömt oder eine unerledigte Aufgabe still an die Hinterbliebenen gewiesen wird. So sterben Menschen und sie geben einen psychischen Nachlass, sie geben einen Nachlass für die Söhne und Töchter.

Wenn nun der Einzelne seinen geistigen Weg begeht und beispielsweise seinen Bezug zur Universalität aufrichten möchte, so streift er gewissermaßen eine Zwischensphäre. Wenn wir uns das schematisch-bildhaft vorstellen, streift er die Zwischensphäre eines Luftkreises, in dem dieser Wunsch aus der Seele lebt. Er kann nicht in das reine Licht hineinblicken, er kann nicht dorthin blicken, wo sein reines Ausgerichtetsein unendliche Weiten annehmen kann, sondern er blickt hin in eine Welt, sehnsüchtig in der Erwartungshoffnung, sie möge sich erfüllen, aber der Blick ist durch diese Zwischenebene eines Wunsches blockiert. Es ist nicht möglich, daß der Einzelne diese Zwischenebene so leicht durchstreift. Wir können das in Sanskrit etwa so ausdrücken: Es lebt eine Beziehung, die auf einem Wunsch, auf *saṃkalpa*, beruht, denn der Tote hinterlässt den Wunsch für die hinterbliebene Persönlichkeit, für den Sohn, für die Tochter, für die Nachkommenschaft. Er hinterlässt etwas, das ungelöster Art ist. Nun kann derjenige nicht in das reine, klare Beziehungsleben eintreten und sofort zur göttlichen Schöpfung ein Bewusstsein aufnehmen, er muss zunächst erst einmal durch diese Schicht des Wunsches, *saṃkalpa*, hindurch, er muss den Wunsch erkennen, er muss eine richtige Identifikation seiner selbst und seines Beziehungsverhältnisses im Irdischen klären, er muss klären, welche Gerechtigkeiten oder Ungerechtigkeiten in seiner Familie eventuell stattgefunden haben, er muss sich auseinandersetzen mit dem Nachlass dieser Seele, die ihm eine Aufgabe vererbt hat. Er kann nicht unmittelbar in die reinste geistige Fassung hineintreten. Beziehung heißt in Sanskrit *saṃbandha* und dies bezeichnet ein gleiches Anbinden. Tatsächlich ist die persönliche Beziehung in der Regel immer aufgeladen von *saṃkalpa*, von einem Wunsch, den die Vorfahrenschaft hinterlässt, und damit wird die Beziehung erst einmal zu *saṃbandha*, zu einem Anbinden innerhalb des gesamten Daseins. Hinkommen möchte der Einzelne aber nicht zu *saṃbandha*, zur Anbindung, sondern er möchte zu *saṃjyoti*, zu der gleichmäßigen Fülle des Lichtes, zur einheitlichen Fülle des Lichtes, denn das Beziehungsleben würde dem geordneten, reinen Astralleib entsprechen und damit wäre es ein reines Lichtdasein. Wir können das Beziehungsdasein vom Astralleib als eine Sehnsucht bezeichnen, zum Licht hindurchzukommen, aber in diesem reinen Licht verbirgt sich noch ein Schatten, ein schattenhaftes Wunschgespenst, das aus unserem Erbe herauskommt und das sich über den Äther oder über gewisse Elementale einschreibt und das zunächst erst einmal passiert werden muss, damit die Menschen in der Seele fähig werden, Einheit, Frieden und Weite zu erleben. Aus diesem Nachlass heraus, den die Vorfahren übermitteln, ist es eine nicht verwunderliche Tatsache, dass der Einzelne eventuell zu einer spirituellen Richtung Zuflucht nimmt und im Laufe des Weges alles anders kommt, als er geglaubt hat, als er es sich erträumt hat. Die Menschen wenden sich zu Gott oder zu einer höheren Seinsquelle hin und müssen als Ergebnis feststellen, dass alle Bedingungen völlig anders werden und sie mit ihrer Art der Beziehungsaufnahme unendliche Umwege gehen müssen, bis sie schließlich zu der eigentlichen größeren Seinsquelle hinkommen. Die Vorstellungen, die Hoffnungen, die Erwartungssehnsüchte, die in der Regel das eigene Wesen zeichnen, sind nicht die ewigen identischen, die sogleich brauchbar wären, um zu *saṃjyoti*, zu einem weiten, einheitlichen Fühlen mit dem Kosmos, mit den jenseitigen Welten und zu einem Fühlen einer Art *nirvāṇa* hinzukommen. Die Seele will erst erlöst werden, der Wunsch will erst beachtet werden, es müssen deshalb innerhalb einer Beziehung vielfach Konflikte geklärt und die richtigen Aufgaben im spirituellen *sādhanā* entfaltet werden.

In praktischer Hinsicht sieht das etwa folgendermaßen aus: Ein Schüler, der meditiert, wird sich einen entsprechenden Lebensrhythmus aneignen und wird versuchen, mit seiner Meditation in die höheren Welten vorzustoßen. Nach einem Jahr, nach zwei Jahren oder vielleicht auch nach fünf Jahren Praxis stellt er fest, dass er mit dieser Meditation doch nicht dorthin gekommen ist, wo der eigentliche, einheitliche, zu erhoffende Seinsgrund ist. Er stellt fest, dass er eventuell sogar gewisse Dissonanzen in seinem Leib erzeugt und Spaltungen hervorruft, da er nicht zu der Wirklichkeit des freien und weiten Bewusstseins hinkommt. Die fremde Seele oder die ungesehene karmische Last, die durch das Erbe aufgenommen wurde, bringt eine Dissonanz, bringt eine Spaltung von der Erwartungshoffnung zu der individuellen Standposition. Dadurch muss sich der Einzelne tatsächlich mit Wesensumständen plagen, die ganz eigentümlich sind, ungewollt sind, aus denen er gerne entfliehen würde. Er muss sich aber plagen, um den Schatten aus dem gesamten Lichtmeer zu erlösen und dann schließlich in diese Welt des gesamten Seins, des freien Lichterlebens einzutreten. Warum ist das so? Warum entstehen solche Ablenkungen, Widersprüchlichkeiten, Forderungen, die an den Einzelnen gerichtet sind? Die Antwort ist relativ einfach: Sie entstehen deshalb, da der Einzelne im *karma* gefangen ist, da es aus dem früheren Dasein ein *karma* gibt. Das *karma* ist aber noch eine sehr abstrakte Begriffsvorstellung. Der Begriff *karma*, der mit Arbeit übersetzt werden kann, besagt, dass zunächst eine andere Arbeit erledigt werden müsste, bevor sich der Einzelne zur Meditation ausrichtet. Es ist tatsächlich wahr, wie es in der *Bhagavad Gītā* oder in den *Upaniṣaden* ausgesprochen ist: Es müssen zuerst die *saṃkalpa*, die Wünsche gelöst werden und alle Anhaftungen und Bindungen, die *saṅga*-Tendenzen, damit der Einzelne tatsächlich frei ist zu einer Meditation und zu einer Fülle der weitenden Seligkeit. Insgesamt aber treten diese Wege immer zueinander, die Lösung der individuellen Problematik, die Erlösungsarbeit des eigenen Karmischen und die Weitung, die Ausrichtung zur Meditation, denn die Meditation fördert die Möglichkeit, die individuelle Standposition zu klären, und die Klärung einer individuellen Standposition fördert es wieder, dass die Meditation mehr Früchte tragen kann. Gleichzeitig ist es aber erwähnenswert, dass diese Wege genau so ausgerichtet sein müssen, dass es ein *karma* geben muss, dass der Mensch nicht allein in das Kosmische, in das nur *saṃjyoti* einmündet, in eine Welt des einheitlichen Licht- und Seligkeitserlebens, sondern dass er sich immer mehr mit einem Ich, mit einer reinen Transzendenz verbindet und neue Möglichkeiten, neue Tiefen aufnimmt, die über seine Grenzen hinausgehen. Es wäre das Hineinleben in den Kosmos noch zu sehr eine Art Mystik oder eine noch einseitige Spiritualität. Sie würde nicht in die Durchgeistigung der gesamten Weltschöpfung reichen. Indem wir uns mit den Wünschen, Bindungen und Aufgaben, die unsere Vorfahren, Freunde oder Verstorbenen hinterlassen haben, konfrontieren müssen, indem wir uns mit diesen Eigentümlichkeiten, mit diesen Widerständen auseinandersetzen, müssen wir auch gleichzeitig in eine Welt fortschreiten, die eine Tiefe, eine Dimension der tatsächlichen Transzendenz in sich trägt. Wir sind genötigt durch diese Bedingungen, durch diese bestehenden Beziehungsverhältnisse uns selbst wie auch die Welt mehr zu durchgeistigen. Wir sind gezwungen, uns nicht nur in das Geistige hineinzuleben, in eine andere Wirklichkeit hineinzufinden, sondern wir sind gezwungen zur Arbeit, zur lebendigen Anteilnahme, zur Verbindung mit den Weltkriterien. Aus diesem Grunde entstehen immer wieder die ungewöhnlichsten Angelegenheiten, und selbst dann, wenn jemand scheinbar schon vollkommen frei ist vom *karma*, schon viel bewältigt hat, so wird er immer wieder diese Ablenkungen aus Wünschen heranziehen, so dass das Konfliktpotential im irdischen Dasein ausreichend groß ist. Dieses Konfliktpotential zwingt den Menschen hinunter, es zwingt ihn förmlich auf den Boden, es lässt ihn nicht aufsteigen, sondern es bringt ihn immer wieder in die Verbindung mit den äußersten Grenzbereichen seines Seins und somit bringt es ihn auch in Verbindung mit dem Irdischen. Es zwingt ihn hinein in die irdische Welt. In diesem Sinne wurzelt auch der Erlösungsgedanke des christlichen Geisteslebens: Der Christus nimmt das Kreuz auf sich, er nimmt aber nicht nur das Kreuz, er nimmt Teil an dem gesamten Umfeld. Er nimmt, wie man im einfacheren Sinne sagt, die Sünden auf sich, er nimmt Teil an der Erde, an dem Erdenschicksal, er beugt sich dem Erdenschicksal, stirbt im Erdenschicksal, er nimmt Wünsche, Leidenschaften und viele Kräfte der Weltenschöpfung auf, teilt sie, stirbt an ihnen und geht damit in die Erde, in den Geist der Gesamtheit der Menschheit über.

Innerhalb des Klärungsfeldes des Beziehungslebens wird es ganz besonders deutlich, die Konflikte unter diesem Sinneszeichen einzuschätzen, denn würde der geistig Strebende sogleich nur in das Kosmische, in das *saṃjyoti* eintreten und den Konflikten ausweichen können, den Forderungen, die die Eltern hinterlassen haben, die aus seinem Umfeld heraus tendieren, würde er diesen geradewegs aus dem Weg gehen können, so würde er schätzungsweise niemals die Arbeit leisten, die Gemeinschaftsarbeit im Sinne eines Abtragens von Gemeinschafts-*karma* und er würde auch die individuelle Arbeit nicht im ausreichenden Maße leisten, die notwendig ist zur Gesamterlösung des Daseins. Der Einzelne würde sich nicht mit Liebe bis hinein in die tiefsten Zellen durchdringen können, wenn nicht die einzelnen Probleme, Konflikte, die einzelnen Spannungen auf ihm lasten würden. Aus diesem Grunde dürfen wir die Welt der Verstorbenen, die einen Nachlass an uns gibt, als eine Aufforderung verstehen, die uns selbst mehr zur Erde hinbringt und gleichzeitig zu einer intensiveren Auseinandersetzung mit den gegebenen Seinsbedingungen.

Diesen Gedanken wollte ich heranführen, da er von einer sehr wesentlichen Bedeutung ist, denn innerhalb der Spiritualität gibt es eine ganze Reihe von Ablenkungen und Erschwernissen, von Hindernissen, die fast immer in diese Art des verborgenen Nachlasses, der in der Seele schlummert, hintendieren. Es gibt aber auch innerhalb des Beziehungslebens ganz ähnlich gelagerte Konflikte, die ebenfalls eine Art Mahnung an den Menschen richten, damit er sich mit dem inneren Plan der Seele und mit den Möglichkeiten der wirklichen Befreiungsarbeit auseinandersetzt. So ist der Beziehungsaufbau hinein in den privaten Bereich, die Durchgestaltung aus einem Ich mit dem Werkmeister des Astralleibes hin zum Ätherleib und schließlich bis zum physischen Leib eine Angelegenheit, die jeder Einzelne notwendig leisten muss, und es ist gleichzeitig dann der Beziehungsaufbau wieder zu einer Universalität der Welt gerichtet.

Diese Aufgabe ist für den Menschen unentrinnbar. Sie ist aus karmischer Notwendigkeit, aus Fügung, aus einer Vorsehung heraus auferlegt. Eine weise Beobachtung wird immer wieder zu dem gleichen Resultat gelangen: Niemand kann aus diesem Kreis des Gesamten, aus dem kosmisch und geistigen Willensleben herausbrechen. Das Ziel des Aspiranten ist es, von innen heraus diese Arbeit zu leisten und sie in jeder Hinsicht auch zu den gesamten Welten in Beziehung zu bringen. Die Beziehungsaufgabe ist deshalb eine ganz wesentliche Angelegenheit, die die schöpferischen Kräfte organisiert. Das Beziehungsleben gehört in die Aufgabe des Ich und wird wirksam gemacht auf den eigentlichen Leib, der für die Beziehungen ausschlaggebend ist, den Lichtleib, das ist der Astralleib. Innerhalb des Astralleibes soll Weitung und Ordnung zugleich entstehen. Diese beiden Forderungen der geistigen Schulung, Weitung und Ordnung in den Astralleib zu bringen, bedeuten, das Leben zu verlebendigen, das Leben tatsächlich im Sinne des moralischen Vollkommenseins auszurichten und das Leben aber auch zu durchdringen, das Leben mehr zu veredeln, das Leben zu transformieren. Diese Aufgabe ist deshalb sehr weit, es ist eine Aufgabe, die wir unendlich in jeder Standposition bezeichnen können.

Von diesen Gedanken ausgehend will ich auf einen nächsten überleiten. Das Beziehungsleben im nahen Umfeld ist, wie gesagt, mit seiner Kraft ausschlaggebend für die glückliche Fähigkeit, in die Meditation und in die größere Universalität vorzudringen. Wir dürfen aber nicht davon ausgehen, dass ein unglückliches Beziehungsleben unmittelbar damit verbunden ist, dass das meditative Dasein zum Scheitern verurteilt sein müsste. Ein unglückliches Beziehungsleben im Sinne der Familie, im Sinne der Partnerschaft heißt nicht unbedingt, dass alle Fähigkeit, die ausgerichtet ist zu einem größeren Dasein, abgesagt wäre. Wenn wir ein unglückliches Beziehungsleben oder ein nicht zufriedenstellendes Beziehungsleben haben, dann bedeutet das, dass wir mit dem Ich, mit unserem Bewusstsein hineinarbeiten müssen zu diesem Beziehungsleben oder dass wir ordnend unsere persönlichen Verhältnisse aufsuchen. Das unglückliche Beziehungsleben gibt nur mehr Spannung für die gesamte Meditation und es kostet Kraft, es entnimmt Kraft für weitere Aufgaben. Aber wer hat heute ein glückliches Beziehungsleben? Wer ist in diesen Bereichen wirklich vollendet glücklich? Wer wird hier keine Sorgen haben? Die einen flüchten aus dem Beziehungsleben, die anderen arbeiten ein Leben lang an dem Beziehungsleben, aber die Arbeit ist vermutlich niemals abgeschlossen. Ein Teil der Arbeit kann und soll es sogar sein, das Beziehungsleben im persönlichen Kreis als Aufgabe zu ergreifen. Ob das Beziehungsleben nun unglücklich ist, ob es aussichtslos ist, wenn man es so bezeichnen will, oder ob es mit großen Möglichkeiten vor unserer zukünftigen Zeit steht, ist einmal einerlei. Es bestehen innerhalb des Beziehungslebens Aufgaben. Meistens ist es ja so, dass der Einzelne zu einem gewissen Grade das Beziehungsleben aufgibt, es als unklärbar und aussichtslos bezeichnet und sich dann nur noch dem geistigen Weg widmen möchte. Dann stellt er nach einiger Zeit aber wieder fest, dass der geistige Weg scheitert oder sich nicht so glücklich ausgestaltet und er beginnt wieder im Beziehungsfeld zu suchen. Und so wechseln die Interessen in der Sehnsucht der Seele von einem Pol zum anderen. Wir müssen aber erkennen, dass diese beiden Pole, der eine, der scheinbar näher zum Irdischen ausgerichtet ist, und der andere, der scheinbar näher zum Geistigen ausgerichtet ist, in Wirklichkeit die gleiche Aussage in sich tragen. Der Schüler hat die Aufgabe von oben nach unten das Dasein zu durchgeistigen, er will nicht ein Auf und Nieder, ein Wechselspiel der Polaritäten erleben, sondern er sollte das Beziehungsleben als Aufgabe für dieses Dasein anerkennen. Gleichzeitig sollte er auch so bejahend zu der Welt in Beziehung treten, dass er sagt: Wenn ich keine Beziehung habe, vielleicht gar keine Hoffnung mehr vorfinde, was ja sehr subjektiv ist, dann sollte ich deshalb nicht wegen dem irdischen Verzicht verzagen, denn gerade dann ist nur die Aufforderung gegeben, mehr Inhalt in eine weitere Beziehungsformung hineinzubringen. Es ist die Beziehungsfrage immer eine sehr freudige Frage, denn sie kann den Astralleib über die Grenzen hinwegheben zu einer viel fröhlicheren, viel weiteren Stimmung des Miteinanders.

Gerade hier in der geistigen Schulung, wenn dieses Gebiet thematisiert ist, finden sich eine ganze Reihe von sehr integrativen Möglichkeiten, wie das Zusammenwirken im Miteinander sein kann und wie auch das Bewusstsein ausgerichtet sein kann zur Welt, damit es im gesamten Plan schöpferisch und veredelnd tätig wird. Es gibt eine freudige Zahl von Möglichkeiten, die eine einsame Bürde überwinden lassen und die zu einem Ziel hinführen können, zu einem Ziel, das sowohl geistiger Art als auch lebensvoller, gemütsvoller Art sein kann. Von einem anderen Gedanken ausgehend will ich einmal diese gleiche Tatsache erläutern.

Wie wäre es, wenn jemand in seine Meditationswelten zufrieden und glücklich eintreten könnte und wenn er dort in seiner Einsamkeit nur einen Teil seines persönlichen Daseins realisiert? Die Realisation, die er leisten kann, ist viel zu gering, viel zu dürftig, denn sie kann niemals zufriedenstellend sein. Durch das Hineintreten in das größere Beziehungsfeld entstehen erst die eigentlichen Bewusstseinsformen, es entstehen erst die wirklichen Möglichkeiten, die innere Genetik, die Anlage, in die auch die Toten ihre Wünsche, *saṃkalpa*, hereinspiegeln, zu verwandeln. Wir müssen sogar, um vollkommener zu werden, in das Beziehungsfeld eintreten, wir müssen in ein größeres Dasein hineinkommen.

Betrachten wir neben dem eigentlichen Lichtträger den anderen Lichtträger, in dem die Lebenskräfte eingraviert sind mit ihren Aussagen, betrachten wir den Ätherleib, dann findet sich etwas Eigentümliches. Wir finden in der

Regel beim Manne einen vom Weiblichen gepolten Ätherleib und wir finden bei der Frau einen Ätherleib, der vom Männlichen gepolt ist. Der Mann trägt in einfacherer Sprache einen weiblichen Ätherleib, und die Frau trägt einen männlichen Ätherleib. Warum ist das so? Wir könnten sagen, das ist wahrscheinlich so, weil in der jenseitigen Welt ja ohnehin alles umgekehrt ist, und da alles umgekehrt ist, wird es auch hier so sein. Aber das Geheimnis ist deshalb noch nicht geklärt. Aus geistiger Sicht liegt die Erklärung eher darin, dass in der Regel im früheren Dasein der Mann eine Frau und die Frau ein Mann war. Und nun trägt der Einzelne in seinem Ätherleib die Abdrücke des früheren Daseins. Wird die Person nun als Mann geboren, trägt sie die Abdrücke des Weiblichen, und wird die Person als Frau geboren, trägt diese wieder die Abdrücke des Männlichen. Das männliche Prinzip und das weibliche Prinzip will ich in diesen Tage auf verschiedene Weise vorstellen und in eine Art Kontext der Aufgaben führen.

Es gibt ein archetypisches Bild des Männlichen und ein archetypisches Bild des Weiblichen. Mann und Frau tragen, zwar nicht immer, aber meistens, das Gegenbild in sich zu ihrem persönlichen Wesen. Wird die Person als Mann geboren, so ist in der Regel die äußere Statur entsprechend anders als die zarte Zierde der Frau. Das äußere anatomische Bild ist ja ebenfalls ganz verschieden ausgerichtet. Aber auch bezüglich der Neigungen und Fähigkeiten sind beide trotz der Aspekte des Erziehungswesens unterschiedlich angelegt. Im Inneren sind also beim Manne eher diese weiblichen Fähigkeiten angelegt. Sind nun Männer im Zeichen eines weiblichen Ätherleibes geboren, dann sind sie gerade in diesem Sinne geeignet für bestimmte Aufgaben, denn sie können, wenn sie ihr für diese Inkarnation gegebenes männliches Potential entfalten, den weiblichen Ätherleib dahingehend am meisten nützen, dass sie innerhalb ihrer Führungskraft eine angenehme Seite des Weichseins, des Geborgenseins vermitteln. Das Weibliche des Ätherleibes gibt in der Regel Dynamik, Geborgenheit, Ästhetik und Verbindung. Der Ätherleib des Weiblichen macht den Mann gerade in seiner Führungsaufgabe vornehm und edel und bringt die Gedanken leichter in den unmittelbar menschlichen Kontakt. Die Gedanken werden dadurch nicht hart oder neigen im Extremfall beim Manne nicht so leicht zur Grausamkeit. Die Frau kann durch die Anlage des männlichen Ätherleibes tatsächlich sogar eher zur Grausamkeit neigen. Hierfür gibt es viele Beispiele in der Geschichte. Ich möchte die Frauen jetzt nicht abwerten, aber wenn sie die Neigung des männlichen Ätherleibes in sich haben, kann dieser sehr harte Strukturen

Kopfstand, *śirṣāsana*
Sinnbild für die Konzentration im Haupte

Schulterstand, *sarvāṅgāsana*
Sinnbild für die ätherische, weibliche Wesensseite

bringen, so dass eine Frau oftmals viel härter sein kann als ein Mann. Das ist aber nur die Tendenz des Ätherleibes. Jedenfalls, wenn die Frau einen männlichen Ätherleib trägt, dann hat sie die besondere Gabe, die heute leider in unserer Kultur verschüttet ist, den Mann auf seinen Berufswegen gedanklich zu unterstützen. Denn die Frau besitzt dann die Fähigkeit zur Gedankenbildung inniglich aus dem Ätherleib, da es eine männliche Fähigkeit ist, Gedanken schöpferisch zu bilden. Das Gedankenwesen gehört mehr zum Manne, während das dynamische, das bewegte Element, das *śakti*-Element, das kraftvolle Element zum Weiblichen gehört. Die Frau ist mehr im Zeichen der Kraft geboren, der Mann mehr im Sinne des Gedankens. So kommen wir auch zu einem Bild, das unweigerlich innerhalb der Polaritäten Antriebskräfte freisetzt.

Wir könnten uns fragen: Was liebt die Frau inniglich, wenn sie sich zum Manne hinwendet? Was sucht sie insgeheim? Ohne damit ein ganz allgemeines Schema aufzubauen, so ist es aber dennoch erwähnenswert, dass die Frau unter den gewöhnlichen Bedingungen die Reinheit des Gedankens sucht. Sie verehrt, sie bewundert förmlich den Mann in seinem Antlitz, in seinem Wesen, denn der männliche Körper ist Ausdruck von Urbild, Ausdruck eines reinen Gedankens. Die Frau wird sich in der Regel auch daran stören, wenn Unreinheiten und Einbrüche des Selbstbewusstseins diesen Leib des Mannes verschatten.

Dieses Bild kann am trefflichsten mit einer *āsana* verdeutlicht werden. Die Frau liebt den reinen Gedanken und sie wendet sich zum Mann hin, denn der Mann soll in Wirklichkeit in seiner schönsten Ausstrahlung Ausdruck für diesen reinen Gedanken sein. Er soll so kristallklar, so schimmernd, so licht, so frei von Wolken und Schatten sein, dass der Gedanke durch seine ganze Statur, durch sein Antlitz, durch sein Haupt, durch sein ganzes Wesen zum Vorschein kommt. Dieser reine Gedanke kommt wohl am deutlichsten durch die Lotus-Stellung zum Ausdruck, denn der Lotus gibt die klare Struktur, durch die der Mensch in sich zum Urbild des Gedankens selbst wird. Es ist die Stellung, bei der der Gedanke in seiner gesamten Sammlung zum Ausdruck kommt. Damit wird auch das Wesen der Meditation demonstriert, das Wesen der Sammlung, der Zentrierung und der Einheit in einem Gedanken. Im Empfinden drückt sich diese Zentrierung auch aus. Der Lotus ist Ausdruck für die Meditation im Sinne des Wesens eines gedanklichen, klaren, freien Bewusstseins.

Lotus-Stellung, *padmāsana*
Sinnbild für Gedanke, Meditation, Einheit, Zentrierung

Die Frau besitzt aber eine ganz andere Neigung. Die Frau wird von ihrem Lebensgefüge und Lebensauftrag mehr zur Bewegung tendieren, zu jenem Aspekt, den wir der *śakti*, der Kraft und auch der Wirbelsäule zuordnen. Die Wirbelsäule besitzt eine ganz besondere Anmut bei dem weiblichen Wesen, denn sie ist gekennzeichnet durch die Beweglichkeit, durch die Bewegungsfähigkeit. Der Mann bewundert in der Frau in erster Linie die Geschmeidigkeit, die Beweglichkeit. Insgeheim sucht er damit eine bestimmte Kraft, eine Energieform der Beweglichkeit, der Bewegungsdimension. Bewegung und Gedanke, Kraft und die Hauptesklarheit kommen in den Polaritäten ganz deutlich zueinander. Was liebt der Mann bei der Frau, was liebt die Frau beim Manne? Insgeheim sucht aus dem innersten Willensantrieb der Mensch gerade diese Prinzipien beim anderen. Obwohl diese in tausend Facetten, in unendliche Phänomene einkleidet sind, so ist der innerste Drang vom Mann zur Frau und von der Frau zum Mann die Suche nach jenen polaren Prinzipien. Indem diese polaren Prinzipien aufgesucht werden, beginnt der Weg der Entwicklung. Es beginnt der Weg der Auseinandersetzung, gleichzeitig beginnt aber auch der Weg der Versuchung, der Abstieg hinein in das Tor der Begierden.

Dieses Bild kann einmal als meditatives Bild gepflegt werden, und obwohl es nicht die Absicht ist, die Frau unbedingt nur als Frau erleben zu wollen und aus dem Mann nur ein männliches Antlitz erstrahlen sehen zu wollen, so ist es doch günstig, wenn sich der Einzelne meditativ-bildhaft mit diesen Formen auseinandersetzt. Das Ziel wäre es, einander so zu betrachten, dass jeder zu diesen Idealverhältnissen hinkommt. Wenn sich die Urbilder immer mehr verwässern und sich die Ideale verlieren, dann kann kaum mehr der Zugang zu einem edlen Menschsein und zu einer edlen Menschenkunde erworben werden. Es ist günstig, wenn die Schüler tatsächlich ein Bild zum Erkraften bringen, wie der Edelmut des Gedankens durch den ganzen Körper wirkt und wie die Fähigkeit der Reinheit – beide Formen müssen ja in Reinheit erkraften – sich bei der Frau ausdrückt in Form der Bewegung, in Form der Kraft. Die Reinheit im Sinne des Daseins gibt die größte Lichtradiation, beim Mann anders als bei der Frau, aber beide gehören zusammen. Und ganz besonders dann, wenn der Einzelne den Ätherleib einstudiert, bemerkt er, dass diese Ätherleiber im Innersten eine untrennbare Einheit bilden.

Die Ätherstrahlungen und die *āsana*

Wenn ich eine *āsana* demonstriere, so ist nicht das technische Können, die Flexibiliät oder die Akrobatik von Bedeutung, sondern es sollen damit die Feinheiten des spirituellen Ausdrucks einer Bewegung zur Offenbarung gebracht werden. Eine *āsana* ist der Ausdruck der Hingabe, der Liebe, aber auch der Erkenntnis, des Wissens, der Weisheit. Neben diesen schönen sakralen Ausdrucksformen der von mir dargestellten *āsana*-Praxis kann aber auch das Lichtkleid des Äthers, das ist die erste Form der Aura, relativ leicht nachempfunden werden. Zu dieser ersten Aura zählen die vier Ätherarten, das sind der Feueräther, der Lichtäther, der chemische Äther und der Lebensäther.

Vorbereitende Stellung zu eka pada paścimottānāsana

Diese erste Stellung soll bildhaft neben der physischen Vorbereitung auch die mentale Ausrichtung und Konzentrationsentwicklung aufzeigen. Die Vorstellung, die Idee, die zielorientierte Absicht leitet die körperbezogene

Übung, vergleichbar so wie ein Wagenlenker mit dem Steuerrad sein Fahrzeug lenkt. Ein Gedanke oder eine Idee gelangen von oben über die werktätigen Seelenkräfte zu ihrer Darstellung über das Instrument des Körpers. Wenn eine Idee auf diese Weise zur Ausarbeitung gelangt, so entwickelt sich eine subtile, wohltuende Wärmeentwicklung von innen heraus, die heilend, ordnend und anregend auf den aufbauenden Metabolismus wirkt. Es wird auf diese Art der Praxis der Feueräther, der alles umschließende Äther zu seiner festigenden und einigenden Tätigkeit erweckt.

Aufbau der Spannkraft

Die Aktivierung der Bewegungsdynamik erfolgt bei dieser Stellung aus dem dritten Energiezentrum, dem *maṇipūra-cakra*, das Zentrum der Venus. Indem eine Bewegung mit wacher Beweglichkeit, Übersicht und einer inhaltlichen, formenden Absicht zur Umsetzung gebracht wird, erwacht der ausstrahlende und sympathisch anmutende Lichtäther. Es ist die Bewegung vergleichbar mit einer Art Intensivierung eines Gedankens in der physischen Form. Jede Form der freien Konzentrationsentwicklung – und die Bewegung wird hier frei, ungebunden vom Leib erlebt – löst die Weite des Lichtäthers aus. Diese Bewegungen wirken nicht mehr vital, sondern sympathisch, elegant und den Raum mit Sympathie erfüllend.

Supta eka pada paścimottānāsana

Diese Variation, bei der der Oberkörper zuerst einmal zum Boden geführt wird, erfordert ein flexibles Zusammenwirken von Beinen und Rücken. Der Oberkörper muss harmonisch mit dem Becken und den Beinen in die gleichmäßige Ausdehnung finden. Es wird das zweite Energiezentrum, das *svādhiṣṭhāna-cakra*, das Zentrum des Merkurs beansprucht und angeregt. In der über dem Körper fließenden und sich verströmenden primären Energie, die aus einem Zentrum entspringt und die Gliedmaßen wie elastisch, anpassungsfähig aktiviert, belebt sich der chemische Äther. Es entsteht ein Empfinden der Geschlossenheit von Gelenken, Gliedmaßen und Flexionen.

Einbeinige Kopf-Knie-Stellung, *eka pada paścimottānāsana*

Am intensivsten erstrahlen alle Äther, wenn eine Stellung in der Endphase ruhig, wach und konzentriert gehalten wird. Es ist in der gesamten *āsana*-Praxis wichtig, dass eine entschiedene Entschlossenheit, die bis zur gewagten körperlichen Umsetzung bei gleichzeitig gedanklicher Beweglichkeit eintritt, denn in dieser wird das Erdelement transzendiert und der Lebensäther in seinem keimenden Urgrund kann erweckt werden.

Der Ätherleib in seinen Gliedern

Vortrag vom 27. August 2002

Für den heutigen Nachmittag ist das Thema, das die gesamte kommende Zeit bereichern soll, die Betrachtung des Ätherleibes, des menschlichen Ätherleibes und des Ätherleibes der Erde. Mit der Betrachtung des Ätherleibes wird jenes Gebiet gestreift, das hinter der physischen Welt als Erstes zur feinstofflichen Welt zugeordnet wird. Wir müssen das Thema des Ätherleibes auf eine Weise fassen, die zunächst abstrakt ist. Von der abstrakten, begrifflichen Betrachtung kehren wir uns nach und nach aber zur inneren Ausgestaltung der Begriffe hin und werden diese Begriffe mit lebendigen Erfahrungen und Beispielen erfüllen. Es ist eine deutliche Anforderung mit einer Betrachtung, die in die geistige Welt, in die zumindest erste geistige, feinstoffliche Wesenswelt ausgerichtet ist, klare und eindeutige, zielgerichtete Vorstellungen zu kreieren, denn es sind gerade auf diesen Betrachtungswegen viele Vorstellungen aus unterschiedlichsten Ideen oder sogar aus Phantasien im menschlichen Leben gegeben. Die klar gewählten, nicht spekulativen, sondern konkret von Geistforschern oder zusammenhängenden Eindrücken gewählten Vorstellungen führen zu dem Ziel des geistigen Schauens.

Jeder Mensch besitzt einen Ätherleib, dann trägt er als nächstes feinstoffliches Glied den Astralleib und schließlich darüber hinaus das Ich. Was umschließt den Ätherleib? Welche Dimension ist mit dem Ätherleib verbunden? Welche Dimension besitzt der Ätherleib in Bezug zu seinem Innenleben und welche gegliederten Kräfte sind in ihm aufgespeichert, die sich im Beziehungsleben offenbaren möchten? Wie steht der Ätherleib mit dem gesamten übergeordneten Thema des Beziehungsaufbaues, des Beziehungslebens in Verbindung?

Den Ätherleib trägt die menschliche Seele als einen Teil ihres feinstofflichen Existenzseins bereits aus der Vergangenheit im Inneren. Der Ätherleib bleibt aber im Laufe des Erdendaseins nicht immer der gleiche, sondern er wird genährt von den Strömen und Eindrücken des gegenwärtigen Lebens. Der Ätherleib umfasst alle aufgespeicherten Gefühle und Gedanken, alle Impulse aus dem bisher geformten Dasein. Dieser Ätherleib ist für das Beziehungsleben außerordentlich wichtig, denn in der Regel nimmt der Mensch seine Beziehungen weniger aus dem Ich und aus dem bewussteren Teil des Astralleibes wahr, sondern mehr aus den unbewussten Abschnitten des Astralleibes, das heißt, direkt aus dem Unbewussten heraus und aus den magnetischen Schicksalsanziehungen, die der Ätherleib selbst gibt. Der Ätherleib ist deshalb mit einer magnetischen Anziehungskraft im menschlichen Inneren tätig.

Es ist eine eigentümliche Tatsache, so wie viele Tatsachen innerhalb der geistigen Betrachtungsweise eigentümlich sind: Es gibt positive Kräfte im Ätherleib und es gibt negative Kräfte. Es gibt Kräfte, die Negatives heranziehen und Kräfte, die Positives heranziehen. Die Besonderheit des Ätherleibes zeigt sich darin, dass dann, wenn er positiv gestimmt ist, das heißt von einer positiven Eigenschaft genährt ist oder eine sehr gute Eigenschaft und Lebensqualität in sich trägt, die das Leben mit Empfindungen, mit lebendiger Moralität begleitet, gerade diese Eigenschaft die häufig zu beobachtende Tendenz besitzt, in der Außenwelt das Polare und Negative heranzuziehen. Zum Beispiel werden jene Menschen allzu häufig von der Macht der Welt ausgenützt.

Nun liegt auf der Kehrseite die Vermutung nahe, dass eine negative Eigenschaft, eine schlechte Lebensqualität, die auch einmal gerne im Ätherleib sitzt, das Kehrbild einer positiven Eigenschaft in der Welt heranziehen müsste. Ganz so ist es aber gerade auf dieser negativen Seite des aufgespeicherten Potentials eines individuellen Seelenlebens nicht, denn die erwähnte Tendenz der Anziehung, die der Ätherleib grundsätzlich ausübt, zieht nach der weisen Notwendigkeit der Entwicklung, dann, wenn ein entscheidender Bewusstseinsschritt in der Seele absolviert werden muss, die verschiedensten polaren Kräfte an. Aber es ist eine reale Tatsache, dass dieser Ätherleib in einer weisen Steuerung immer wieder solche genau bemessenen Anziehungspunkte sucht, dass er anhand der Anziehung von Negativem das Bewusstsein zum Positiven oder zum Guten oder zu einer Steigerung von Fähigkeiten aufnimmt. Im Ätherleib arbeitet durch weise Anziehungen das Gesetz des *karma*. Dieses *karma* sucht der Ätherleib mit seinen Steuerungen und Anziehungen so in das Leben hereinzuführen, hereinzuspiegeln, damit eine Erkenntnisleistung, eine Erkenntniskraft im Dasein erwachsen kann. Die menschliche Seele trägt durch den Ätherleib ein unendlich weises

Bewusstsein der Anziehung, ein tiefes, untergründiges Kraftpotential, das sich beständig so in das Leben hineinverbindet, dass diese manchmal leidlichen, manchmal unerklärlichen Schicksale die Erkenntnisbildung des Bewusstseins fördern und eine Steigerung der Seelenfähigkeiten veranlassen. Der Weg hierzu ist infolge seiner Unbewusstheit konfliktreich, konfliktbeladen, oftmals leidensvoll und oftmals widersprüchlich. Die Anziehungen, die der Ätherleib ausübt, sind die Gefühle im Unbewussten des *karma*, die Gefühle des karmischen Wollens. Sie sind einerseits karmischer Art, da es Kräfte gibt, die aus der Vergangenheit kommen und die aufgearbeitet werden sollen, und die Anziehungen sind auch deshalb in einem unbewussten Wollen, da dadurch eine Steigerung des Bewusstseins erzielt wird und eine Teilhabe am Welten-*karma* stattfindet. Die Schicksalsneigungen aus dem unbewussten Wollen der Anziehungen, die der Ätherleib ausübt, richten sich deshalb zur Aufarbeitung in die Vergangenheit und zur weiteren deutlichen Bewusstwerdung eines gesamten, universalen Prinzips in die Welt.

Betrachten wir einmal den Ätherleib und schaffen wir uns damit eine Grundlage zu einem tieferen Eindringen des Übungsweges hinein in das Leben. Den Ätherleib hat der Mensch mit den Pflanzen gemeinsam, die Tiere besitzen ebenfalls einen Ätherleib. Der Mensch besitzt nur einen anderen Ätherleib als die Pflanze. In der Pflanze finden wir einen Ätherleib, der mit einem Teil außerhalb der Pflanze lebt und mit einem Teil innerhalb. Aus diesem Grunde hat die Pflanze kein *karma* und kann nicht wirklich leiden.

Vier Glieder lassen sich beim Ätherleib unterscheiden. Nach der Anthroposophie und auch nach der Rosenkreuzer Geistschulung werden diese vier Glieder benannt mit dem sogenannten Lebensäther, dann mit dem chemischen Äther, das sind die unteren Äther. Schließlich kommen die oberen Äther, das sind der Lichtäther und der Feuer- oder Wärmeäther. Diese vier Glieder des Ätherleibes sind mit ihren oberen und unteren Teilen polar entgegensetzt beziehungsweise in einem Spannungsverhältnis. Dieses Spannungsverhältnis von Oben und Unten ist gerade so ausgerichtet, dass es in sich selbst unendlich viele fluktuierende Strömungen und Anziehungen und Abstoßungen gibt.

Der Ätherleib wurde auch in der Natur oder Erdatmosphäre mit den verschiedensten Wesen benannt, beispielsweise mit den Elementargeistern, mit den Gnomen, die dem Erdäther entsprechen, den Undinen, die eine Verwandtschaft zum chemischen Äther besitzen, den Sylphen, die eine besondere Beziehung zum Lichtäther aufweisen und den Salamandern, die zu dem Wärmewesen zugehörig sind. Eine ätherische Sphäre umkleidet die Natur, umwebt mit feinsten Kräften wie in einem märchenhaft-idyllischen Spiel in den Licht- und Schattenwinkeln die Pflanzen.

Dann wurde der Ätherleib im Wesentlichen auch in der alten Lehre des Paracelsus berücksichtigt. Die Lehre war die bis zum heutigen Tag noch bekannte sogenannte Humoralpathologie. Schließlich nimmt man mit der Begrifflichkeit der vier Elemente hauptsächlich die Deutung oder eine Art einfachere Bestimmung des viergliedrigen Äthers vor. Die Elemente Feuer, Luft, Wasser und Erde bezeichnen nichts anderes als diejenigen Kräfte, die im Lebensbildeleib sitzen. Mit Erde ist das Feste gemeint, mit Wasser ist das flüssige Reich der Schöpfung gemeint, mit Luft das Licht-Luft-Kleid um die Erde und schließlich mit dem Feuer das normalerweise gewöhnliche Feuer, aber darüber hinaus auch das gesamte Wärmeleben, das über und um die Erde existiert. Diese vier Elemente sind bei genauerer Untersuchung auch im Menschen wirksam. Es gibt ein Element, das das Feste, die feste Verankerung schafft, den physischen Leib in die Materie zentriert, ihn im Keimatom zentriert, dann gibt es das Element des Wassers, das strömende Element, wie es beispielsweise in der Lymphflüssigkeit oder im Blut oder in bestimmten Säften vor sich geht. Dann kennen wir das Atemelement, das Luftelement im Körper, und schließlich gibt es ein Wärmeelement, das die Temperatur reguliert und die Herzensgefühle beseelen kann.

Bei der Betrachtung der Wärme wird es bereits deutlich, dass die Pflanze die Wärme nicht selbst hervorbringt, während der Mensch die Wärme selbst hervorbringt. Die Wärme und auch das Licht arbeiten von außen an der Pflanze. Die Luft wird zu einem gewissen Teil nach innen durch feine Poren aufgenommen, aber im Großen und Ganzen besitzt die Pflanze keine wirkliche verinnerlichte Teilhabe an dem Luft-Licht-Leben, denn sie öffnet sich dem Licht, sie lebt im Atemstrom, aber sie verinnerlicht den Atemstrom nicht. Der Mensch jedoch trägt die Elemente des Lichts und auch den gröberen Träger des Lichts, das Luftelement, in sich und er trägt zudem die Wärme in sich. Dadurch ist sein Ätherleib in ihm geschlossen. In der Pflanze ist er geteilt, von außen scheint das Licht und strahlt die Wärme hernieder auf die Blüte und auf die Blätter, von innen keimt das Leben und der Chemismus. Die Pflanze trägt in sich diese Gliederung und sie wirkt anmutig, während beim Menschen der Ätherleib zunächst eine eigentümliche Spannung besitzt, da alle vier Elemente im Körper einen Widerstreit, ein hohes Spannungsleben erzeugen.

Diese Äther wollen wir für die Erkenntnisbildung genauer betrachten und wir wollen sie auch im Hinblick zu der Entwicklung eines schöpferischen Beziehungslebens betrachten. Der Ätherleib ist der verbindende Leib, der zwischen den oberen Trägern, dem Ich und dem Bewusstsein, und dem physischen Träger, dem Körper, eingeschaltet ist. Diese Verbindungssubstanz des Äthers zu erkennen und richtig zu verstehen ist außerordentlich wichtig für die geistige Schulung, denn sie bildet einen ganz wesentlichen Ansatz, an dem der werdende Geistschüler das eigene Leben besser und integrativ in das irdische Dasein hineinrichten kann. Einfach ausgedrückt bedeutet es für den Menschen: Der Ätherleib bringt durch seine Anziehung nicht nur das *karma*, er verbindet auch das Leben mit der Erde. Wenn der Mensch keinen Ätherleib hätte, dann könnte er sich auch nicht wirklich auf der Erde verbindend verankern. Es würde der physische Leib, der Astralleib und das Ich nicht ausreichen, das Leben auf der Erde richtig integrativ zu verankern. Der Ätherleib, der der Spiegelapparat für viele physische Tendenzen und auch für geistige Kräfte ist, ist so notwendig, da dieser ein harmonisches Oben und ein angenehmes Unten, ein geistiges Empfinden und ein angenehmes In-der-Erde-Sein gewährleistet. Wie unangenehm dieses Dasein werden kann, wenn der Ätherleib ausgezehrt ist, das sehen viele Menschen heute, wenn sie krank oder erschöpft sind, denn innerhalb dieser Zeichen der Zeit, innerhalb des Erschöpftseins ist es wahrhaftig im Gefühl der Fall, dass sich der Mensch nicht mehr in seiner Haut, wie man umgangssprachlich sagt, wohl fühlt. Innerhalb des Erschöpftseins fühlt sich die Seele in den Erdentagen nicht mehr richtig zu Hause, sie findet nicht mehr den Bezug zu dem Mutterboden der Schöpfung, sie findet nicht mehr dorthin, wo sie hinfinden möchte, wo sie sich angenehm verankern könnte. Diese Problematik des Nicht-mehr-Wohlfühlens ist deshalb häufig auf die Missstimmung des Ätherleibes beziehungsweise auf die Erschöpfung des Ätherleibes zurückzuführen. Der Ätherleib sollte im harmonischen Sinn in die Erde hineinfluten und eine Verbindung der Gefühle zu der Erdatmosphäre gewähren.

Es gibt spirituelle Wege beziehungsweise Übungen oder Übungsansätze, die eingesetzt werden können, die den Ätherleib aus dem physischen Leib herausziehen. Diese Übungsansätze, die den Ätherleib zum Levitieren bringen, gehören aber zu den Aberrationen, zu den Abirrungen, zu den Missverständnissen eines geistigen Weges. Wesentlich für die richtige, erbauende spirituelle Übung ist es, den Ätherleib in die Erde hinzuorganisieren und ihn nicht aus dem Physischen herauszuführen. Wie sieht das Bild aus, wenn der Ätherleib aus dem Physischen herausgebracht wird, wenn er durch gewisse Übungen aus dem Zusammenhang getrieben wird, aus dem normalen Eingebettetsein innerhalb des Ankergrundes im Körper? Es gibt eine ganz einfache Erscheinung, die dieses Herausfluten des Äthers empfindsam machen kann. In allen Situationen der Angst oder des Erschreckens beginnt der Ätherleib zu levitieren.

Stellt euch einmal vor, ihr steht an einem hohen Felsen und zehn Meter oder, sagen wir, fünf Meter unter euch ist das schöne, frische Wasser eines Sees und ihr rüstet euch jetzt für einen Absprung in das Wasser mental aus. In der Regel ist man in diesem Alter, in dem sich die Geistschüler befinden, nicht mehr so mutig und vollster Dynamik, dass man ohne Bedenken diesen Sprung gleich absolvieren könnte. Der Sprungturm ist hoch. Stellt euch einmal vor, ihr beginnt mit dem ersten Ansatz einer Armbewegung und wollt ernsthaft in den See hineinspringen, dann wird in der Regel aufgrund dieser Angst der Äther levitieren und ihr werdet förmlich das Gefühl haben, ihr müsst nun durch eine Hülle der Angst, durch einen aufwallenden Schatten hindurchspringen. Während die Beine zu zittern beginnen, während die Atmung etwas verklemmter wird und die mentale Entschlossenheit dennoch die Oberhand behält, steigt der Äther in der Regel ein wenig aus dem Ankergrund des Leibes heraus, das heißt, er flieht durch die Angst aus dem Körper, und es ist förmlich zu spüren, wie der Springer unmittelbar durch den Schatten der Angst ankämpfen muss. Das flaue Gefühl in den Beinen, die zittrigen Glieder zeigen an, wie der Ätherleib aus dem Physischen entflieht und wie der Springer durch eine verstärkte mentale Kraft sich selbst zur Ruhe ermahnen und seine Glieder kontrollieren muss. Förmlich sind Gefühle des Versagens oder der Ohnmacht wirksam, wenn eine Situation der Angst, der Überforderung oder des Schreckens über einem Menschen lastet. Der Äther ist spürbar in seiner Levitationstendenz erfahrbar.

Wenn jene Zustände der inneren Erschütterung, des Erschauerns, Erschreckens oder Angespanntseins ganz häufig sind, beispielsweise durch chronische Überlastungen, durch beständige Angstattacken, die auf den

Einzelnen einwirken, durch Überforderungen, durch Traumen, durch Ereignisse quälender Art, die die Seele nicht verarbeiten kann, dann reißt es förmlich den Ätherleib heraus aus dem physischen Träger und es kommt zu diversen Kompensationen, die eintreten müssen, um das Lebensgleichgewicht aufrechtzuerhalten. Bei genauer Beobachtung der Angst oder einer sehr spannungsvollen Situation ist es eventuell für den Schüler möglich, die Tendenz des Ätherleibes, wenn er aus dem Physischen herausflieht, zu beobachten. Der Ätherleib soll aber in seine Heimat hineinfinden, er soll in Zusammenhänge hineinorganisiert werden, er soll seinen physischen Träger, den Körper, in seiner Festigkeit nicht verlassen. Je besser er hineinfindet in das gegebene physische Dasein, um so günstiger kann auf der anderen Seite wieder der Beziehungsaufbau, die Kraft in eine positive Gedankenbildung beziehungsweise in eine schöpferische Gedankenbildung ausgerichtet werden. Flieht aber der Ätherleib durch Angst aus dem Zusammenhang des Leibes, so ist auch die schöpferische Gedankenbildung außerordentlich behindert. Der untere Teil des Äthers muss hineinorganisiert werden, damit der obere Teil des Äthers zur Verfügung steht, um schöpferische Gedanken zu bilden. Reißt es aber alle vier Glieder des Äthers durch Angst heraus, dann stehen nicht mehr in geordnetem Maße die Kräfte der Seele zur Verfügung. Eine Seelenpflege, eine Gesundheitspflege, eine natürliche Pflege richtiger Stimmungen auf dem geistigen Weg sind außerordentlich wichtig, damit dieser Ätherleib im richtigen Zusammenhang zum physischen Leib gehalten wird.

Für das ganze Beziehungsleben ist dieser Ätherleib so wesentlich, da er heute im gesamten Dasein nicht mehr so gut konstituiert, so gut und kraftvoll aufgeladen ist, wie es früher war. Wenn sich der Ätherleib erschöpft, dann wird das Beziehungsleben schwieriger, dann wird jede schöpferische Aktivität behindert und es entstehen meistens Einbrüche in der Gesundheit. Der Ätherleib, der heute dünner, schwächer wird, wird auch ganz häufig deshalb schwächer, da die Menschen nicht mehr so sehr gewohnt sind, eine Sache zu Ende zu führen oder eine Arbeit gediegen auszufertigen. In früheren Zeiten musste viel mehr Handarbeit und viel mehr Ausdauer, viel mehr Zeit investiert werden für die gewöhnlichen Tätigkeiten. Heute sind die Tätigkeiten rasend, gestaffelt, automatisiert, systematisiert, bezugslos, einseitig, überspezialisiert, und heute ist auch das kommunikative Leben anders geworden, denn die Sprache und die Begriffswahl erfolgen ohne Bewusstsein in sprunghaften Reaktionen. Wenn beispielsweise bestimmte Arbeiten, die angefangen wurden, nicht zu Ende geführt werden und erneut diese Labilität im Verhalten gewährt wird, dann schwächt sich in der Regel der Ätherleib ganz entschieden. Es ist der Ätherleib dahingehend zu stärken, dass jemand, der einen vernünftigen Entschluss fasst, sich auf Grundlage seines Entschlusses weiterentwickelt und diesen Entschluss bis zur letzten Konsequenz beibehält. Wenn jemand ein Ziel fasst, so soll er das Ziel nicht mit der ersten Schwierigkeit aufgeben, sondern soll das Ziel weiter durchführen lernen. Wenn jemand eine Arbeit begonnen hat, so soll er nicht während der Zeit aufhören und die Arbeit niederlegen, sondern soll sie bis zur letzten Konsequenz der Ausarbeitung fertig stellen. Selbst wenn jemand nur auf einen Berg steigt, wenn er sich diesen Zielpunkt vorgenommen hat, dann sollte er, wenn nicht gerade äußere Bedingungen wie schlechtes Wetter, Steinschlag oder gewisse andere objektive Verhältnisse direkt dagegen sprechen, sein Ziel möglichst aufrechterhalten und bis zu dem gewünschten Zielpunkt marschieren. Es stärkt das Bewusstsein der Ausdauer immer den Ätherleib.

Viele Beispiele gäbe es, wie der Ätherleib im Menschen gestärkt werden kann. Das Thema soll sich jetzt aber nicht nur auf die Beispiele, wie der Ätherleib gestärkt werden kann, ausrichten, sondern mehr auf die Erkenntnis des Ätherleibes und der viergliedrigen Äther. Ganz lapidar sprechen viele Menschen von den vier Elementen, von Feuer, Luft, Wasser und Erde. Eine wirklich heikle Frage wäre es, wenn nun jemandem die neugierige Frage gestellt wird: Was ist das Element des Feuers wirklich? Was ist das Element der Luft? Wie zeigt sich das Element des Wassers? Wie zeigt sich das Element der Erde? In Bezug auf die rein irdischen Träger, auf die irdischen Erscheinungsformen von Erde, Wasser, Luft und Feuer sind die Definitionen einfach, denn hier finden wir sichtbare Beispiele. Aber die reine, sichtbare Bestimmung kann mit dieser Elementenlehre nicht gemeint sein, denn es ist das Geheimnis im Äther, das sich in der Elementenlehre ausdrückt. So soll dieses Geheimnis im Äther in erster Linie erschlüsselt werden. Der Feueräther ist dabei außerordentlich interessant, denn der Feueräther gibt für den einzelnen Menschen eine sehr angenehme Stimmung und er gibt ihm viel Kraft, viel Innerlichkeit, viel Vermögen zu Beziehungsfähigkeit. Was ist aber der Feueräther? In Sanskrit wird der Feueräther mit *agni* benannt. Das Wort *agni* erscheint des öfteren in den Lehren des Yoga. Das Wesen des *agni* bildet eine gewisse warme Lebensgrundlage, und diese Substanz bildet die Grundlage für die Kraft zur Gedankenbildung und für die selbstbewusste Empfindung, für die selige Innerlichkeit, sie gibt eine natürliche Substanz zur Meditation.

Der Feueräther soll einmal näher betrachtet werden. Es stellt sich aber die Frage: Wie kommen die Schüler an diesen Betrachtungsansatz heran? Wie können interessierte Beobachter dasjenige betrachten, das im gesamten Prozess der Welt sich den menschlichen Sinnen entzieht? Die Schüler können sich als Erstes nur einmal über die Begrifflichkeit eine Vorstellung bilden, um was es sich handeln könnte, aber sie können noch nicht mit den Augen oder mit Instrumenten wie dem Mikroskop oder anderweitigen verfeinernden Untersuchungsgeräten diesen Feueräther direkt beobachten. Obwohl es schon sehr feine Instrumente gibt, die gewisse Ätherkräfte, das heißt Energiefelder sichtbar machen, so ist es dennoch schwierig, zu einer rechten, wahren Erkenntnis dieses Äthers und namentlich dieses Feueräthers zu gelangen. Die Betrachtungsansätze müssen auf diese Weise erfolgen, indem sich die Schüler auf dem Wege Imaginationen hingeben und diese Imaginationen so lange in Gedanken erwägen, bis sie selbst eine gleiche Substanz erzeugen, damit sie aufgrund dieses Erzeugens von Substanz, von gleichen Bildern oder gleichen Wesen das reale Gefühl, die ganz reale Empfindung bekommen, um was es sich im Äther handelt. Indem eine rege Bewusstseinsaktivität erfolgt anhand von Imaginationen, die eigenständig gedacht werden, entsteht mit der Zeit die Sicht und Schau zu den inneren Wesenheiten. Es könnte nun die Frage gestellt werden, die zu einem Einwand hinführt, der besagt: Es gibt sicher viele unendliche Eindrücke in der geistigen Welt und diese unendlich vielen Phantastereien der geistigen Welt geben niemals eine Objektivität, sie können niemals ein objektives Kriterium zulassen. Rudolf Steiner und auch die Rosenkreuzer betrachteten aber diese Tatsache immer anders. Sie betrachteten die Tatsache, dass sie mit einem ganz klaren Forschungshintergrund auch zu den gleichen Inhalten kommen müssen. Tatsächlich dürfen wir die geistige Welt in diesem Sinne auch als eine objektive, erforschbare und genau belegbare Welt betrachten, eine geordnete, nach Gesetzen ausgerichtete Welt, die um uns herum gegeben ist. So, wie diese objektive Welt mit Licht und Erde oder Wachstum und wachstumsfördernden Kräften aus Wärme und Licht zusammenwirkt und diese objektiv bestehen, diese nicht dem Zufall entspringen, so sind auch jene Kräfte, die im Menschen veranlagt sind, die zwar unendlich vielfältig veranlagt sind, aber die gegeben sind in einem Leib, auch objektiv erfahrbar, sie sind benennbar. Wer zu dem Eindruck kommt, was der Ätherleib, der

Feueräther ist, der wird auch ganz naturgegeben feststellen, dass es sich bei diesem Feueräther um eine ganz objektiv erfahrbare Tatsache handelt. Hierzu muss aber der Schulungsweg geordnet gegangen werden, um zu der authentischen Erfahrung hinzukommen.

Wir stellen uns einmal die einfache Frage: Was macht den Menschen schön? Was macht ihn grazil? Was schenkt ihm innere Aufrichtekraft? Was macht ihn tatsächlich edel, schön in seinem Aussehen, in seiner ganzen Art, wie er im Leben steht? Ich habe scherzhaft die Frage gestellt, und ihr könnt jetzt darauf sagen: Der Feueräther ist es. Natürlich stellt uns diese kurze Betrachtung nicht sogleich zufrieden, aber welche Empfindungen entstehen, wenn wir uns einmal dieser Frage inniglich hingeben: Was macht den Menschen warm, was macht ihn inniglich, was macht ihn von innen heraus schön und selbstbewusst, was macht ihn wirklich offen und gleichzeitig inniglich stabil? Der Begriff »Schönheit« heißt nicht, dass er sich verliert in irgendwelchen weltlichen Emotionen, aber es heißt auch nicht, dass der Einzelne damit eine Art Rückzugstendenz, die abgeschlossen ist, die sich schizoid abgespalten nach außen verkündet, lebt. Schönheit in dem Begriff, wie er hier verstanden werden soll, wie er etwas erweitert über das herkömmliche, normal definierte weltliche Leben hinaus existiert, bedeutet, dass der Mensch in sich ruhend, in sich stabil, in sich klar, in sich geistesgegenwärtig ist. Er ist aber nicht abgeschlossen, er ist offen, er ist in der klaren Würde der Gemeinschaft und in der Ordnung eines pietätvollen Lebens. Die Substanz des *agni*, des Feueräthers, schenkt ein inneres Selbstbewusstsein, das zur Schönheit nach außen wird. Indem sich nun der Schüler, der diesen Feueräther erkenntnispraktisch sucht, dieser Frage hingibt: Was macht den Menschen grazil, schön, ruhig und innerlich, wird er die innere Wärme entdecken.

Die Farbe des Feueräthers ist blau. Den großen Heiligen ordnet man in der Regel den Farbton blau zu. Auf dieser Grundlage des Feueräthers entsteht in der Regel auch jede erfolgreiche Meditation, die Kraft zur Tugend, das Selbstbewusstsein zur Entwicklung einer gesunden Aktivität und Beziehungsaufnahme. *Agni*, das innere Feuer, das Feuer im Äther, das Feuer im Leibe, soll so stabil werden, dass es dem Menschen die Kraft gibt, nach außen die Tugend, die Kraft zum Geben, die Kraft der Liebe entfalten zu können.

Ein Gegenbild darf zu dieser Anschauung herbeigeführt werden. Das Gegenbild des Feuers, des eigentlich verankerten Feueräthers, entsteht durch das sogenannte *rasa*, durch die bewegte, durch die unruhige Energie. Das *rasa* ist ein Ausdruck von *rajas* oder *tamas*, der unteren *guṇas*. Dieses Gegenprinzip ist ein Feuer des Begehrens, es ist nicht ein innigliches, pietätvolles Feuer, das zur Lebensgrundlage führt, sondern *rasa* ist ein Feuer des leidenschaftlichen Nehmens, des Aufgepeitschtseins, es ist in Wirklichkeit genau das unruhige Prinzip, das nicht die Lebensgrundlage sein kann, das sich nicht wirklich mit dem Selbstbewusstsein verbindet. So gibt es eine Wärme, die im Menschen die Schönheit bringt, und es gibt aber auch eine Kraft, die scheinbar ganz nahe mit dieser Wärme oder mit dem Feuerelement verwandt ist, die aber eigentlich gar nichts zu tun hat mit dem wahren Feueräther und die geradewegs das Gegenteil darstellt, die *rasa* ist und Unruhe, unendliches, begehrendes Ausschweifen darstellt. Beide Ausstrahlungen können Wärme erzeugen, aber diese Wärme ist naturgegeben völlig unterschiedlich. Die Wärme, die zu einer Raumoffenheit, zu Empfindung und Pietät führt und die andere Wärme, die den Raum erhitzt, die Nervosität darstellt, dürfen wir uns folgendermaßen vorstellen. Diese Vorstellungen geben geradewegs den Inhalt für die Entwicklung der weiteren Imagination. Es tritt jemand mit einem Gespräch zu einer Gruppe von Personen hin. Nun kann das Gespräch so ausgerichtet sein, dass der Sprecher den Raum der anderen besetzt, dass er förmlich Raum für sich einnimmt und seine Mission oder seine Art Vorwürfe oder seine Meinung den anderen aufdrängt, so dass das Wort wahrlich Raum im Sinne eines Verdrängens anderer Positionen und Gefühle einnimmt. Damit ist das Prinzip des Begehrens, der Unruhe, der Angst, der Leidenschaft angekündigt. Es ist nicht der Feueräther, sondern es ist eine Hitze, eine unruhige Begehrenskraft, Begehrensglut, die sich ausdrückt. Der Feueräther im richtigen Sinn aber, der im Menschen angeregt ist, gibt eine Raumoffenheit, das freie Prinzip, die Kraft zur Anerkennung, so dass die andere Persönlichkeit im Gegenüber gewahrt wird, und so frei bleibt. Wenn ein richtiges *agni* angelegt ist, wenn es richtig ausgestaltet ist, dann treten Menschen zueinander und dann lassen sie durch ihre Art der Lebenskräfteorganisation einander frei. So ist die Entwicklung des Feueräthers eine ganz wichtige Disziplin. Die Entwicklung von Anerkennung und Pietät und gleichzeitiger Ich-Bewusstheit kann auf verschiedenen Wegen erzeugt werden. Die Offenheit im Sinne einer Äthergrundlage und eines wachen Bewusstseins gewährt dann die Möglichkeit zu Anerkennung und zu Achtung. Die Anerkennung gibt den umliegenden Menschen Raum. So kann, wie im Beispiel angesprochen wird, ein Sprecher zu einer Gruppe hingehen und die anderen respektieren, gewähren lassen, erheben, die anderen im Raum zur Offenheit führen, ihnen Beziehungsmöglichkeiten einräumen. Dadurch ist die Begegnung würdevoll, die Begegnung ist viel geordneter und erbauender.

Das Prinzip des Feueräthers sollte durch geeignete Übungen gefördert werden. Die Übung ist innerhalb einer exoterischen Ordnung eines Lehrsystems bekannt. Ich wiederhole einmal diese Übungen. Die Schüler wenden sich beispielsweise einer religiösen Schrift hin. Indem sie sich einer religiösen Schrift hinwenden, sollten sie auf der einen Seite ihre Meinung zurückhalten und auf der anderen Seite die Schrift als eine inspirative Quelle annehmen oder zumindest als eine Quelle achten, die noch nicht vollendet verstanden wird. Indem diese Positionsverteilung entsteht, indem eine Zurückhaltung des eigenen konsumorientierten Begehrenspotentials und ein klares Hinschauen, klares, bewusstes Erkennen oder bewusstes Wahrnehmen des anderen, der anderen Quelle erfolgt, und indem weiterhin respektiert wird, dass alle Worte oder alle Botschaften, alle Aspekte des Lebens aus einer eigenen, originalen Quelle kommen und sie dadurch immer eine freie Willens- und Individualenergie tragen, indem diese Ordnung respektiert wird, entsteht schon ein würdevolleres Prinzip zueinander und ein klareres Sehen. Es muss der Mensch in seinem Leben oftmals diese Meinung bei sich korrigieren, den anderen sogleich verstehen zu können, ohne den anderen wirklich in seinem Sein, in seinem originalen Sein zu erfassen. Viele Korrekturen sind im menschlichen Miteinander notwendig. Es muss aber auch der einzelne Schüler auf seinem Pfad dieses Prinzip auf rechte Weise bewältigen lernen, das in ihm liegt, das ist das Begierdeprinzip. Er muss seine Begierde aus seinen Worten herausnehmen, er muss lernen, die Begierde zurückziehen zu können, er muss die Begierde so auch aus dem religiösen Zugriff herausnehmen können, damit er mit seinen Übungen nicht beständig in eine andere Region begehrlich eindringt. Er muss zuerst einmal das Objekt, beispielsweise den Textlaut, frei in der Betrachtung lassen können, damit das Begierdeprinzip nicht sofort einen Schleier um sein Bewusstsein legt und er die Worte für sich im Anspruch des Wissens nimmt. Der Feueräther wird auf diese Weise geschult, wenn beispielsweise ein klares exoterisches Prinzip entsteht oder ein klar geordnetes Bewusstsein entfacht wird, das sich in die Begegnung mit bewusster Anerkennung der Verschiedenheit und des Einzigartigen und aber auch des Respektes vor Wahrheit ausrichtet. Alles Würdevolle, alles Verehrende, das auf wahren entwickelten Gefühlen, nicht auf auferlegter Devotion beruht, fördert den Feueräther.

Es gibt keine größere Kraft als *bhakti-yoga*, die den Feueräther fördert. *Bhakti-yoga* beruht aber auf dem Bewusstsein, dass der Einzelne sich selbst in der Bedürftigkeit und den anderen in einer Freiheit erlebt beziehungsweise den anderen in irgendeiner Weise verehren kann, da er bei dem anderen höhere Aspekte sieht. Das verehrende Prinzip richtet sich in der Regel von einem Schüler zu einem Lehrer, aber es sollte sich grundsätzlich nicht nur von einem Schüler zu einem Lehrer richten, sondern es sollte sich zu der ganzen Weltschöpfung in Beziehung bringen. Es sollte nicht eine Hingabe im Sinne eines strengen Bandes zwischen Lehrer und Schüler allein entstehen, sondern die Hingabe, die *bhakti*-Kraft, die innere Liebe des Hingegebenseins soll sich ausdrücken durch eine Wahrung der Schöpfungsprinzipien und eine Anerkennung der Weisheiten des irdischen und universalen Daseins. Das verehrende Prinzip entsteht auch dann, wenn ein hohes Ziel im Menschen eingedrungen ist, wenn ein hohes Ziel aus dem Menschen gewünscht wird. Je höher seine Ziele sind, desto leichter kann er sich in der Verehrung zu der Welt hingeben.

Die Schöpfung kann in diesem Sinne erfahren werden, dass sie eine Ausdrucksform darstellt, die aus dem Feuer geboren ist und die aus dem Feuer heraus in elementarer Weise gebend wirkt. Jeder Mensch kann aber ebenfalls wie aus diesem Feuer geboren erfahren werden, denn jeder Mensch trägt eine Mitteilung in das Leben herein und bietet wieder eine großartige Gelegenheit durch sein Feuer zur Erfahrungserweiterung und zur Vervollkommnung des gesamten Lebens. Die Feindesliebe soll in diesem Zusammenhang auch verstanden werden. Die Feindesliebe bedeutet aber nicht, dass der Mensch, ich habe das schon öfters ausgeführt, wenn er in das Duell mit jemand tritt, sich nicht rechtfertigen darf oder sich nicht in der Gegenwehr behaupten darf. Einen Rückzug beschreibt die Feindesliebe nicht, sondern die Feindesliebe heißt so viel, dass die Kraft der Liebe alle Geschöpfe umspannen soll, die artigen wie die unartigen. Wenn beispielsweise Vivekananda einmal einen Priester, der immer über den Hinduismus genörgelt hat, heftig am Kragen genommen hat, ihn über den Schiffsbug hinausgehalten und genötigt hat: »Wenn du noch ein Wort sagst, dann wirst du schwimmen«, dann heißt das nicht, dass Vivekananda keine Liebe in seiner Seele gehabt hätte, sondern er wollte den verleumderischen Worten und dem Dämon im anderen nur ein Ende bereiten, wollte ihm eine menschliche Schranke weisen. Wenn wir ein derartig affektives Beispiel nehmen, dann würden wir niemals das Liebesgebot darin verletzt sehen, sondern wir würden nur normales menschliches Verhalten darin konstatieren. Die Feindesliebe, die Verehrung dem Leben gegenüber, die Liebe zu allen Geschöpfen, die Liebe, die sich als eine Kraft zeigt, ist darin verankert, dass der einzelne Schüler auf seinem Pfade eine unweigerliche Angst vor sündhaften Prinzipien entwickelt, Schmerz gegenüber Verleumdungen spürt und eine Freude entwickelt zu dem Schönen im Leben, zu dem Gehaltvollen und Wahren und dem, was das Leben entgegenkommend mit Weisheit bereichert. Ganz natürlich werden sich die Gefühle ordnen, wenn jemand ein hohes Ziel des Geistes entwickelt. Den Feueräther sehen wir darin gegründet, dass er das Grundprinzip der Anerkennung, das Grundprinzip einer Selbstkraft im Menschen verankert und dem Menschen selbst Einordnung gibt. Diejenige Einordnung wird durch den Feueräther gegeben, die ein harmonisches Beziehungsmiteinander gewährt.

Eine andere Ätherart ist der Lichtäther. Alle Übungen, die zu der Erkenntnisbildung des Äthers ausgerichtet sind, schenken naturnahe und innigliche Empfindungen. Die Übungen mit dem Äther sind leicht zugänglich, es müssen nur die Imaginationen in bestimmten Sätzen ganz genau genommen werden und es müssen gute Empfindungsbetrachtungen im Anschluss erfolgen. Den Lichtäther können wir beispielsweise an der Pflanze betrachten oder auch am Menschen. Der Lichtäther, der sich im gesamten Licht des Kosmos ausdrückt, ist außerordentlich wichtig für das Beziehungserleben, für das produktive Miteinander und für das Gefühl des Verbundenseins. Der Lichtäther ist nahe verwandt mit dem Astralleib, während der Feueräther nahe mit dem Ich verwandt ist. Der Lichtäther kann auch mit dem Sanskritbegriff *jyoti* benannt werden, als *jyoti*, das Licht, das im Menschen lebt und das als großartige Gabe in der Schöpfung existiert, das Licht, das leuchtet, das die Erleuchtung einmal gewähren möchte.

Die Frage wurde im Schulungskurs schon angeregt, wie die Lichtfülle einer Pflanze erkannt werden kann. Dazu sollte sich der Schüler dem gewählten imaginativen Meditationssatz hingeben, er sollte sich ganz bewusst dem Gefühl widmen, ob bei der Betrachtung die Pflanze mehr in den Raum oder dem Seelenwesen entgegenströmt oder ob sie sich selbst mehr verschattet. In genau gleicher Betrachtung kann sich der Einzelne dem Miteinander hingeben. Er kann seine Mitmenschen betrachten und die Frage stellen: Wie ist das Gefühl des Aufeinander-Zugehens? Sind die Worte offen, gehen sie in den Raum hinein, öffnen sie sich in eine Weite oder bewirken sie eher ein

Zurückziehen, ein Verschlossensein? Menschen, die stark vom Lichtäther geprägt sind, sind in der Regel sehr offen nach außen, sehr gesprächig, sehr freudig. Sie sollen aber nicht mit dem astrologischen Typus, der dem Luftelement entspricht, verwechselt werden. Derjenige, der astrologisch gesehen mehr das Erdelement in sich trägt, ist vielleicht schwerer, langsamer, aber es heißt nicht, dass er weniger Seele in sich trägt als beispielsweise der Sanguiniker, der das Luftelement vorzugsweise in sich trägt. Der Lichtäther gibt über die Temperamente hinaus eine natürliche Berührung, natürliche Freude, Natürlichkeit in der Bewegung nach außen. Er kann in dem Sinn erforscht werden, indem sich der Schüler dem Bewusstsein hingibt: Wie wirkt der andere nach außen? Wie wirkt er weitend nach außen? Der Lichtäther bereitet immer eine natürliche Weite vor. Der Lichtäther ist auch mit dem entwickelten *maṇipūra-cakra* verbunden, das ist das Zentrum der Weite. Obwohl dieses Zentrum auch mit dem Feuerelement sehr nahe verwandt ist, so ist doch der Lichtäther ganz wesentlich in dem *maṇipūra-cakra* verankert, während der Feueräther ganz wesentlich mit dem entwickelten Herzzentrum, *anāhata-cakra*, verbunden ist.

Im Sinne des Beziehungslebens ist dieser Äther außerordentlich bedeutungsvoll, denn wenn er gut entwickelt ist, dann sind Klärungsschritte leichter in die Wege zu leiten, dann ist ein Dialog eleganter, viel freier und erfolgreicher zu bewerkstelligen. Ist einmal der Lichtäther vollkommen erloschen, vollkommen verschattet, dann entwickelt der Mensch in der Regel einen psychologischen Selbstrückzug, so dass er für eine Kommunikation von außen her nicht mehr richtig erreichbar ist. Die Formen der Spaltungen und viele psychotische Neigungen beruhen fast immer auf jener Tendenz, dass sich dieser Lichtäther weitgehendst zurückzieht und der Mensch dadurch eine enge, eingeschnürte Kreisbewegung bei sich selbst einnimmt und er sich schließlich bis in katatone Wahnvorstellungen im Irresein verliert. Der Lichtäther schützt aber den Menschen vor einer subjektiven, psychologisch fixierten Eigendrehung und, wenn er gut durch das Feuer und allgemein gut und stabil organisiert ist, vor den zu starken Einbrüchen des Körperlichen. Der Lichtäther ist immer heilsam. Licht im Menschen ist angenehm für die gesamte Ausstrahlung, ist heilsam für die verschiedensten Funktionen, ist auch angenehm für die Worte, für die Tätigkeiten, für die Gefühle, die sich nach außen verkünden. Es könnten sich gar keine richtigen Gefühle nach außen verkünden, wenn der Lichtäther nicht lebendig vorhanden wäre. Ein *jyoti* muss im Menschen ausstrahlen und eine Freude verkünden.

Schließlich kommen wir zu einer weiteren Ätherart, zu dem chemischen Äther. Dieser chemische Äther wird von Rudolf Steiner auch als der Klang- oder Tonäther bezeichnet. Es gibt verschiedene Betrachtungen zu diesem Klang-Ton-Äther von anthroposophischer Seite her. Die anthroposophische Betrachtung folgt ganz nahe dem Weg, dass dieser Klangäther sich darin verkündet, und das ist eine durchaus recht schöne Vorstellung, dass beispielsweise, wenn der Baum oder die Pflanze nach oben wächst, sie sich wie im Tönen diskret verströmt. Der materielle Abkömmling von allen Tönen ist das Wasserelement. Das Wasser als physische Erscheinung sammelt sich zu einem See oder es sammelt sich im physischen Sinne zu einer Lake, es hat die Tendenz, sich zu ballen. In der Pflanze aber steigt dieses Wasserelement hoch und sucht sich auf zentrifugale Weise wie eine Musik den Weltenraum zu erobern. Im Allgemeinen ist in den hochsteigenden Zweigen, Blättern und Blüten der Äther selbst erahnbar.

Zu dieser Betrachtung soll aber nun ein spezifischer Gedanke hereingeführt werden, der diesen chemischen Äther leichter sichtbar macht. Es ist möglich, eine Blume abzuschneiden und sie in die Vase zu stecken, oder es ist auch möglich, dem Menschen einmal eine Woche lang die Nahrung zu entziehen. Die Pflanze lebt, nachdem sie abgeschnitten ist, noch mit ihren Funktionen einige Tage weiter. Sie kann beispielsweise dennoch ihre Blüten öffnen, und auch der Mensch, wenn er einmal für eine Woche das Essen unterbricht oder auch seine normalen versorgenden Tätigkeiten einmal unterlässt, lebt dann dennoch weiter. Die Funktionen bleiben für eine gewisse Zeit aufrecht. Nun kann die Frage gestellt werden: Welche Kraft ist es, die diese Funktionen der abgeschnittenen Blume noch aufrechterhält? Was geht im Menschen vor sich, dass die Funktionen trotz außenstehender Belastungen noch aufrecht bleiben oder dass er trotz Nahrungsentzug noch gut weiterleben kann? Die Antwort sollte natürlich nicht auf ganz triviale oder auf materielle Weise geschehen. Es soll nun der Betrachtungsansatz dorthin gehend gelenkt werden, dass etwas Geheimnisvolles geschaut wird, das der Aspirant mit physischen Augen nicht sehen kann. Indem auf diese Weise die Frage gestellt wird, was die Pflanze aufrechterhält, nachdem sie abgeschnitten ist, was den Menschen aufrechterhält, wenn er einmal für eine gewisse Zeit seine natürlichen Funktionen, seine Ernährungsfunktionen unterbricht, wird die Blickrichtung aufmerksam auf den chemischen Äther. Das Bewusstsein kommt zu sehr feinen Empfindungseindrücken und bemerkt, dass es einen Äther gibt, der im Dasein wirksam ist und der eine gewisse Geschlossenheit im Wesen erzeugt. Innerhalb der Hülle, innerhalb der Haut oder innerhalb der Struktur der Pflanze bleiben noch chemische Funktionen aufrechterhalten. Wird die Pflanze einmal ganz dem Verdörren anheimfallen, dann ist dieses Bild nicht mehr nachvollziehbar. Das Bild ist aber bei der saftvollen Pflanze nachvollziehbar und kommt dem Betrachter lebensvoll entgegen, denn es zeigen sich lebendige Ströme, die im Chemismus einen Ausdruck finden, aber die tatsächlich auch durch einen Leib und das ist der Ätherleib, vollzogen werden. Der Ätherleib in diesem Sinne hält die Funktionen aufrecht.

Indem sich ein Schüler einer solchen Vorstellung hingibt und für fünf bis zehn Minuten einmal eine Betrachtung absolviert, bekommt er ein Gefühl, das in jene Richtung tendiert, das sich wie ein schattenhaftes Grün zeigt. Er bekommt mit dem chemischen Äther nicht das Gefühl eines hellen, freudigen Farbtones, sondern eher eines Tones, der in sich geschlossener wirkt. Es ist dies ein Gefühl, und dadurch markiert sich die Farbe des Äthers.

Als Viertes lässt sich der Äther von dem Erdelement oder von dem unmittelbaren Keim des Lebens deuten. Der Lebensäther bildet die innerste Grundlage zur Inkarnation. Der Lebensäther hat eine ganz eigentümliche Tendenz, er gibt dem Menschen eine Kraft zur Entfaltung von innen heraus oder gibt einen Ankergrund im Inneren. Dieser Ankergrund muss tatsächlich gut, gediegen, fest sein, er muss tief eingedrungen sein. Der Ätherleib ist fester im Menschen verankert, wenn dieser innerste Teil in seinem Keimgrund kraftvoll ist. Der Ätherleib wird aber leichter levitieren, sich leichter verflüchtigen, wenn der Lebensäther schwach ist. Dieser letzte Äther ist geistig gesehen mit dem Element des Werdens zur Festigkeit verbunden. Mit diesem Element der Erde hat er offensichtlich keine Gemeinsamkeit, bei näherer Betrachtung jedoch zeigt sich die Verwandtschaft. Die Erde, das Feste, die feste Stofflichkeit, die das Auge betrachten kann, die die Hand berühren kann, ist ein gewisser Abkömmling von diesem inneren Element. Dieses Ätherelement in der innersten Lebenshülle, in der Lebenssubstanz selbst, ist verantwortlich dafür, dass es ein Keimen und eine Verankerung dieses Keimes in der Erde gibt.

Wie nähern sich die Schüler diesem Element an? Wie beginnen die geistigen Augen, dieses Element zu schauen? Die Schüler stellen sich ganz einfach die Frage: Was verankert die Energie, das Leben im Menschen? Der Lebensätherleib ist in unmittelbarer Deutung die Energiefülle des Menschen. Wie oder welche Kraft verankert diese Lebensenergie im Körper? Indem sich der Schüler dieser Frage hingibt, entwickelt er ein Empfinden, das sehr schön, sehr zart wirkt und das etwa der Farbe Rosa entspricht. Diese Farbe ist der Ausdruck für das Ätherelement in der untersten Lebenssubstanz. In diesem Sinne kann der Ätherleib erforscht werden.

Nun kehren wir wieder zurück zu dem Beziehungsleben und stellen nun die Frage: Wie muss der Äther ausgerichtet sein, wie müssen die vier Äther im Menschen ausgestaltet sein, damit sie eine ausgeglichene Grundlage geben und der Mensch in sich selbst beziehungsfähig ist? Den durch Erziehung ausgeglichenen Ätherleib benötigen wir als Verbindungsleib zu den erstrebenswerten geistigen Daseinsstufen und zu einem Wohlgefühl, zu einem angenehmen, heimatlichen Geborgensein in der Erde. Wenn dieser Ätherleib nun unstimmig ist, wenn er zu viele Spannungen, zu viele Erschöpfungen aufweist, dann wird sich der Mensch auf der einen Seite schwer in dem geborgenen Fühlen der Welt tun, er wird sich nicht so leicht aufgehoben, nicht angenommen fühlen von der Erde und er wird auf der anderen Seite aber auch eine recht schwierige Position einnehmen, denn er wird sich eher getrieben fühlen zu den geistigen Welten, aber noch nicht in der Ruhe, in der Klarheit, in der wirklichen Freude, in der wirklichen sehnsüchtigen Aspiration nach einem geistigen Leben ringen. Der Ätherleib vermittelt die Harmonie zwischen Oben und Unten, zwischen einem Streben aufwärts und einem Fühlen zur Erde hin.

Es wird sehr deutlich, dass Traumen, die in den Menschen eingedrungen sind, psychische Traumen, Gewaltanwendungen, Mächte der Manipulation, Bosheiten oder Gemeinheiten, geradewegs den Äther in Spannung versetzen, diesen Ätherleib erschüttern, ihn zur Levitation treiben und damit schließlich eine Disharmonie in der Zuordnung der Äther erzeugen. Deshalb kann es sein, dass jemand, der ein Trauma erlebt, in seinem Ätherleib erschüttert ist und zwar im untersten Lebensäther. Dann ist das Organ der Lunge betroffen, denn der Lebensäther ist am nähesten mit dem Organ der Lunge verbunden. Wird aber der Äther entsprechend durch traumatische Einflüsse dort erschüttert, wo das Wasserelement sitzt, dort, wo der zweite Teil des Äthers sitzt, dann ist die Leber betroffen, dann befindet sich vorzugsweise die Leber in einer einseitigen, schwachen Stoffwechselfunktion, die disharmonisch zu dem gesamten Leibgebilde wirkt. Ist der Lichtäther betroffen, beziehungsweise ist ein Einbruch durch traumatische Einflüsse in dem Menschen geschehen, wodurch sein natürliches Selbstverständnis, sein natürliches Miteinander-Fühlen, sein Miteinander-Auskommen, sein freundschaftliches Verhältnis zur Welt erschüttert wird, dann kann das Nierenorgan betroffen sein. Und als letztes, wenn der Feueräther erschüttert wird, wenn das Herzorgan unmittelbar betroffen ist, dann kann dort eine entsprechende Krankheit eintreten, es können Rhythmusstörungen, Entzündungserscheinungen oder andere pathologische Kräfte wie Hysterie eintreten.

Die vier Äther sind mit den vier genannten Organen verbunden. Die Einflüsse, die durch Erziehung oder durch Unannehmlichkeiten von der Welt kommen, durch Ängste hereintreten, bringen meist eine gewisse organische Disposition, sie bringen ein bestimmtes Verhältnis in die vier Hauptorgane, und auf dieser Grundlage entsteht schließlich eine entsprechende Stoffwechsellage, die sich darin ausdrückt, dass die Eiweißbildung und auch eventuell die gesamte Art der Stoffumsetzung auf spezifische Weise stattfindet. Durch die geistige Schulung wollen wir eine möglichst gute Grundlage in den Äthern erzeugen, damit auf dieser Grundlage ad libitum sehr viel Kraft freigesetzt werden kann für das weitere schöpferische Dasein. Es versteht sich nun von selbst, dass es für den Schüler schwer ist, wenn er einen Einbruch in der Kindheit erlebt hat, der ihm sein organisches Gleichgewicht zum Erschüttern gebracht hat, die natürliche Entwicklung des schöpferischen Gedankenlebens ohne Hindernisse zu lernen. Es ist beispielsweise plötzlich eine schizoide Neigung eingekehrt, das Nierenorgan ist gestört, und diese schizoide Neigung macht ihn in seiner Art Beziehungsaufnahme zu einem Geistigen erst einmal unfähig. Oder es ist das Lungenorgan von Einbrüchen heimgesucht, und nun ist es für den Einzelnen schwer, eine wirklich bewusste schöpferische Gestaltung in die Seelenkräfte selbst hineinzubringen, beispielsweise eine schöpferische Gestaltung in die Gedankenplastizierung zu legen, da ihm ein realer Teil der Lebensenergie fehlt. Es fällt ihm dann schwer, den Gedanken aus dem mehr asketischen, eventuell zwanghaften Urgrund herauszuheben, aus gewissen fixierten Vorstellungen herauszubringen und zu einer lebendigen, bewegten, weiten Gedankenbildung zu kommen. Diese Organe können aber durch eine entsprechende Übungsweise ganz langsam therapiert werden, es kann das Äthergleichgewicht durch Schulung entwickelt werden. Es können damit Möglichkeiten entstehen, die langsam alte Einflüsse und disharmonische Tendenzen heilen und die Schöpferkraft zu einem gewissen Grad wieder aufrichten. In diesem Sinne ist auch die Bemühung dieses Studiums ausgerichtet. Die Bemühung ist nicht dorthin ausgerichtet, Lustgefühle zu entwickeln, die sich vorteilhafter für das Leben zeigen, sondern sie ist sehr wesentlich darauf ausgerichtet, die Gesundheit im Leibe so zu entwickeln, dass möglichst viel Liebeskraft nach außen entfaltet werden kann. Es soll ein Feueräther und ein guter Lichtäther herangebildet werden, weiterhin soll sich in der ganzen Schulung der chemische Äther geschlossener darstellen und es soll die Kraft erfolgen zum sprießenden Keimen des Leibes aus der Mitte der Erde im Sinne des Lebensäthers.

Die geistige Schulung beziehungsweise die geistige Zielsetzung soll allem Anfang vorangehen, denn sonst wird das Nächstfolgende immer missverstanden werden. Wenn das geistige Ziel nicht die höchste Antriebsquelle für den Menschen ist, dann wird er auf den weiteren praktischen Grundlagen, auf den praktischen Wegen allzu leicht zu einem Abirren verführt.

Eine graphische Darstellung kann den Ätherleib in ein abstraktes Bild rücken. Die Äther arbeiten wie im Widerstreit, so wie die Elemente mehr oder weniger auch im Widerstreit arbeiten. Die Kräfte von oben vertragen sich nicht mit den unteren Kräften, wie das auch in der Astrologie bekannt ist. Die Luft- und Feuerzeichen in der Astrologie vertragen sich nicht mit den Erd- und Wasserzeichen, deshalb sollten Paare in diesem Sinne nicht zusammengehen, so heißt es wenigstens nach der Astrologie. Dass es aber doch anders sein kann und dass sich der Mensch durch das Ich darüber hinaussetzt, zeigt natürlich das praktische Leben. Deshalb ist es nur von relativer Bedeutung, wenn ein Luftelement mit einem Wasserelement zusammenkommt und beide heiraten. Die Elemente jedenfalls streiten in sich, denn das Feuer verträgt sich nicht mit dem Erdelement, das Feuer erlischt durch das Wasserelement und auf der Gegenseite will das Wasser nichts wissen vom Feuer. Sie streiten miteinander. Tatsächlich ist geistig gesehen auch im Organischen immer ein gewisses Spannungsfeld gegeben. Der ganze Stoffwechsel muss sich einerseits in Harmonie aber andererseits immer in Spannung bewegen. Im äußeren Raum der Weltenschöpfung sehen wir dieses Spannungsfeld auch, indem der Raum in einer Spannung gehalten werden muss. Der Äther, der im Raum draußen lebt, hält die Planeten in der rechten Bahnzuordnung in einem Spannungsfeld. Ohne Äther würde dieses Spannungsfeld nicht bestehen. Nun gibt es den obersten Äther, den wir als Lichtäther bezeichnen können, beziehungsweise in dieser Darstellung wird er die oberste Spitze einmal einnehmen. (Es wird an die Tafel geschrieben.) Dann kommen wir zum chemischen Äther und schließlich zum Erdelement, zum Lebensäther, nehmen wir hier einfach das Erdelement, das Luftelement und das Wasserelement. Damit hätten wir mit diesen drei Äthern ein auf der Spitze stehendes Dreieck, das sich in einem Spannungsraum befindet. Das Lichtelement ist mit einer Bestrebung nach außen verbunden, das Wasserelement ist mehr mit der Geschlossenheit in Verbindung, aber es strebt auch zu einem gewissen Grad nach außen und es strebt auch, wenn wir es genau nehmen, zu einer Harmonie in der Gravitation, es versucht dahingehend auszugleichen, dass die Chemie des Blutes im Körper nicht zu schwer und nicht zu leicht wird. Tatsächlich finden wir auch eine ganz nahe Verwandtschaft zum Leberelement, denn die Leber darf den Körper nicht zu sehr beschweren, sie darf aber auch nicht in die Manie flüchten, sie muss Gleichgewicht erzeugen, sie muss im ganzen chemischen Haushalt sehr viele Gleichgewichtsfunktionen aufrechterhalten.

Das Lichtelement ist die Offenheit nach außen, das Erdelement ist die Verankerung hinein in den Körper. Das Wasserelement ist ein gewisses Gleichgewichtselement, das sich in der seelischen Fähigkeit der Empathie ausdrückt. Denn wenn die Geschlossenheit im Leibe richtig besteht, dann ist die Leber von ihrer Kraft her fähig zur Empathie, das heißt, die Fähigkeit, sich in Gedanken in einen anderen richtig hineinzubegeben, entsteht aus dem harmonischen Gleichgewichtszustand zwischen zu starker Schwere und zu starker Levitation. Den Feueräther erleben wir aber anders. Die Darstellung ist jetzt nur einmal eine Form der abstrakten Graphik, eine Form des bildhaft-abstrakten Darstellens.

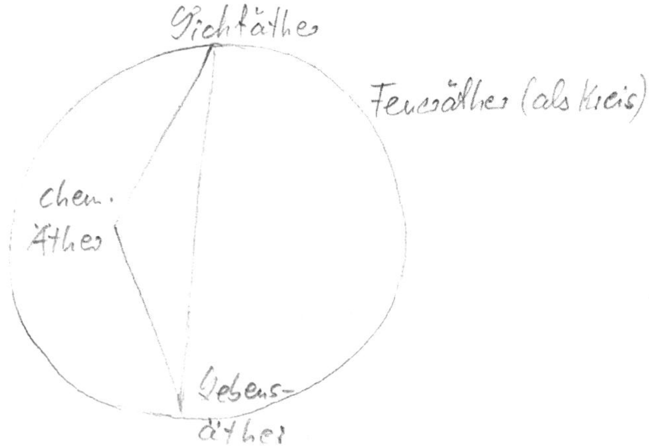

Es kommt aber gerade dann zu einem wesentlichen Bewusstsein, das die Schüler in der Idee entdecken können und das sie in der Analogie in diesem Sinne direkt offenbaren. Wir könnten den Feueräther so zeichnen, dass er rundend, umschließend wirkt und die Persönlichkeit in allen Teilen umschließt. Im Kreis finden wir das auf die Spitze gestellte Dreieck. Es fehlt aber tatsächlich noch etwas Wesentliches. Tatsächlich ist es eine doch wesentliche Aussage, dass der Mensch seine Mitmenschen braucht, und zu seinem Fortschritt braucht der Mann die Frau und die Frau den Mann, deshalb fehlt hier tatsächlich der andere noch. Es wird immer ein Gegenüber gebraucht, das ebenfalls mit den gleichen Elementen in diesem Spannungsfeld steht. Auf diese Weise kommen wir, wenn wir die Ecken nun nehmen, zum Sechseck. Das Sechseck wäre der Ausdruck des Ich. Indem sich der Ätherleib organisiert, indem er durch das Ich belebt wird, indem er in den Werkprozess durch den Astralleib eingebunden wird, indem Beziehungen aufgenommen werden, indem eine Arbeit in der Durchgestaltung der Welt erfolgt, entsteht nun der sechseckige Kristall, der Ausdruck dafür ist, dass das Leben schöpferisch durchgeistigt wird und der Ausdruck ist für den Stein der Weisen. Das Leben soll sich erweitern, soll sich durchgeistigen. Der Ätherleib soll mit der Zeit mit seinen Elementen belebt, erobert, dem Ich eingegliedert werden, der Ätherleib soll nicht eigenmächtige Tendenzen äußern, sondern soll sich der höheren Führung unterstellen. Wenn sich dieser Ätherleib der höheren Führung unterstellt, dann beginnt der lebendige Empfindungsausdruck in die Welt durch den Geist.

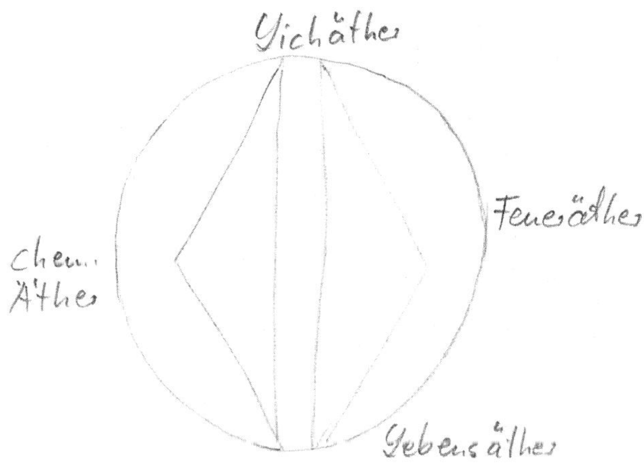

Wie wirken spirituelle Übungen auf das Seelenreich der Verstorbenen?

Im Äußeren des physischen Planes sind die Toten unsichtbar, weit entfernt, in der Seele jedoch bilden die Abgeschiedenen mit den Menschen eine untrennbare Einheit. Alle Gedanken, alle Gefühle, alle Willenshandlungen, die ein Mensch auf dieser Erde entwickelt, sind durch die Verbundenheit des seelischen Seins in einer Berührung mit den Verstorbenen. So nahe, wie die Atemluft eines Raumes die Wangen des Gesichtes berührt, so nahe berühren alle Gedanken, Empfindungen und Handlungen die Verstorbenen. Der Luftkreis der Erde ist untrennbar mit allen Lebewesen und mit den Menschen verbunden. Die Toten sind nur aus der physischen Sicht in einem scheinbar ferner stehenden Jenseits. In der Wirklichkeit eines sogenannten kosmischen Bewusstseins oder eines seelenverinnerlichten Fühlens sind die Verstorbenen einheitlich mit den Hinterbliebenen verbunden.

Es gibt einige wenige Kontrollfaktoren, die auf die Richtigkeit einer spirituellen Übung hinweisen können und den Weg, den ein Schüler im Yoga begeht, objektiv korrigieren. Einer dieser Kontrollfaktoren ist die Fähigkeit zur Beziehung oder die Erweiterung der Beziehungsfähigkeit. Alle Übungen sollen das Bewusstsein ausdehnen und zu einem erfüllteren Wahrnehmen, zu einem konkreteren Denken und zu einem verinnerlichten Fühlen sowie zu einer sonnenhaften Willenskraft führen. Das Bewusstsein und die Beziehungsfähigkeit sind sehr nahe miteinander verwandt, und wenn sie der Übende nach der Qualität betrachtet, so kann er daran den Fortschritt eines spirituellen Weges bemessen. Die Übungsweise führt im positiven Sinne zu einer Ausdehnung der Bewusstseinskräfte auf das irdische Leben und zu einer Erweiterung der Beziehungsfähigkeit im Sinne von Innerlichkeit und einem Gefühl des Verbundenseins. Die Qualitätssteigerung der Bewusstseins- und Beziehungsfähigkeit stellt im feinstofflichen Sinne eine Ausdehnung des sogenannten Astralleibes dar. Der Astralleib oder Seelenleib dehnt sich auf die Mitmenschen, auf die Erscheinungen der Welt und auf die erweiterten Empfindungen und Gedanken der übersinnlichen Daseinsstufen aus. Diese Erweiterung des Astralleibes ist ein positives Zeichen, das für einen Fortschritt in der Entwicklung der Spiritualität spricht.

Ein Ziel des Übens ist wohl auf jedem Weg das Freiwerden von den leidenschaftlich verhafteten Wünschen, *saṃsāra*, von den Bindungen, *saṅga*, und den falschen Ich-Gefühlen, *ahaṃkāra*, denn wie jede spirituelle Lehre aufzeigt, verhindern diese die wahre Aktivität zu Hingabe, Erkenntnis und reiner Dienstbereitschaft. In der Summe wären alle Bindungen und egoistischen Leidenschaften ein untrüglicher Ausdruck für die Anbindung der irdischen Seele an das jenseitige Reich des Todes in jenem Sinne, dass der *jīva* sich eine Art Nutzen, eine Form der Utilisation aus dem jenseitigen Reiche holt. Die individuelle Seele benützt die Verstorbenen für den irdischen Erfolg, sie sucht die Zufriedenheit, sie sucht mit Hilfe eines begehrenden Verlangens eine Machtstellung in der Welt oder möchte ihr Selbstbewusstsein nach einem eitlen Verlangen erbauen. In allen Fällen, in denen der Egoismus das Leben bestimmt, erhalten die Toten, die im Jenseits untrüglich in der Seele mit ihren Hinterbliebenen verbunden sind, ein Leiden. Die astrale Substanz, in der die Toten leben, wird für die eitlen Selbstgefühle und materialistischen Neigungen der Menschen benützt. Das Prinzip des Egoismus entflammt aus einem falschen Beziehungsfeld, das auf einer ungesehenen Bindung, *saṅga*, von den Hinterbliebenen zu den Verstorbenen besteht. In diesem Beziehungsfeld zwischen Menschen auf der Erde und den Toten im Jenseits leben die tatsächlichen Abhängigkeiten. Lebendige Elementensubstanzen fließen in diesem ungesehenen Beziehungsleben und treiben die Seele des Menschen zu unendlichen egoistischen Inklinationen und leidenschaftlichen Zwängen. Die *guṇas, tamas* und *rajas* besitzen in dieser ungesehenen Bindungslinie ihre Grundlage.

Das Gegenprinzip zu *saṅga* und *ahaṃkāra*, zu Bindung und Egoismus, bildet die Beziehungsfähigkeit und die lichtvolle Durchgestaltung des Gedanken- und Gefühlslebens. Anstelle von den schweren tamasartigen Bindungen soll das Licht hineinmünden und die Seele erleuchten. Das Licht, *jyoti*, ist ein Ausdruck für die Reinheit des Astralleibes, das Licht bezeichnet Bewusstheit, Freude und offene Beziehungsfähigkeit. Im Lichte können Altruismus und Weisheit gedeihen. Durch die Fähigkeit zur Beziehungsaufnahme kann den Toten ein großer Dienst gewährt werden.

Die beste Kontrolle, die ein Schüler auf seinem geistigen Weg für die Richtigkeit seines Tuns und für die Kontrolle seiner Übungen entwickeln kann, geschieht durch die Beobachtung des persönlichen Umfeldes und des eigenen Beziehungslebens. Nicht nur an sich selbst, an dem eigenen Wohlergehen kann der Erfolg der Übung gemessen werden, sondern an der Ausstrahlung, die der Schüler auf seine Mitmenschen, auf seine Umgebung, auf sein soziales Umfeld gewinnt, offenbart sich das gedeihende Leben der Seele. Dies ist die eine und vielleicht wichtigste Möglichkeit zur Kontrolle des spirituellen Weges. Eine andere Möglichkeit zur Kontrolle des Übungspfades entwickelt sich aus der bewussten inneren Empfindungssicht, die ein Schüler einnehmen kann im Hinblick auf das jenseitige Reich der Toten. Ein Schüler, der auf kontrollierte Weise Übungen absolviert, sein Empfindungsleben beobachtet und sich im Gegenüber mit anderen Personen reflektieren lernt, kann mit der Zeit ein reales Gefühl entwickeln, wie das jenseitige Reich auf seine in der Übung errungenen oder absolvierten Gedanken reagiert. Die Toten öffnen sich mit einem wahren positiven, freudigen Gefühl, mit einer Zustimmung der Innerlichkeit und des weiten Offenseins, wenn die Übungen im richtigen Sinne getätigt wurden. Andererseits aber entstehen aus dem Astralreich der Toten dunkle, wolkenartige Gebilde, die wie Depressionen, Ängste oder unangenehme Schweregefühle wirken, wenn die Gedanken in den Übungen den eigentlichen Sinn verfehlen. Die Toten sind in ihrer Reaktionsweise immer wahr. Sie geben nicht nur ein Spiegelbild, sondern sie sind das unmittelbare Gefühl von Freude oder Leid als Zeichen für die Richtigkeit oder Verfehlung einer Übung. Ein Schüler, der seine eigenen Empfindungen kennen lernt und sich selbst im gemeinschaftlichen Miteinander, im Beziehungsdasein zu anderen richtig reflektieren lernt, kann auf zunehmende Weise die Stimmungen und ausstrahlenden Substantialitäten des jenseitigen Reiches, namentlich der Verstorbenen, lesen. Die Verstorbenen reagieren immer mit einem wahren Gefühl auf die Gedanken und Taten eines Menschen. Die Verstorbenen leben in einem Gesetz, das einem wahren *dharma*, einer rechten, zweifelsfreien Ordnung entspricht. Die Toten leben im Licht und wollen die Reinheit des Lichtes im Menschen ebenfalls entdecken.

Wenn ein Mensch stirbt, so hinterbleibt in der Regel bei den Söhnen und Töchtern, bei den Freunden und Verwandten ein Gefühl der Trauer, ein Gefühl des schmerzlichen Abschiedes oder ein Bedrücktsein oder auch ein Bedauern. Nur langsam weichen diese Gefühle über die Zeit hinweg zurück. Aber nicht nur ein Gefühl der Trauer verbleibt bei den Hinterbliebenen, es ist auch ein ungesehener Wunsch, der mit den Toten auf dem Rücken der Nachkommenschaft lastet. Nahezu jeder Verstorbene überlässt seine Wünsche, seine verborgenen, unerledigten Aufgaben der Nachkommenschaft.

Der irdische Nachlass mag ein Haus, ein Auto, ein Geldbetrag oder ein sonstiger Wertgegenstand sein, der seelische Nachlass aber ist ein tiefer, innerer Wunsch, der mit der Seelenpflicht des Verstorbenen zusammenhängt und der nun auf die Nachkommenschaft übertragen wird. Konnte ein Mensch während seines Lebens alle seine Pflichten und Aufgaben in günstiger Weise erledigen, hinterlässt er dennoch für seine Söhne und Töchter den unaufdringlichen und doch innigen Wunsch, dass diese sich zu einem größeren Gemeinschaftsbewusstsein und Gemeinschaftserleben weiterentwickeln sollen. Aber auch jener, der seine Pflichten im Dasein wenig wahrnehmen konnte und nun abgeschieden ist, strahlt auf seine Hinterbliebenen mit dem Wunsche zurück, dass nun diese das wahre Gesetz des Lebens erkennen und sich in der Entwicklung des Geistes vorwärtsbewegen sollen und aus dem irdischen Dasein ein geistvolleres, bewussteres Leben entfalten. Jede Persönlichkeit, die aus dem irdischen Dasein abscheidet, hinterlässt bestimmte Wünsche für ihre Hinterbliebenen. Die Wünsche können vielfältiger Art sein. Manchmal wollen die Toten ihre Hinterbliebenen auf eine bestimmte Erkenntnis aufmerksam machen oder sie wollen ein gerechteres Wahrheitsbewusstsein, wie es bisher noch nicht eintreten konnte, fördern. Alle Verstorbenen hinterlassen Wünsche für ihre Hinterbliebenen. Diese Wünsche halten die Hinterbliebenen zunächst einmal in einer Bindung. Durch die Wünsche, die die Toten hinterlassen, sind die Menschen unfrei. Diese mangelnde Freiheit ist nun nicht nur eine Angelegenheit der Einzelseele, sondern sie ist tatsächlich eine reale Tatsache, die das Leben aus dem gemeinschaftlichen Sinn, ohne den es kein physisches Dasein geben könnte, offenbart.

So lange nun die Bindungen in der Seele bestehen, können die wahren Ergebnisse mit Erfülltsein, Freude, Wonne, Glückseligkeit in der Meditation nicht entstehen. Zuerst müssen sich die Schüler, die sich auf einen Meditationspfad begeben, von allen Bindungen reinigen. Der Reinigungsprozess ist nicht leicht. Alle ernsten Schriften des Yoga und auch alle Anweisungen anderer Mysterienschulen stellen die Loslösung von Bindungen als wichtige Aufgabe dar. *Dhyāna*, die Meditation, kann erst in ihrer sensiblen Einheitsliebe erwachen, wenn der Astralleib des einzelnen Schülers gereinigt und geordnet ist. Der Übungsweg ist deshalb ein Loslöseweg von Bindungen, ein Reinigungsweg der Seele und ein bewusster Entwicklungsweg zu einem größeren Zielpunkt, zu einem Ideal, das das irdische Dasein übersteigt.

Ein häufiger Fehler, den die Schüler einer Yogaschule auf ihrem Pfad begehen, ist derjenige, dass sie sich zu früh in strenge Meditationen und zu intensive Kontemplationsübungen hineinbegeben. Das Ziel der Synthese von Welt, Seele und Geist und von einer reiflichen Erfahrung der freiheitlichen Kräfte des Geistes kann in der Regel nur eintreten, wenn die verschiedenen Stufen der Beziehungsaufnahme, Beziehungsentwicklung und der rechten spirituellen Zielsetzung gemeinsam getätigt werden. Auf dem Pfade sind direktere und indirektere Übungen oder mehr die speziellen Meditationsübungen und die mehr allgemeinen im Leben vorzufindenden einfacheren Betrachtungsübungen zu tätigen. Würden die Schüler nur strenge Meditationsübungen und eventuell sogar eine Form der Askese mit Lebensverneinung und hartem Verzicht tätigen, so würden sie sich wohl die Synthese des Geistes mit der Welt erschweren und ein Ungleichgewicht in ihrer Seelenstimmung erzeugen. Auf langsame Weise sollen alle Teile des Daseins in das Leben der Spiritualität integriert werden. Obwohl sicher manche Personen diesem Weg auf strengste Weise mit konsequentesten Entscheidungen folgen wollen, so sind es jedoch in der Mehrzahl andere, die den Weg in Teilstücken erbauen und sich erst einmal mit einfacheren, lebensnahen und fassbaren Übungen beschäftigen wollen.

Diese nun im Folgenden beschriebenen Übungen und ihre Auswirkungen auf das jenseitige Reich der Verstorbenen sollen mehr den einfacheren und zugänglicheren Teil eines Weges aufzeigen und eine interessante und breite Zahl von Möglichkeiten eröffnen, die dem Schüler zu einer umfassenderen Gesamtbetrachtung des Daseins verhelfen. Gleichzeitig sind diese Übungen außerordentlich heilsam und schenken Entspannung, Ruhe, Frieden und eine natürliche, erfüllte Einkehr in die eigene Seelenstimmung. Die sogenannte Dissoziation, die Unstimmigkeit, die heute bei jedem menschlichen Bürger ausgeprägt ist, die Unstimmigkeit zwischen Leib und Seele, die Schwäche, die sich beispielsweise im Nervensystem zeigt, oder das fehlende Gefühl von Nähe, Heimat und Geborgenheit können sich durch diese Übungen heilen. Während zu strenge Forderungen auf dem geistigen Weg viel leichter Dissoziationen, das heißt die Unstimmigkeiten im Leib-Seele-Verhältnis hervorrufen, so können gerade diese einfacheren, integrativeren, anschaulichen Übungen dieser Tendenz entgegenwirken und ein entspanntes, ruhiges, friedvolles Gefühl in den Erdentagen eröffnen. Jene, die diese Übungen praktizieren, bewegen sich auf eine einfache Weise auf die Seelenwelt zu. Gleichzeitig bemerken sie, wie durch die Aufmerksamkeit und

Konzentration, die in der jeweiligen Übung notwendig sind, das jenseitige Reich der Toten mit beteiligt ist. Mit einiger Übung empfinden die Schüler die Stimmungen, die im jenseitigen Reich der Toten angelegt sind.

Es erscheint günstig, wenn sich die Schüler zumindest zu gelegentlichen Zeiten die kontrollierende Frage stellen, wie ihre Übungsweise auf die Umgebung, auf das nachtodliche Seelenreich und schließlich auf ihr eigenes persönliches Wesen zurückwirkt. Diese prüfende Frage öffnet das Bewusstsein für die verschiedenen Wirkungsdimensionen, in denen sich eine Übung verzweigt. Stellen wir uns die Frage anlässlich einer einfachen, lebensnahen Beobachtung: Wie wirkt es auf die Toten, wenn eine Person eine sichtbare Erscheinung in der Welt objektiv, gemäß der äußeren Sinneserscheinung beobachtet und erfasst? Beispielsweise beobachtet die Person eine andere und erfasst auf genaue Weise die Erscheinung in der Statur, im Aussehen, in der Art des Benehmens, in der Mimik, in der Sprache und prägt sich daraufhin das Gesehene bewusst in das Gedächtnis ein. Obwohl es sich bei dieser Beobachtung von einer Person zu einer anderen nicht wirklich um Spiritualität handelt, so entsteht zumindest ein erstes Beziehungsfeld mit bewussterer Anteilnahme am Gegenüber. Die Entwicklung eines realen, gegenständlichen Bewusstseins entsteht über die wachsame Sinnesbeobachtung. Die Sinnesbeobachtung beruht aber nicht auf einer reinen Wahrnehmungsfähigkeit, sie erfordert zugleich eine regsame gedankliche Anteilnahme, denn ohne diese könnte keine Gedächtnisbildung in bewusster Hinsicht erfolgen. Im Allgemeinen führt die gewöhnliche, wachsame Sinnesbeobachtung, die gepaart ist mit einer regsamen Gedächtnisbildung, zu einer intensiveren Realitätserkenntnis. Sie wirkt innerhalb des menschlichen Lebens persönlichkeitsstärkend und regt auf einfache Weise die gegenseitige Wachsamkeit und Bewusstheit an. Aber die wichtigste Frage beschäftigt sich nun nicht nur mit der irdischen, sondern mit der außerirdischen Welt des Totenreiches. Wie wirkt diese Art Sinnesbeobachtung, die zu einer natürlichen Gedächtnisbildung beiträgt, auf die Verstorbenen? Wie fühlen die Verstorbenen, wenn sich die Menschen in ihren gegenseitigen Wahrnehmungen realitätstreu und konkret kennen lernen? Die Toten erfreuen sich durch die Art wachsame Beobachtung, die Menschen im irdischen Dasein leisten. Sie fühlen sich aus einer untergründigen Dumpfheit wie herausgehoben, sie fühlen ein Selbstsein in sich erwachen. Das jenseitige Reich erlebt sich durch die erhöhte Aufmerksamkeit der Hinterbliebenen in ihrem eigenen seelischen Sein durch ein Selbst gefestigt.

Im irdischen Dasein fühlen die Menschen durch die real gehaltene Beobachtung eine Stabilisierung ihres psychischen Rückgrates, sie fühlen sich mehr gehalten im Sein der Welt, während in dem jenseitigen Reich die Seelen sich zu einem besseren Selbstbewusstsein erheben können. Die Menschen sollten nicht zu sehr träumend durch die Welt gehen, sondern die Welt wahrnehmen und die Augen an den Sinneserscheinungen schulen. Die Wachheit, die die irdische Welt von den Menschen einfordert, führt zu einer natürlichen Opferleistung, die den Toten darin zu Hilfe kommt, dass sie sich selbst aus einem dumpferen Bewusstsein zu einem sichereren Selbstfühlen erheben können. Das selige Reich der Toten erwacht durch die Realitätserkenntnis der Menschen zu einem ersten individuellen Fühlen. Die Realitätserkenntnis ist deshalb nicht nur für die irdische Welt von Nutzen, sondern sie schenkt auch den Seelen im Nachtodlichen einen Feuerfunken des Erwachens zum Selbstsein, zum Bewusstsein eines inneren, eigenen Zentrums. Die Toten fühlen intensiver ihr eigenes Seelenzentrum.

Eine ganz andere Übung besteht darin, dass sich der Übende nicht nur den Phänomenen der Welt, die ihm sichtbar vor den Augen erscheinen, annähert, sondern sich unsichtbaren Wesenheiten oder Seinsexistenzen hingibt, die er schließlich in einer realen Erkenntnis erfassen möchte. Es gibt eine große Zahl von Erscheinungsformen von denen wir wissen, dass sie existent sind, aber von denen wir nur eine indirekte Botschaft erfassen können. Ein Beispiel für diese Erscheinungsweise ist der Mensch selbst. Wir wissen, dass der Mensch einen Geist in sich trägt und lebendig durch sein Selbstbewusstsein in der Welt agiert. Das Ich-Selbst aber kann nicht unmittelbar vor dem Auge erscheinen, sondern es können nur die Ausdrucksformen des Ich-Selbst als Impressionen oder Expressionen ausstrahlen und als ein indirekter Beweis für die Wahrheit des Selbst gelten. Es gibt unendlich viele Begriffe, die eine metaphysische Seinsexistenz oder eine rein geistige Dimension des Weltenseins beschreiben und nur durch ihre sekundären und tertiären Äußerungen in der Welt sichtbar sind. So gibt es beispielsweise einen sogenannten Feueräther, der in den meisten Fällen mit dem *agni* des indischen Geisteslebens verwandt ist und eine Kraft beschreibt, die sowohl in der Weltenschöpfung als auch im Menschen lebensnotwendig ist. Den Feueräther können wir jedoch nur aus den sekundären Phänomenen beobachten, beispielsweise aus der Wärme-Stoffwechsel-Leistung der Verdauung oder aus der Wärmekraft, die einen Gedanken beseelt. Jede menschliche Kreatur bedarf des inneren Feuers. Im Gegensatz zum Menschen besitzt die Pflanze noch keinen inneren Feueräther. Bei der Pflanze strahlt die Wärme als Feuerkraft in einem ätherischen Verströmen auf die Blüten und Blätter hernieder. Die Wärme des Kosmos ist deshalb bei der Pflanze noch nicht verinnerlicht, während beim Menschen die Wärme als eigenes Element verinnerlicht ist.

Nun ist es eine relativ häufige Tatsache, dass sich der Mensch mit den gewöhnlichen Begriffen zufrieden gibt und gewisse Phänomene in der Welt registriert, aber sich mit den Phänomenen nicht mehr weiter auseinandersetzt. Viele Schüler des Yoga hören die Elementenlehre, die aus Feuer, Wasser, Luft und Erde besteht, und nehmen sie als bloße Begriffe in sich hinein. Welche Vorstellungen, Empfindungen, welche wirklichen Wesen mit diesen Begriffen verbunden sind, lernen sie aber in den meisten Fällen nicht mehr kennen. Das Wissen ist zunächst mehr ein intellektuelles Ansammeln von Begriffen und bleibt in einer gewissen Kopflastigkeit. Wenn sich aber der Schüler mit diesem bloßen Ansammeln von Begriffen nicht zufrieden gibt und er sein Denken intensiver zu schulen beginnt, indem er beispielsweise die einzelnen Begriffe mit lebendigen Vorstellungen und einer intensiven Suche nach der rechten Wesenserkenntnis durchdringt, so führt er sein Dasein von einem äußeren Gedanken in das Innere des Wesens hinein. Er durchbricht gewissermaßen die Hüllen, die sogenannten *kośa*, und beginnt sich in eine nächste Dimension der fassbaren Wirklichkeit hineinzuleben. Er beginnt *manomaya-kośa* oder das Bewusstsein des *manas* zu erobern. Mit der Erkenntnis eines Wesensteiles, eines Elemententeiles, beispielsweise des Elemententeiles des Feuers, entwickelt der Schüler ein reales Bewusstsein von der inneren Seinsnatur des Äthers und er tritt in die Seelenhülle von *manomaya-kośa* oder den Bewusstseinszustand von *manas* ein.

Der Schüler beobachtet nun nicht nur eine äußere Erscheinung wie beispielsweise die Kopfform eines anderen Menschen, sondern er beobachtet den anderen Menschen mit der Vorstellung, dass eine innere Wärmekraft in allen Zellen und auch in allen Äußerungen des Menschen zum Ausdruck kommt. Obwohl die sichtbare Erscheinung für diese Beobachtung, die über die herkömmliche Sinneserscheinung hinausgeht, nicht ganz unwichtig erscheint, so durchdringen die Gedanken über die Existenzweise eines metaphysischen Feueräthers nun die äußeren Wesensmerkmale. Auf eine relativ intensive Weise, konzentriert innerhalb der Vorstellung und entledigt von allen anderweitigen Ablenkungen, lebt sich nun der Übende in den Gedanken des Wärmewesens hinein und beobachtet auf diese Weise einen anderen Menschen. Auf die Beobachtung entstehen Gefühle der Ruhe und des Zentriertseins. Wer sich in diese Gedanken hineinlebt und den anderen bewusst beobachtet, fühlt, dass es eine feinstoffliche Substanzkraft im Inneren des Menschen gibt, die ihn mehr in der Region des Herzens aber auch innerhalb des gesamten Körpers zentriert, ihn selbst in seiner Lebenssubstanz sammelt. Ein Vergleich zu diesem Gefühl könnte mit der Farbe eines angenehmen, mehr in das Dunkle neigenden Blautones beschrieben werden. Durch die Eigenschaft des Feueräthers kann sich der Mensch von äußeren Einflüssen abgrenzen und sich in seinem Inneren sammeln. *Agni*, das Feuer selbst, gibt die Eigenschaft der Ruhe im Inneren und prägt die Grundlage auf der Ätherebene zu einem Selbstbewusstsein. Der Feueräther ist für die Gesundheit des Menschen maßgeblich verantwortlich. Das Auflodern des Feueräthers schenkt eine erste Lebensgrundlage zum Fühlen und Wahrnehmen einer eigenen inneren Ordnung und zu einem ruhigen Erkennen einer übergeordneten und größeren Seinsexistenz. Durch den Feueräther kann eine wahre Bewusstseinskraft und Konzentration aus der Mitte des Menschen und aus dem Zentrum des Herzens erwachen. Das Herz ist das vom Feuer am meisten geprägte Organ.

Wie fühlen die Toten, wenn der Schüler eine Übung, wie diese es ist, absolviert? Die Toten fühlen sich auf die Aktivität, die durchdringend und durchgestaltend von einem Begriff ausgehend in die praktische Natur hineinwirkt, wie angenommen, sie fühlen sich seelenvoll, lebendig, regsam, sie fühlen Frische und eine empfindungsmäßige Nähe. Wie erfrischendes, erquickendes Wasser strömt ihnen das Üben jener Menschen entgegen, die von einem äußeren Begriff in die lebendige Tiefe des Wesens hineinarbeiten. Oder es ist auch zu vergleichen, wie wenn die Toten lange Zeit auf einem Stuhl hätten sitzen müssen und nun endlich nach den Phasen der Ermüdung sich erheben können und in befreiendem Gange ihre Glieder betätigen können. Es ist für sie, wie wenn sie endlich regsam werden können. Das Üben, das in die lebendige Tiefe eines Begriffes hineindringt und zu einer ersten identischen, seelenvollen, empfindungsreichen Wahrheit hindurchstößt, ist wahrhaftig eine Seelsorge für die Verstorbenen. Aber auch die Umgebung erhält eine angenehme Atmosphäre, eine verbindende, gemütvolle Wahrnehmung, und manche Ängste, die die friedvolle Stimmung beschwerten, weichen zurück. Im eigenen Wesen bewirkt die Übung Ruhe, Zufriedenheit und eine deutlich wahrnehmbare Empfindungsfülle. Das Innenleben bereichert sich durch die neuen und sensiblen Bewusstseinseindrücke. Der Astralleib erweitert sich im Sinne einer inneren, kontemplativen Ausdehnung hinein in die Geheimnisse der Weltenschöpfung.

Wenn der Übende seine Übung über den Feueräther fortsetzen kann, so wird er bald innerhalb der Pflanzen und der verschiedenen Erscheinungen der Weltenschöpfung das Merkmal des Wesenseinflusses der Wärme besser lesen können. Er betrachtet beispielsweise eine Pflanze und kann an ihr bald erkennen, ob sie mehr von den Wärmeeinflüssen des Kosmos geprägt ist, ob sie in ihrer Signatur das Zeichen der Wärme aufgenommen hat oder ob sie mehr die anderen Elemente bevorzugt. So wird er bald die Gewürzpflanzen, die mehr durch die Wärme gestaltet und gezeichnet sind, erkennen und wird die andere Art, jene, die mehr durch das Luft- und Lichtelement gekennzeichnet sind, von dieser unterscheiden. Ein Beispiel ist hierfür die Oberfläche des Salbei, salvia officinalis, die einen ganz typischen Ausdruck für das Wärmewesen gibt, denn diese ist fest, klar und die Pflanze selbst ist in sich zentriert. Die Wärme arbeitet an dieser Pflanze. Anders ist das Bohnenkraut, das ebenfalls eine intensive Gewürzpflanze ist, an ihr arbeitet mehr das luftige Wesen. Das Bohnenkraut ist eine lichtvolle, aber weniger wärmende Pflanze.

Nehmen wir zur Anschauung ein drittes Beispiel, wie die übende Aktivität auf das Seelenreich der Toten einwirken kann. Eine der wichtigsten Übungen im Yoga ist *svādhyāya* oder die Übung mit Texten. Diese Übung kann auch mit rechtem Lesen beschrieben werden. Hierzu ist es notwendig, geeignete religiöse oder spirituelle Texte zu wählen, auf die schließlich die Erfahrungs- und Erkenntnissuche gelenkt wird. Zu unterscheiden gilt es jedoch, dass es eine konsumorientierte Ausrichtung zum gelesenen Stoff gibt und eine ganz andere, schöpferisch-produktive Ausrichtung, die sich mit den Worten auf lebendige Weise auseinandersetzt. Die konsumorientierte Umgangsweise mit dem *śāstra*, mit der religiösen Schrift, ist ungünstig, denn sie erschafft Wahrheitsansprüche und erneute Bindungen. Wer sie aus Unwissenheit pflegt, tut sich selbst keinen großen Gefallen und benützt insgeheim auch die Energien der jenseitigen Welten zum Eigenzweck. Er bindet mehr die Toten anstatt sie zu befreien, sie mit erlösender Gestik zu erkennen. Die produktive, lebendige Umgangsweise mit spirituellen Texten erfordert eine Achtsamkeit und Anerkennung der Wahrheiten. Der Übende muss von dem Bewusstsein ausgehen, dass er in einem Buch liest, das er noch nicht verstehen kann, und so muss er sich selbst als Unwissender oder Bettler, als ein Armer im Geiste erkennen. Durch diese klare Zuordnung des eigenen, geprägten, irdischen Bewusstseins zu einer spirituell-geistigen Schrift können die bindenden Wahrheitsansprüche, die das Selbstbewusstsein eines Schülers erneut wieder fesseln, verhindert werden. Gelingt die Ausrichtung in *svādhyāya* in einer geordneten Hinwendung, entflammen die achtsamen und verehrenden Gefühle für die Hoheit des ausgedrückten Wissens, so beginnen bereits die Toten eine freudige Anerkennung, ein freudiges Angenommensein zu fühlen. Der Kosmos mit seinen Lichtern beginnt freudig zu strahlen, und eine Energie beginnt von oben nach unten, von dem Feineren zum Gröberen auszuströmen. Die Toten wollen diese Art Ordnung sehen und sie wollen eine von Wahrheitsansprüchen, von nehmenden Konsumformen und von eitler Besserwisserei losgelöste Auseinandersetzung sehen, denn die Toten warten, dass sie endlich ihre Kraft, die sie im Seelenreich besitzen, auf ihre Hinterbliebenen senden können. Wahrhaftig beginnt ein freudiger *prāṇa*-Strom, ein Energiestrom aus dem Kosmos zu den Mitmenschen zu fließen, wenn ein wahres *svādhyāya*, ein erforschendes, meditatives und konzentriertes Umgehen mit religiösen Texten gepflegt wird. Ebenfalls können diese Energieströme beim Singen von Liedern und verehrungsvollen Ritualen entstehen. Die Toten fühlen eine freudige Anerkennung, die sie mit einer lebendigen Energiegabe für die Hinterbliebenen beantworten. Auf der Grundlage eines geordneten *svādhyāya* und einer respektvollen oder gar verehrungsvollen Hingabe kann das Licht aus dem Kosmos eine freudige Ausstrahlung zu den Hinterbliebenen senden. Gelingt das *svādhyāya* in dieser konkreten Ordnung, so kann der Schritt zur Erkenntnisbildung, das ist eine nächste Stufe, bald eintreten. Die Erkenntnis selbst aber erfordert zu ihrer wirklichen inneren Absolvierung eine deutliche Steigerung der Konzentration und Intensität in der Hinwendung. Zutiefst muss der Einzelne die Wahrheit suchen und er muss sich auf wiederholte Weise den gleichen Textstellen oder Inhalten hinwenden. Spornt er aber seinen Willen an, so wird er bald zu dem Licht der Erkenntnis hindurchdringen und eine befreiende Stimmung bei sich selbst spüren. Diese befreiende Stimmung, die der Schüler mit dem Eintreten der Erkenntnis empfindet, ist tatsächlich eine Erlösung, die der Tote im Jenseits erfährt. Wahre Erkenntnis führt im Jenseitigen zur Erlösung der Toten. Die Toten können jenen Weg aus dem Seelenreich in das geistige Land, in das reine Dasein des Geistes, in die schöpferische Welt des *brahman* antreten.

Über Reinkarnation und *karma*

Das große und weite Themengebiet des *karma*, des sich ausarbeitenden Gesetzes von Ursache und Wirkung, und das außerordentlich komplizierte Gesetz der wiederholten Erdenleben, der Reinkarnationslehre, steht nicht am Anfang eines Schulungskurses, sondern tendenziell mehr am Ende. Nachdem verschiedenste Vorbereitungen, Übungsweisen und grundlegende Gedanken über die Verantwortung, die auf einem geistigen Schulungsweg notwendig ist, ausgesprochen wurden, kann nun in diesem Kurse in ersten Zügen dazu übergegangen werden, über die so sehr schwierige und verantwortungsvolle Thematik der Reinkarnation zu sprechen. Es wäre wahrhaftig ein dilettantisches Umgehen, wenn Schüler vorzeitig, ohne genaueres Wissen, ohne Entwicklung eines ethisch-moralischen Sinnes und ohne Bewusstsein für den konkreten, wirkenden Gedanken Theorien über ihre wiederholten Erdenleben anstellen würden. Oder es fühlt sich wie eine Art Albernheit an, wenn Schüler über karmische Gesetze sprechen und diese scheinbar aus dem sinnlich-irdischen Dasein herbeileiten wollen. Zu sehr neigt das Thema zur Verwässerung in das Triviale oder Oberflächliche, wenn nicht mit ernsthaften Sinnen und sorgfältigsten Bemühungen die Gesetze der Seele einstudierend vorbereitet werden.

Die Reinkarnationslehre kann dem Schüler auf seinem geistigen Weg ein Verständnis über eine große Logik des Weltendaseins eröffnen. Wahrhaftig groß, verehrungsvoll ist diese universale, einheitlich geschlossene Logik. Dem Therapeuten, der mit physischen Krankheiten konfrontiert ist oder psychische Konflikte aufarbeiten muss, helfen die Ideen der Reinkarnationslehre weiter, damit er eine intensivere Schau und erklärende Zusammenhänge in seine Behandlungsvorschläge hineinbringen lernt. Für alle Arbeit mit dem Thema »Reinkarnation und *karma*« ist es jedoch notwendig, einen reifen Lebenssinn, ein Verantwortungsbewusstsein gegenüber den Menschen und schließlich zumindest in ersten Zügen und eindeutigen Vorstellungen eine Freiheit von allem niedrigen Egoismus und allem exklusiven Egozentrismus zu entwickeln. Der Egoismus und Egozentrismus müssen erkannt und zurückgewiesen werden. Erst der in ersten Zügen frei gewordene

Mensch kann sich auf rationale und objektive Weise den Gedanken der *karma*-Lehre und der wiederholten Erdenleben hinwenden.

Es gibt in der gegenwärtigen esoterisch-modernen Zeitkultur viele Therapieformen, die scheinbar das frühere Leben durch Bilder und Erfahrungen sichtbar machen. Hierzu zählen verschiedene Atemtherapien und Hypnosetechniken, schließlich der Traumreise fast ähnlich anmutenden gedanklich suggestive Führungen, die in die psychologische Innenwelt hineinführen und dort Urbilder, archetypische Erlebensformen erwecken und diese in einen Deutungszusammenhang mit dem früheren Leben bringen. Manchmal können diese Therapieformen ordnend und klärend wirken, jedoch auf das frühere Leben bezogen und auf eine reale Sicht von *karma* und Reinkarnation, von einem tieferen Sinn der Zusammenhänge, die von einem früheren Leben zu dem jetzigen bestehen und von einem Gesetz, das ursächlich im Leben wirksam ist, kann kein Gewinn erzielt werden. Das vergangene Leben ist viel okkulter im Allerinnersten verborgen, als dass es durch bestimmte, von außen getätigte mentale Einführungen erfasst werden könnte.

Das vergangene Leben ist mit einem still webenden Geheimnis innerhalb der Willens- und Gefühlsverhältnisse des personalen Wesens angelegt, es entzieht sich jedoch den gewöhnlichen Zugriffen der Vorstellungswelt und sogar den gewöhnlichen Empfindungen und Wahrnehmungen. Wahrhaft okkult ist das vergangene Leben im innersten Seelenkern einer Persönlichkeit angelegt.

Es ist ein großer Unterschied, ob ein Schüler in sein Inneres mit den bewussten, wachen, gegenwärtigen Sinnen seiner selbst eindringt, oder ob er mehr von außen durch Vorstellungen und geführte Bilder diese Reise nach Innen antritt. Das Ziel der Reinkarnationstherapie kann niemals in einer Befriedigung der Neugierde liegen. Was würde es dem Einzelnen weiterhelfen, wenn er weiß, er war in einem früheren Leben Arbeiter oder Advokat oder Priester oder ein König, ein Pharao oder sonstiges. Die Bilder würden zusammenhanglos in das erinnernde Gedächtnis fluten und von dort aus in den wenigsten Fällen zu einer gesamten Deutung des Lebenssinnes beitragen. Selbst über längere Zeit hinweg lassen sich die Bruchstücke der Bilder, die in den gewöhnlichen Reinkarnationstherapien erworben werden, nicht produktiv zu einer verbindenden Wahrheitssicht und sich weitenden Wahrheitslogik einfügen. Das Ziel der Erfahrung eines früheren Erdenlebens liegt jedoch darin, gespaltene Verhältnisse zu einer Einheit zurückzuführen und die Unversehrtheit des Wesens, des menschlichen Seins anzustreben. Wahre Vollkommenheit soll durch die Sicht über die früheren Erdenleben errungen werden. Aus der Zerrissenheit, aus der Getrenntheit, aus der Bindung soll eine erfüllende Einheit, eine feurig warme Harmonie, eine Steigerung der ethischen Würde, des lichten Selbstseins und des bewussten, persönlichen Empfindens in die Erfahrung finden.

Diese Forderung, von einer zerrissenen, gespaltenen Logik in eine große, umfassende Logik einzudringen und die Unversehrtheit des personalen Seins auf gesteigerter personaler Stufe zu erlangen, lässt sich nur erreichen, wenn von allem Anfang an das wache Bewusstsein zu den unmittelbaren Erfahrungen, die im Allerinnersten des Seelenkerns angelegt sind, im Mittelpunkt steht oder als ein Ideal angestrebt wird. Es ist die Arbeit mit Reinkarnation und *karma* deshalb eine vorbildliche und außerordentlich anspruchsvolle Meditations- und Konzentrationsleistung, die einer langen Vorbereitung bedarf. Es ist wahrer Erkenntnisyoga, *jñāna-yoga*, und wahrer *bhakti-yoga*, Yoga der Hingabe, denn im Erlangen der Unversehrtheit um einer größeren Vollkommenheit will sich der Wille in mühevoller Erkenntnisforschung und Hinwendung zu einem Höchsten entfalten. Die Reinkarnationsarbeit ist eine fortgeschrittene Yogatätigkeit, sie erfordert Meditation, Konzentration und verlangt von dem Aspiranten eine grundsätzliche Stabilität und verantwortungsvolle Haltung.

In der Regel beschäftigen sich heute viele Menschen mit den Theorien von *karma* und Reinkarnation und bringen unendlich viele Deutungsansätze in ihr Leben hinein. Auch innerhalb vieler Therapien wird von den wiederholten Erdenleben und von den Wirkungen, die daraus resultieren, von den karmischen Wirkungen, gesprochen. Ein fruchtbarer Gewinn für die Seele kann jedoch auf diesen Ebenen der schnellen Deutungen nicht erfolgen, denn noch ist der wirkliche karmische Teil des Menschseins nicht erkannt, denn wie sollte auch jemand, der heute in eine Reinkarnationstherapie eintritt, sogleich innerhalb einiger weniger Sitzungen seinen gebundenen, egoistischen inneren Wesensteil erkennen können? Um den Egoismus zu erkennen, muss sich der Einzelne über längere Zeit einer geistig-göttlichen Quelle hinwenden und er muss ein größeres Ich in die Erfahrung heben lernen. Wie sollen deshalb Menschen eine fruchtbare Entwicklung aus einigen

Bilderreihen, die sie eröffnet bekommen, erhalten, wenn sie sich selbst nicht zu einem größeren Ich, zu einem viel weiteren, universaleren Seinsgrund der Schöpfung erheben lernen?

Jene Menschen, die sich mit Reinkarnation und *karma* beschäftigen und ihre Erdenleben für sich oder auch für andere studieren, sollten in jedem Falle die Wesensart des Egoismus kennen lernen. Esoterisch gesehen ist der Egoismus nichts anderes als die untergründig angelegte Bindungsstruktur, die im Allerinnersten des Seelenlebens auf symbiotisch benützende Weise das jenseitige Reich der Toten für sich in Anspruch nimmt. Dieses jenseitige Reich der Toten ist immer in der Gegenwart der Menschen anwesend. Je nachdem, wie eine Persönlichkeit in ihrer Würde und Achtung, in ihrem Denken und Fühlen fortgeschritten ist, wird sie das Totenreich entweder mehr benützen oder mehr achten. Die Achtung, die dem Totenreich entgegengebracht wird, ist gewissermaßen der unmittelbare Maßstab für die errungene Freiheit eines Menschen. Es ist jedenfalls jemand ohne es zu wissen egoistisch, wenn er das Totenreich für sich benützt, und es ist jemand altruistischer, freier oder auch pietätvoller, wenn er das gesamte Leben nach Maßstäben eines produktiven Beziehungs- und Ausdrucksverhältnisses ordnen kann und die feinen Substanzen des Totenreiches nicht benützt. Die Würde, die Achtung und die Pietät, die jemand im Leben erlangt, sind eine Grundlage, die das Ich erhebt und diese Grundlage schenkt schließlich die Freiheit gegenüber dem Totenreich. Deshalb sind die Achtung und die Pietät, die im gesamten Dasein erlangt wurden und die von innen heraus bestehen, auch ein Maßstab für die Freiheit von Egoismus. Für die Arbeit mit *karma* und den wiederholten Erdenleben sollte unbedingt ein Sinn gedeihen, was und welche Dimension der Egoismus oder auch der Egozentrismus im Menschsein umfasst. Eine sinnvolle Arbeit auf diesem so feinen und doch inneren Seelengebiet kann nur gedeihen, wenn erste Schritte zur Erhebung der Seele zu den geistigen Wahrheitsgesetzen getätigt werden.

Die Schüler sollten aber den Unterschied beachten. Die Auflösung des Egoismus oder eines bestehenden Egozentrismus geschieht nicht durch eine schnellfertige, auferlegte altruistische Pseudohaltung, sondern durch das unendliche Bemühtsein um Vollkommenheit in einem Selbst, in einem größeren Geiste, in einem schöpferischen Sinn des Gebens. Nicht Selbstaufgabe, sondern Selbstfindung und Selbstrealisation markieren die Stationen der Freiheit. Pietät, Altruismus und Dignität sind durch das Erlangen eines universaleren, höheren Sinnes für das ewige Selbst, das im Innersten aller menschlichen Geschöpfe webt und ausstrahlt, gegeben.

Diese Stärke in der Seele und im eigenen Selbstbewusstsein, die auf Pietät und Altruismus beruht, die auf einer weiten Sicht zu den verschiedenen Reichen der Weltenschöpfung und zu der Universalität des Menschseins ausgerichtet ist, bringt eine Stärke in das personale Wesen. Diese Stärke oder Stabilität oder auch diese Art der Konzentrationskraft ist eine dringende Voraussetzung, wenn die Geheimnisse der wiederholten Erdenleben erschaut werden sollen, denn es ist wahr, dass diese seelischen Geheimnisse der früheren Verkörperungen in uns so lange im Dunkeln und Düsteren bleiben müssen, so lange wir selbst nicht stark genug und frei empfindsam sind, um diese Geschehnisse zu ertragen. Es ist der Hüter der Schwelle, der jene einzelnen Menschen vor der Sicht seiner früheren Erdenleben abhält, und dieser Hüter arbeitet weise, damit die Gesundheit und das Nervensystem vor zu starken Einbrüchen, die jemand nicht ertragen könnte, abgeschirmt bleiben. In diesem Zusammenhang ist das Mantra *»oṃ śri saravanabhavaya namaḥ«* erwähnenswert. Dieses Mantra appelliert an die innere Stärke oder an die Kraft, in allen Situationen bestehen zu können, stabil bleiben zu können. *Saravanabhava* ist ein Sohn von *Śiva*, und die indische Mythologie bezeichnet ihn als einen Kriegsgott. Aus einem reiflichen Ich das frühere Erdenleben zu erschauen, würde bedeuten, sich selbst in der Gegenwart seines eigenen Hüters der Schwelle zu erleben. Eine außerordentliche Stärke muss von dem einzelnen Menschen errungen werden, um diese Sicht gegenüber seinem eigenen Inneren ertragen zu können.

In einer praktischen Formung lässt sich das innere Seelenleben erschlüsseln, wenn ein zuerst abstrakt erfasstes Bild auf das sichtbare psychische, physische und innere Seelenleben angewandt wird. Das frühere Dasein lebt im untergründigen Willen und auch untergründigen Gefühlsleben mit einem selbsteigenen Motiv weiter. Dieses selbsteigene Motiv kann als *bīja*, als ein Keimling im Willen benannt werden. Es darf auch bezeichnet werden als *bīja-pratah*, als eine Kraft, die einen Antrieb nach vorne zu Sprießen und Wachsen besitzt. Das frühere Leben ist tatsächlich wie ein Keim im Allerinnersten der Seele angelegt.

Gleichzeitig befindet sich im Allerinnersten des Seelenlebens, gleichsam wie vermengt in einem undurchsichtigen Laubhaufen, ein geheimnisvoller zweiter Wille, ein von Oben oder vom Allerfeinsten heraus wirkender geistig-göttlicher Wille, der auf stille und souveräne Weise ebenfalls seine Wirkung verströmt. Auch dieser Wille ist eine große Antriebskraft, ein *bīja*, eine Keimkraft, die ein Werk in der Persönlichkeit vollbringen möchte. So wirken zwei Willenskräfte unbewusst in einer Persönlichkeit zusammen. Die eine Willenskraft drängt mit einem Motiv oder mit einem *bīja-prataḥ* aus dem früheren Leben zu einer Offenbarung, und die andere Willenskraft, ebenfalls ein *bīja-prataḥ*, drängt von einer unbekannten geistig-seelischen Warte, von einem gegenwärtigen Willensurgrund nach vorne.

In der Arbeit der Forschung der verschiedenen Erdenleben ist es eine sinnvolle Möglichkeit, diese beiden *bīja*, diese beiden Keimlinge, die ineinander und gegeneinander arbeiten, zu erforschen. Das eine Wesen führt zum Schicksal und offenbart Formen des Lebens und Erlebens, die nach Ablösung drängen, und das andere *bīja*, der andere Keimgrund, der von Oben oder von dieser Inkarnation als Lebensauftrag und Willen sich ausarbeiten möchte, will seine souveräne Führung über das gesamte Wesen erlangen. Durch geeignete Konzentrations- und Meditationsübungen können die Schüler lernen, in diese Geheimnisse der Seele einzudringen und ein Bewusstsein über die untergründig treibenden Kräfte zu erhalten. Es handelt sich jedoch bei den inneren *bīja*-Keimen nicht um offensichtliche Kräfte, sondern um tatsächlich verborgene Substanzen. Ein Beispiel soll dazu dienen, wie das vergangene Leben im Zusammenwirken mit dem neuen überkommenden Willen zu einer ganz konkreten Ausarbeitung des Schicksals drängt.

Es ist der innere, der verborgene Mensch jener, der aus dem vergangenen Leben motiviert ist, der unausweichlich und linear zu einem ganz bestimmten kritischen Lebenspunkt hinsteuert. Er sucht sich ein Hindernis, einen Konflikt oder eine Schwierigkeit. Das personale Wesen stößt dadurch an eine Art Überhang, so wie ein Bergsteiger, der in einer Wand klettert, plötzlich vor einem unausweichlichen Dach, vor einer überhängenden Zone steht. Die gewöhnliche Art des Umgehens führt in der Regel dazu, sich eine Auswegsvariante, die das steilste und schwerwiegendste Stück meidet, zu suchen. Der innere Mensch aber sucht nicht nur eine Auswegsvariante zu den Schwierigkeiten, er sucht eigentlich gar kein Ausweichmanöver, sondern er sucht nach einem neuen Bewusstsein, nach einem höheren Willen, nach einer Wirklichkeit, die ungeboren ist. Aus diesem Grunde gelingen die einzelnen Ausweichmanöver, die Menschen in ihrem Leben anstellen, nicht immer nach der äußeren Planung. Wie bei einem Kletterer, der an einen Dachüberhang stößt und nun einmal nach links ausweichen möchte, einmal nach rechts ausweichen möchte, doch bald feststellt, dass die vorgegebene Wandzone unüberwindbar und unausweichlich gesperrt ist. Er muss sich gewissermaßen eine neue Route zurechtrichten und im Leben die Sinnfrage nach neuen Überlegungen beginnen. Die Hindernisse des Lebens wollen deshalb nicht nur eine äußere Lösung, sondern vielmehr sogar eine neue Sinnfrage und Zielrichtung zum Entflammen bringen. Eine ganz andere und neue Bewegung zu einer Lebensaufgabe und Lebenszielsetzung kann nun entstehen.

Für die praktische Auseinandersetzung sollen nun die *bīja-prataḥ*-Kräfte zur Untersuchung gelangen. Auf diese Weise wollen wir für die nächsten Stunden das innere Seelenleben erforschen.

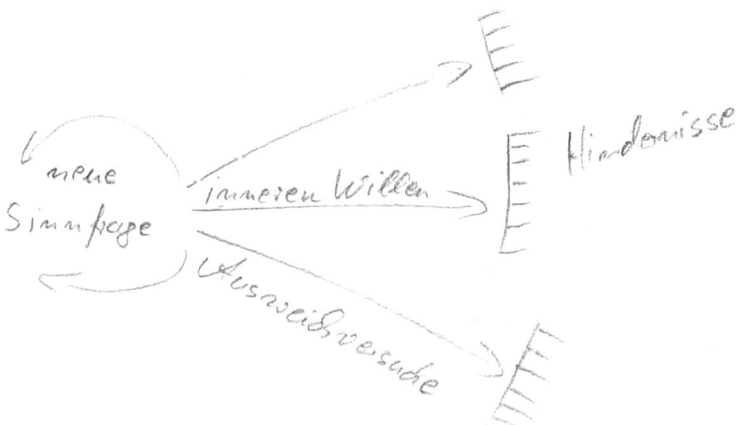

Zwei ausgewählte Fallbeispiele zur Erforschung der früheren Inkarnation

Erstes Fallbeispiel

Eine Frau mit achtunddreißig Jahren begibt sich in ärztliche psychoanalytische Behandlung, da sie in einer persönlichen Lebenskrise ist und an einer bedenklichen physischen Erkrankung leidet. Sie selbst ist Psychoanalytikerin und in eigener Praxis tätig. Ihre Erscheinung ist sehr kraftvoll, gedrungen, kompakt, die Haare sind kurz geschnitten, die Kleidung dunkel ausgewählt, das Auftreten sehr männlich, betont auf Unabhängigkeit. Sie leidet an einer rheumatischen Augenentzündung und einem hinzukommenden Glaukom, einem sogenannten »Grünen Star« mit Augeninnendruckerhöhung. Die Prognose aus ärztlicher Sicht ist schlecht, da die Erkrankung auf beide Augen übergehen kann und eine Erblindung eventuell erwartet werden muss. Diese Erkrankung, die eine aufwändige ärztliche Betreuung erfordert, bringt sie mit ihrem Freiheits- und Unabhängigkeitsdrang in einen großen Konflikt. Sie hat einerseits Angst vor den Folgewirkungen der Erkrankung und weiterhin hat sie aber auch eine große Angst, ihren Freiheits- und Selbständigkeitsdrang aufgeben zu müssen.

Die Frau stammt aus einer kranken Familie. Sowohl die Eltern als auch ihre Geschwister sind an Krebs erkrankt. Auch Polyarthritis befindet sich in der Familie. Derzeitig lebt sie allein und führt eine besonders intime Beziehung zu einer Freundin. In ihrem Leben hatte sie immer nur Beziehungen zu Frauen, was auf eine tiefgreifende Störung innerhalb der Persönlichkeit hinweist.

Der Beginn der Erkrankung war vermutlich durch die Trennung von einer Freundin ausgelöst. Nachdem sie eine gemeinsame Wohnung, die sie beide bewohnt hatten, aufgegeben hatte, brach die Erkrankung aus. Erwähnenswert ist es, dass die Patientin sich bis zum heutigen Tag nicht mehr richtig auf die Beziehungsebene mit anderen einlassen kann, da sie sich allzu leicht ausgenützt und in ihrer Unabhängigkeit eingeschränkt fühlt. So hatte sie selbst eine Therapeutin, die an einer malignen Hautkrankheit erkrankt ist und ihr unehrlich begegnete. Vertrauensbrüche und Enttäuschungen zeichneten die letzten Perioden, nachdem die Krankheit ausgebrochen war. Als ihre Ziele formuliert sie mehr Entlastung und Lebensqualität, schließlich Auflösung ihres Beziehungskonfliktes und Entfaltung von mehr Liebesfähigkeit. Die Ängste vor Einengung, Beschneidung und sogar auch vor Bestrafung stehen diesen Zielen im Wege. Im Allgemeinen lassen sich depressive Grundelemente feststellen. Derzeitig strahlt die Patientin eine gewisse Hoffnungslosigkeit aus und ihr gesamtes Verhalten scheint in eine deutliche Ambivalenz gegenüber dem Leben geraten zu sein. Die Überbetonung der aktiv-männlichen, willensgebundenen Persönlichkeitsanteile gegenüber den passiven, weiblichen, empfänglichen, weichen Wesensmerkmalen ist eine besondere Auffälligkeit in der Anamnese.

Es stellt sich die Frage, welches frühere Leben kann mit dieser Erkrankung und der daran gekoppelten Persönlichkeitskrise zur Offenbarung kommen?

Zweites Fallbeispiel

Eine Frau im fünften Lebensjahrsiebt, etwa dreißig Jahre alt, erlebt seit einiger Zeit eine existentielle Krise mit hohen nervlichen Spannungen, Schlaflosigkeit, Ängsten und Unruhezuständen. Sie erzählt von dem Zeitpunkt, an dem ihre Krisensituation ausgelöst wurde. Dies war der Beginn einer Freundschaft, die sogleich in ein Eheleben und in eine Familiengründung führte. In ihren bisherigen Jahren hatte sie sehr wenige feste, stabile Verhältnisse gehabt. Ihre Freundschaften, die sie führte, waren kurz, relativ ungebunden und ihr Sozialleben war von geringen Aktivitäten gekennzeichnet. Nur eine kurze Berufsausbildung mit wenig Berufserfahrung kennzeichnen ihr Arbeitsleben. Die Frau überlegt infolge der gesundheitlichen Probleme, sich von dem Familienleben loszusagen und sich allein eine Wohnung zu nehmen. Sie selbst ist sich aber unsicher, ob sie mit ihren Gefühlen und Wünschen auf dem richtigen Weg sei, denn sie ist außerordentlich religiös gegründet und will als ihr oberstes Lebensziel eine hohe, ethische Verwirklichung anstreben. Außerordentlich hoch erscheint ihre Motivation, eine

Lösung innerhalb des Familien- und Lebenskonflikts zu finden. Die Gedanken, die Freunde an sie heranbringen, und ihre eigenen Vorstellungen, die wie wild, ungeordnet sie verwirren, rauben ihr die Einkehr zu einer vernünftigen Betrachtung, und sie selbst fühlt sich mehr außerhalb ihres Körpers als in ihrer Mitte. Sie erlebt sich wie exkarniert, wie abgeschnitten von ihren wahren Gefühlen und kann keine rechte Entscheidung finden.

Es stellt sich die Frage: Welcher karmische Hintergrund führte zu dieser Situation und wie kann eine eventuelle Entscheidungsfindung aus der Erkenntnis der inneren Umstände, die in der Seele existieren, entstehen?

Einzel- und Gemeinschafts-*karma*

Vortrag vom 2. November 2002

Zu dem Thema der *karma*-Erkenntnisforschung wird es immer deutlicher, dass wir die Denkgewohnheiten, wie sie im Allgemeinen der Zeit und im Allgemeinen der Bedingungen vorliegen, ändern müssen. Die Denkgewohnheiten zu ändern stellt eine relativ große Anforderung dar, da es sich bei den Denkvorgängen doch um sehr eigene, sehr existentielle und wesensnahe Prozesse handelt. Die Schwierigkeit, dass die Schüler so schwer zu eindeutigen Resultaten der *karma*-Erkenntnis hinfinden und so hohe Hindernisse auf dem Gedankenweg spüren, liegt in dem eigenen Denken und an der eigenen Gebundenheit der vielen zersplitterten Vorstellungen.

Die Vorstellungen, die aufgebaut werden zur *karma*-Forschung, müssen aus den geistigen Welten heraus entnommen werden. Grundsätzlich ist es auf diesem Weg eine Voraussetzung, die Gedanken, die bisher in der Welt erworben wurden, durch neue Gedanken, durch geistigere, imaginative Vorstellungen zu ersetzen. Die Schüler kommen auf dem Gebiet der *karma*-Forschung nicht wirklich effektiv vorwärts, wenn sie die Denkgewohnheiten, die Denkvorstellungen nicht entsprechend der geistigen Welt entwickeln. Diese Schwierigkeit obliegt ebenfalls im gesamten Kurs. Diese Schwierigkeit besteht auch in der Begegnung zwischen mir und euch, denn ihr müsst, wenn ihr diesen Inhalten einigermaßen nachfolgen wollt, unbedingt das Denken wesensgetreu, originalgetreu auf diese Inhalte lenken.

So lange die Vorträge noch Theorie sind und nur ein passives Anteilnehmen erfolgt, so lange werden die Einzelnen hier nicht wirklich den Unterschied in der ganzen Tragweite erkennen. Dann aber, wenn die Praxisbezüge erfolgen und beispielsweise auf reale Weise eine Beurteilung über das Seelenwesen, über das geistige Dasein, über das nachtodliche Dasein erfolgen soll, dann wird es in aller Klarheit ernst mit dieser Unterscheidung zwischen dem, was imaginativer Art ist und dem, was tatsächlich aus der Gewohnheit des Denkens gegeben ist. Passive Nachahmung von bestimmten Gedanken können zwar leicht geschehen, aber sie sind dann im gesamten Prozess der Weiterentwicklung doch relativ wertlos. Es muss in eiserner und disziplinierter Arbeit diese Verwandlung von bisherigen Vorstellungen in imaginativere Bewusstseinsformen, in dynamische Bewusstseinsformen entstehen.

Die Schwierigkeit, die am Anfang besteht, ist immer damit verbunden, dass der Einstieg, das Hineingehen außerordentlich feinfühlig und auch sozusagen in einer Art reinen, übersichtlichen, freien Betrachtung entstehen muss. Das Fallbeispiel von heute Vormittag erfordert sicherlich einige Konsequenz der Auseinandersetzung, um es nur annähernd aufzuschlüsseln. Um zu einem brauchbaren Ergebnis zu kommen, müssen viele verschiedene Gedanken zusammenströmen und auch verschiedenste Übungen getätigt werden. Wenn heute aber solch eine Arbeit mit Ernsthaftigkeit entschieden wird und sie in einer Zeiteinteilung von nur einer halben Stunde jeden Tag geschieht, aber dies ernsthaft, mit klarer Zielsetzung, dann wird über die ganze kommende nächste Zukunft doch ein Denken herangebildet, das sich brauchbarer für die Erkenntnisforschung auf dem weiten Gebiet des *karma* zeigt. Es muss aber Zeit, *kāla*, eingerechnet werden und die Disziplin, *tapasyā*, muss wiederholt, *abhyāsa*, getätigt werden, um einmal erfolgreich zu sein.

Bei dem Beispiel konnten wir heute sicherlich erkennen, wie wir uns langsam in einen bruchstückhaften Gesamterkenntnisrahmen hineinbegeben. Ich denke, dass es für die meisten von euch ersichtlich war, wie sich die einzelnen Teile zusammenfügen und wie die eine oder andere Anregung, die von meiner Seite gegeben wird, schließlich die richtige Spur eröffnet. Sicherlich wird es schwerer sein, wenn ihr ganz allein mit einem Fall betraut seid. Wenn aber in gemeinsamer Betrachtung unter meiner Anleitung ein erster Schritt erfolgt, so kann doch recht nahe schon empfunden werden, wie die einzelnen Verhältnisse in einer Seele verteilt sind und wie zwei Personen, zwei Kräfte, zwei *bīja*-Kräfte, Keimkräfte, im Willen arbeiten und sich ausdrücken wollen, wie zwei Kräfte miteinander ringen, wie ein Oben und ein Unten miteinander ringen und diese schließlich auf dem irdischen Plan eine neue Grundlage des Seins erzielen. Ein göttlicher Kern kämpft mit einem irdisch-sterblichen Wesensanteil. Zuletzt soll der göttliche Kern übrig bleiben, aber er soll in diesem Sinne übrig bleiben, dass er zu einer eigenständigen Kraft, zu einer innersten Liebeskraft gedeiht und im individuellen Wesen Liebe erzeugt. Der Zielort des gesamten Ringens von *karma* ist die Individualisierung einer göttlichen Liebe, das Herabbringen einer göttlichen Liebe in die irdische Welt. Die Liebe, die wir als göttliche Liebe, als höchste Liebe, als umfassende, universale Liebe des Transzendenten, Ewigen bezeichnen, soll individualisiert werden, soll so in die Weltschöpfung hineinkommen, dass sie sich überall in ihrer reinen Souveränität ausdrücken lernt.

Der Begriff *karma* bedeutet Arbeit und stammt aus der Wortwurzel *kr*, die ein Tätigsein beschreibt. Die Arbeit setzt in der Regel dort an, wo das individuelle Wesen aufgehört hat, in die Entwicklung eines Gesamten zu streben. Dort, wo die Pflicht und die notwendige individuelle Erfolgssuche liegt, dort, wo die persönlichen Kräfte gefordert sind, dort setzt die Arbeit, das *karma*, an. Aber nicht nur dort, wo das individuelle Wesen aus früheren Leben eine persönliche Fortsetzung sucht, sondern auch dort, wo die Menschheit oder die Umgebung aufgehört hat zu arbeiten, auch dort setzt die eigene Persönlichkeit im werdenden Keim zu einem neuen Ganzen an und möchte einen Beitrag für die Weltenschöpfung machen. So ist *karma* nicht nur eine individuelle Angelegenheit, sondern auch eine kollektive, eine gemeinschaftliche Angelegenheit. *Karma* ist niemals nur Einzel-*karma,* Einzelarbeit, sondern *karma* ist auch universale Arbeit, Erlösungsarbeit für die Gemeinschaftlichkeit. So ist es nicht verwunderlich, dass es im Leben zunehmend größere Verhältnisse gibt, bei denen Menschen das *karma* von anderen tragen müssen, das *karma* von anderen übernehmen. Die Arbeit, die manche hinterlassen haben, müssen heute wieder andere aufgreifen. Dies ist eine ganz natürliche Angelegenheit, so wie es auch im menschlichen Leben eine relativ nachvollziehbare, schnell einsehbare Wahrheit darstellt, wenn heute fünfzig Menschen an einem Gemeinschaftsprojekt beteiligt sind und fünf von den fünfzig Menschen betreten die Arbeitsstelle oder den gemeinschaftlichen Arbeitsort nicht, sondern melden sich aus irgendwelchen Gründen krank oder fahren unberechtigterweise in den Urlaub, nehmen nicht an dem Unternehmen teil, dann werden die anderen fünfundvierzig diese Arbeit mittragen müssen. Das ist eine ganz natürliche Begebenheit des irdischen Daseins. Im gesamten Weltenplan ist dies wahr, denn wir übernehmen die Arbeit, die unsere Väter, Großväter hinterlassen haben, die sie nicht zu Ende bringen konnten oder zu Ende bringen wollten, die sie aus Gründen, die sehr vielschichtiger Art sein können, nicht ausgeführt haben.

Aus einer Notwendigkeit des wachsenden Bewusstseins kommt der Mensch in die Geburt herein, wächst unter bestimmten Verhältnissen auf und nimmt von seiner Umgebung oder zumindest von seiner nächsten Blutsverwandtschaft eine Arbeit auf, die er weiter vollbringen möchte oder muss. Diese Arbeit kann eine Befreiungsarbeit von Gewohnheiten und Traditionen sein oder sie kann in jener Richtung ausgerichtet sein, die mehr in der Gestaltung und Weiterführung der bisherigen Brauchtümer ausgerichtet ist. Es gibt die verschiedensten Bedingungen. Manche werden geboren, um sich aus dem Elternhaus gänzlich zu befreien, um sich ganz loszulösen, sich zu distanzieren, und andere werden in ein bestimmtes Elternhaus geboren, um dort tatkräftiger zu werden, um mehr Einsatz zu leisten, als es die bisherigen Väter, Großväter und Verwandten getan haben. Arbeit ist es jedenfalls immer, ob sie sich in direkter Ausgestaltung auswirkt oder ob sich die Arbeit in einer Form auswirkt, die sich in Loslösung und Befreiung ausdrückt. Für alle Mühe in diesen irdischen Tagen ist die Disziplin, *tapas*, die Zügelung des gesamten Wesens, die Kontrolle von gewissen negativen Kräften, Leidenschaften, verderblichen Einflüssen und die Entwicklung einer konstruktiven, produktiv schöpferischen Ausdrucksart notwendig. Dadurch ist jeder Einzelne zu einer Leistung aufgefordert. Innerhalb des gesamten menschlich-geistigen Prozesses ist immer das *karma* tätig.

Das *karma* zeigt sich in allen Begebenheiten, gleich, ob jemand verwirklicht ist, sich weit in der Seele entfaltet hat, oder ob jemand ganz wenig verwirklicht ist, sich noch auf eher dumpferen Stufen des Bewusstseins bewegt. Es ist immer ein *karma*, eine Arbeit, die an der gesamten Weltenschöpfung geschieht. Jeder Mensch ist Arbeiter und sein Lohn ist letztlich nur das Opfer, das er bringen kann, das Opfer, *yajña*, das er in seinem Streben nach der höchsten Wahrheit, nach den höchsten Erfahrungen entwickelt. Das Opfer, das der Mensch hinterlässt, wird in die geistigen Welten eingehen. Dasjenige, was er nur an irdischem Gut erlebt, erntet, erfährt, dasjenige wird nur Wert haben für diese irdische Welt. Aber das, was er wirklich dahinopfert durch Mühe, Selbstaufgabe, Entwicklung von neuen Möglichkeiten, das ist sein Opfer, und dieses Opfer ist einerseits sein Eigentum, aber andererseits ist es Gottes Eigentum, es ist die Erfahrung, die der Gesamtheit gehört, die nicht unter dem Mein-Dein-Anspruch Berücksichtigung erhält. Obwohl es das Eigentum ist, ist doch das Eigentum des Menschen das Ganze, nicht das Einzelne, nicht das Abgespaltene, nicht das verzerrte Wesen des fixierten, ängstlichen Festhaltens an der Materie. Das Eigentum des Menschen ist tatsächlich wieder das Ganze, *pūrṇam*.

Innerhalb der *karma*-Arbeit, innerhalb des *karma*-Gedankens oder innerhalb der *karma*-Erkenntnisforschung wird es zunehmend deutlicher, dass der einzelne Arbeiter, so wie er im Dasein steht, niemals ein wirklicher Einzelarbeiter ist, sondern ein Diener, ein Arbeiter, ja, ein Führer oder eine Verkörperung von Schöpferkräften, die für das Gesamte dienlich sind. Eine wirkliche Abspaltung in ein nur Mein oder Einzel-Ich, unabhängig von einem Ganzen, gibt es in der großen Universalität der Weltenschöpfung nicht. Der Glaube, es könnte eine einzelne Glückssphäre, eine einzelne, für sich stehende Welt der Existenz geben, ist nur eine Form, die die Sinne im Sinne des Eingebundenseins in einen Körper widerspiegeln. In Wirklichkeit gibt es diese Existenz des Einzelnen, Abgespaltenen, Verlassenen nicht. In Wirklichkeit webt die seelisch-geistige Welt in allen Teilen zusammen. Indem wir uns diesen Wahrheitsgedanken hinwenden und die verschiedenen Aspekte der Seele herausarbeiten, wird es deutlicher, wie das Einzelschicksal mit dem Kollektiven zusammenhängt und wie das Kollektive wieder mit dem Einzelschicksal zusammenhängt. Immer deutlicher wird es in einer ernsthaften geistigen Schulung, wie das Individuum zwar auf der einen Seite sich getrennt erlebt, durch die Welt getrennt erlebt, aber auf der anderen Seite sich zunehmend im Einssein eines großen Urgrundes von Schöpferkräften erleben, erfahren und entfalten muss.

Zwei Übungen zur Erkenntnisbildung des *karma*

Ein Ereignis, das sich innerhalb eines Menschenlebens entwickelt, besitzt seine Wurzeln in einem früheren Leben oder zumindest in einer vorausgegangenen Tat. Wie eine unendliche Kette sind alle menschlichen Tätigkeiten, Gedanken und Gefühle miteinander verwoben. Die indische Weisheit spricht von den sogenannten Früchten, die eine Tat nach sich zieht, das Sanskritwort hierfür ist *phala*. Eine Aktion, die heute getätigt wird, wirkt wie ein Samenkorn, das in die Erde fällt und für eine kommende Zeit ein bestimmtes Wachstum mit bestimmten Fruchtbildungen hervorbringen wird. Wiederum sind es aber die Samen aus den Früchten, die in die Erde zurückfallen und erneut zum Wachsen, Gedeihen und zur Fruchtbildung führen. *Karma* ist auch der Arbeitsvorgang der gesamten Schöpfung. In diesen Arbeitsvorgang sind alle Menschen eingebunden und sie sind auf weisheitsvolle Weise miteinander verwoben.

Jede Tat, jede Handlung, jede Aktion, jede Form des Gedankens, jede Form der Gefühlsregung besitzt einen Ursprung in einer Vergangenheit und trägt für die Zukunft eine weisheitsvolle Folgewirkung in sich. Das Tätigsein unseres menschlichen Daseins ist abhängig von der Vergangenheit und determiniert das Zukunftserleben. Innerhalb dieses Eingebundenseins in Ursprung und Zukunft, in Vergangenheit und eine genau bemessene Folgezeit, erwacht in einer langsamen, mühsamen Bewusstseinsarbeit die personale, zugehörige, teilnehmende Weisheit und mit ihr die Kraft und Freiheit des Menschen. Die Erkenntnisse der *karma*-Gesetze können zu einer hoffnungsvollen Zukunft führen, denn sie führen zu einem Annehmen der verschiedenen Schicksale und zu einer Identifikation mit den Begebenheiten und Voraussetzungen und sie führen schließlich zu einer größeren Liebe und Wahrheitsgegenwart im Hier und Jetzt.

Nachdem das *karma*-Gesetz nach den philosophischen und theoretischen Inhalten eingehend studiert wurde, können die Schüler zwei sehr wichtige Übungen praktizieren, die sie in beide Richtungen, zur Erkenntnisbildung des früheren Lebens und zu den Wirkungen, die aus den Taten der Gegenwart für die Zukunft entstehen, führen. Es sind zwei konzentrationskräftige

Hauptübungen. Die erste Übung führt zur Erkenntnis der Ursachen, die einer Handlung zugrunde liegen, die zweite Übung führt zur rechten Einschätzung und weisheitsvollen Deutung einer Handlung, wie sie sich karmisch für die Zukunft fortsetzen wird.

Jene Übung, die zur Erkenntnis des früheren Erdenlebens führt und den Ursprung einer Handlung, eines Ereignisses, eines Schicksalsschlages, eines Leidens oder eines Freudegefühls identifizieren lernt, ist unmittelbar gekennzeichnet durch die Flamme einer Liebe. Diese Flamme einer Liebe ist wahrhaftig Christusliebe, göttliche Liebe, höchste Liebe des Himmels, es ist die schöpferische Liebe der kausalen Welt. Wer diese Übung tätigt, wird schon nach einiger Zeit bei sich selbst feststellen, wie er sich dieser tiefen, immanenten Liebe des schöpferischen Geistes annähert. Er nähert sich dem inneren Willen, dem *ātman* in der Willenssphäre der Individualität an. Das Wesen der Liebesflamme liegt in der Erkenntnis des willentlichen Ursprungs einer Tat, eines Gedankens oder eines Gefühls.

Die andere Übung zur Erkenntnisbildung der Früchte eines Gedankens, eines Gefühls oder einer Handlung, *karmam phalam*, führt zur Entwicklung von Weisheit und einer tiefen Empfindung für Gerechtigkeit. Jene Schüler, die eine Empfindung für ihre getätigte Ausrichtung fühlen, die ein Bild über das zukünftige karmische Wesen erleben, fühlen intensivste, profunde Gerechtigkeit. Die Gerechtigkeit ist Weisheit und Logik zugleich. Mit der intensiven, authentischen Empfindung von Gerechtigkeit, die sich auf das gesamte Selbstsein erstreckt, erwacht eine weit werdende Freude. Das Gefühl, das mit dieser Weisheitsempfindung einhergeht, ist etwa vergleichbar, wie wenn für den Menschen sich der weite Himmel öffnet und der Eintritt gewährt wird.

Für die erste Übung, die zur Erkenntnisbildung der Vergangenheit führt, muss die Erscheinungsform eines gewordenen Ereignisses oder einer gegebenen Situation oder eines signifikanten Merkmals sehr intensiv, plastisch und konkret in das Licht der Betrachtung führen. Der Schüler schenkt dieser zu betrachtenden Begebenheit seine ganze Aufmerksamkeit und Konzentration und gibt sich schließlich dem Gefühl hin, dass diese Situation aus einem innersten Wollen, aus einem Wollen des Christusgeistes selbst oder aus einem Wollen der höchsten geistigen Willensmächte hervorgerufen wird. Die Übung kann in Sanskrit mit *adare adikartṛḥ* bezeichnet werden, was so viel heißt wie die achtsame Sicht auf das ursprüngliche Wesen. Die empfängnisvolle Ruhe, die Klarheit der Konzentration und unvoreingenommene, empfindsame Tiefe bilden das Kernstück des Übens. Es ist diejenige Phase, die nach der vorbereitenden Konsolidierung als Intensivierungsphase bezeichnet wird.

Jemand ist beispielsweise an einer Krankheit der Gelenke erkrankt. Eine gewisse psychische Struktur, die bei dem Patienten wahrnehmbar ist und zu dem Krankheitsbild passt, lässt sich in die Betrachtung sehr gut mit einschließen. Mit lebendiger Empfindung, Wachheit und Klarheit des Gedankens gibt sich nun der Aspirant, der das *karma* erforscht, dem Gedanken hin, dass der Christus oder die göttliche Selbstkraft mit Hilfe der geistigen Hierarchien diese psychische Kondition wie auch die leibliche Erkrankung hervorgerufen hat. Die Konzentration muss mehrere Minuten eingehendst auf das Bild und auf den Gedanken, dass der Christus oder die göttlichen Hierarchien diese Situation der Krankheit hervorgerufen haben, ausgerichtet bleiben. Bis zu fünf mal über mehrere Tage verteilt kann diese Übung wiederholt werden. In der Regel taucht nur langsam eine vage Empfindung zu dem dahinterliegenden, ursächlichen Bewusstsein des früheren Lebens auf. Auf noch ungenaue, ungeformte, mehr ahnende, halbdunkle Weise entsteht in dem sich so übenden Menschen eine erste Identifikation mit den Schicksalsbedingungen, die vorliegen. Mit der ausdauernden Fortsetzung der Übung erwacht wie hinter dem äußeren Sinnesschein bald eine sensitive, profunde Liebe, die die rechte Fülle und die sichere Behaglichkeit gibt, in der in leisen Umrissen ein Bild aus dem früheren Leben formend entsteht. Ahnungen, Empfindungen und erste Wahrnehmungen zu einem Bildnis aus dem früheren Leben steigen durch diese so getätigte Konzentrationsübung aus dem gehobenen Liebesempfinden auf.

Bei der zweiten Übung, die auf die Früchte einer Handlung ausgerichtet ist, *karmam phalam,* und bei der das karmische Zukunftsbild erforscht wird, kann auf relativ ähnliche Weise die Beobachtung erfolgen. Das vorliegende Ereignis, der Tatbestand, die Situation, das Leiden, das Schicksal oder die außergewöhnliche Begebenheit rücken zuerst einmal auf intensive Weise in die Betrachtung. Ein Gefühl über die bestehenden Wesenskräfte soll die Aufmerksamkeit begleiten. Wenn ein Aspirant eine besondere Art des Leidens, das bei ihm vorliegt oder auch bei einem anderen Menschen gegeben ist, beobachtet, so sollte er sich intensiv in die Art der Gefühle hineinleben, er sollte empfinden lernen, wie schmerzlich das Leiden am Körper nagt und ganz besonders sollte er auch eine Empfindung darüber finden, wie dieses Leiden auf das Selbstbewusstsein des Betreffenden oder die umliegende Situation wirkt. Wenn auf diese Weise ein klarer, authentischer Sinnes- wie auch Gefühlseindruck von einer Situation, Begebenheit oder einer Sache erstellt wurde, so kann nun der Aspirant sich einer zweiten Vorstellung hingeben und nun das Folgende denken: Das gesamte Bild mit allen Gefühlen und Eindrücken soll nun rein hypothetisch an eine vernünftige, neutrale Personengruppe informativ gerichtet werden. Es kann sich beispielsweise der Aspirant der Vorstellung hingeben, er erzählt nun seinen Eindruck und seine Gefühle wie auch die vorgegebenen Tatsachen dieser in der Vorstellung bestehenden neutralen Personengruppe. Schließlich wartet er mit dieser in der Vorstellung vollzogenen Übung ab, welche Gefühle bei den Menschen unweigerlich erwachen müssen, die seiner Schilderung zuhorchen. Diese Übung kann ganz in Vorstellungen bleiben, sie muss nicht unmittelbar in die Praxis einer lebendigen Erzählung gelangen. Beispielsweise muss der Aspirant seine Wahrnehmungen und seine Empfindungen, die er über eine Situation entwickelt hat, nicht einem Auditorium erzählen. Bei der Übung kommt es lediglich auf die Wirkungen an, die ein neutrales, gesundes, vernünftiges Publikum entwickeln würde, wenn ihm bestimmte Ereignisse oder Erscheinungen mitgeteilt werden.

Nehmen wir ein Beispiel, um diese Übung besser zu erfassen. Setzen wir den Fall, es sei jemand sehr arrogant und verletzt auf diese Weise eine andere Person. Die tätige Person ist dabei diejenige, die durch ein hochmütiges Verhalten auf andere herabsieht, die betroffene, passive, andere Person nimmt die Wirkungen der Arroganz entgegen. Der Schüler, der sich nun auf dem *karma*-Übungsweg einen Eindruck verschaffen möchte, wie Verhaltensweisen in die Zukunft hineinwirken, sollte eine solche Situation eingehendst erfassen und sich lebendig diesen Wesensgefühlen, die beispielsweise von einer arroganten Person zu einer anderen ausströmen, hingeben können. Nachdem er dieses Bild ausreichend erfasst hat und plastisch in Gefühlen bei sich erlebt, kann er sich der ergänzenden Vorstellung hingeben, es anderen, neutralen Personen, die ganz ahnungslos, ganz unbefangen und vernünftig in ihrer Auffassung sind, zu erzählen. Wie werden sie auf die Situation reagieren? Wenn ihnen jemand auf genaue Weise die Art der Eitelkeit, des Hochmutes, der Arroganz schildert und auch die Betroffenheit eines Opfers aus dieser Situation anspricht, so werden bei diesen neutral stehenden

Personen Reaktionen ausgelöst. Diese Reaktionen sollten ganz genau in ihrer Art der Wirkung und Empfindungstiefe Beachtung finden. Wie reagieren beispielsweise neutrale, gesunde Personen auf ein arrogantes, hochmütiges, eine andere Person erniedrigendes Verhalten? Sie werden je nach Form der Arroganz gewisse Ekelgefühle gegenüber diesem arroganten Verhalten und damit der Person gegenüber wahrnehmen und sie werden eine bestimmte Form des Mitfühlens gegenüber der im Opfer stehenden anderen Person erleben. Obwohl sicherlich sehr viele Reaktionen in einem neutralen Personenkreis, dem eine solche Situation geschildert wird, entstehen können, so gibt es doch zentrale innere, signifikante Gefühle, die alle gemeinsam erleben können. Das Ekelgefühl gegenüber Arroganz erinnert an eine karmische Wirkung, an eine Folgewirkung auf eine Wirkung im Sinne der zukünftig zu erntenden Früchte, *karmam phalam.* Auf intensive, ruhige, kontemplative Weise kann sich der Aspirant diesen Gefühlen hingeben und authentische Bilder erzeugen, wie eine Wirkung von Handlungen für die Zukunft entstehen kann. Sowohl negative als auch positive Erscheinungsformen können auf diese Weise den Übungsweg begleiten.

Es ist günstig, wenn sich der Übende nicht nur einem ausschließlichen Übungsbeispiel hingibt, sondern er verschiedene Situationen, Ereignisse oder Begebenheiten aus dem Leben herausgreift und diese nach dem karmischen Ursprung und nach der karmischen Folgewirkung untersucht. Einige Male jedoch sollte er sich wiederholt zur gleichen Tatsache ausrichten, dann aber ist es günstig, wenn ein Wechsel im Übungsobjekt und in der Betrachtung entsteht.

Ein Erfolg durch das Üben darf jedoch nicht durch Zwänge entstehen. Die ruhige, empfängliche Konzentration, die kristallklare Hinwendung und das wahrhaftige Wollen eines Aspiranten, geistige Wahrheiten einzuschauen, führen, verbunden mit dem Gesamtstudium und der Ausrichtung des *sādhanā*, mit der Zeit zu einem Erwachen der rechten karmischen Bilder. Der Aspirant, der die karmischen Bilder erschauen möchte, muss weiterhin ein reines, ideales Leben erstreben und ein umfassendes Charakterstudium mit verschiedenen differenzierten Empfindungen betreiben und reichhaltige Gefühle zur Logik und Tiefensicht des Lebens entwickeln.

Karma und Reinkarnation
Die Weltenlogik im irdischen Leben

Vortrag vom 3. November 2002

Liebe Studienteilnehmer,

wir sind heute für diesen Kurs zum letzten Mal zusammengekommen. Sicherlich wird es nicht das letzte Wiedersehen unter uns sein, dennoch sind wir heute an einem Tag angekommen, der nach drei Jahren eine Periode des Lernens beschließt. Einige Inhalte, die bereits in verschiedenster Weise ausgedrückt wurden, sind an eure Seelen mit Bildern und Eindrücken herangetragen worden. Die beschließenden Stunden wollen wir nutzen, noch einmal rückschauend auf die Gedanken des *karma*, um einige neue esoterische Zusammenhänge hinzuzufügen, damit die Eindrücke der Bilder eindeutiger, klarer, und für die Praxis fassbarer werden. Aus den Bildern und Eindrücken entstehen schließlich exaktere Empfindungen, die zu einem stabilisierenden Wahrheitsgefühl gedeihen.

Für die Zukunft sollte das praktische Arbeiten mehr in den Mittelpunkt rücken. Das, was hier in philosophisch-theoretischen oder esoterisch-theoretischen Inhalten entgegengenommen wurde, das soll sich in der Zukunft durch praktische Handlungen oder Arbeitsinitiativen oder auch durch gezielte Übungsansätze weiterentfalten, und es sollen Wege in die Offenbarung gelangen, die zur eigentlichen Tiefe der Imagination oder Tiefe einer inneren Wahrheitssicht führen. *Karma* und Reinkarnation ist ein großes Thema, das sich nur langsam wie eine versiegelte Türe zu einem großen, unüberschaubaren Palast öffnet. Anhand der ersten Ansätze, die hier getätigt wurden, können sich die Schüler in diesen Palast hineintasten und erste Empfindungen über die tiefe Weisheitslogik der wiederholten Inkarnationen, des wiederholten Verkörpertseins auf der Erde, finden.

Gestern hatten wir angeführt, wie die Seele in sich zwei Keimkräfte, zwei Willenskeimkräfte trägt, zwei sogenannte *bīja-prataḥ*, zwei Kräfte, die aus ganz unterschiedlichen Bewegungen, aus ganz unterschiedlichen Voraussetzungen kommen. Die Bewegung ist einmal der Keim des Willens, der den

Menschen als Motiv aus dem vergangenen Leben leitet, und es ist auf der anderen Seite der göttliche Wille, der sich innerhalb der bisher gegebenen, individuellen Voraussetzungen ein ganz neues Sein, eine ganz neue Ausdrucksart in einer Synthese mit dem Alten sucht. So arbeiten zwei Keimkräfte im Willen: eine Keimkraft von oben und eine Keimkraft von unten, und sie durchdringen sich beständig und formen aber dennoch eine göttliche Neuorientierung, eine neue Synthese des Individuums mit der Universalität in einer ganz neu geborenen Seinsgrundlage heraus. Das Lesen des *karma*, lesen ist, wenn dieses Wort gebraucht wird, sehr oberflächlich gesagt, das Erfahren, das Erleben eines karmischen Hintergrundes, eines Wirkungszusammenhanges, der aus dem Vergangenen entstand und der sich in dieses Erdenleben herüberspiegelt und seinen Ausdruck sucht, ist durch verschiedene Ansätze möglich. Die Unterscheidungsbildung der inneren Seelenmotive in jene, die von einem früheren Leben kommen, und in jene, die aus den gegebenen Kräften dieser Inkarnation gewollt sind, ist wohl eine der einfacheren Methoden, um sich selbst in das Licht einer ersten erkenntnistheoretischen Betrachtung zu geben.

Wohlgemerkt aber erfordert das innere Seelendasein einen längeren Betrachtungsansatz, denn wie schon erwähnt, sind diese Gedanken, die zuerst einmal von der Oberflächenwarte, von der sinnlich-äußeren Erscheinung abgelesen werden können, immer leicht in eine Art veräußerlichte Interpretation gerichtet, so dass von außen her das *karma* in der Regel gar nicht gelesen werden kann, oder von äußeren Sinneserscheinungen gar kein wirkliches Einstufen, Einarbeiten hinein in die inneren Fragen geschehen kann. Die Schüler müssen deshalb von normalen, profanen Interpretationsversuchen zu wirklich tiefgründigen Wahrnehmungen, gefolgt mit konkreten Gedanken vordringen.

Das Beispiel, das als Erstes herangeführt wurde über die Ärztin, die mit der Augenerkrankung, dem grünen Star, und der psychischen Problematik in eine Behandlung eingetreten ist, zeigte recht deutlich, wie es notwendig ist, Schritt für Schritt erst einmal die äußere Ordnung in der Betrachtung herzustellen und von der äußeren Ordnung auf die inneren Seinsbedingungen das Urteil auszurichten. Um zu einer Erkenntnis der karmischen Zusammenhänge zu kommen, nutzten wir ein signifikantes Merkmal, in diesem Fall die äußere männliche Erscheinung, und brachten dieses signifikante Persönlichkeitsmerkmal in die Konzentration. Schnellfertige Schlussfolgerungen wollten wir vermeiden. Nach einer kurzen Konzentrationsphase stellten die meisten Schüler fest, dass dieses psychische Merkmal der Vermännlichung und der starken Unabhängigkeitsliebe nur eine dekompensatorische Äußerung eines inneren Zwiespaltes ist, der tiefer in der Seele wurzelt. Der nächste Schritt des Lernens oder der Erkenntnisbildung lag nun darin, dieses äußere Persönlichkeitsmerkmal, den Unabhängigkeits- und Freiheitsdrang, die starke männliche Offenbarung aus dem Wesen der Frau wegzudenken, diese zunächst einmal auffälligsten Züge ganz einfach zu ignorieren und dann auf die Empfindung zu achten, die hinter dem äußeren Erscheinungsbild bleibt. Für die Ordnung in der Seele mussten wir diesen äußeren Teil der Psyche, diesen Teil, der zur Kompensation des Lebens benützt wurde, einmal hinwegnehmen und dann die Innensicht neu entwickeln. Wir betrachteten dann die depressive Grundstimmung und bemerkten, dass nach getaner Ordnung, nach erster Zuordnung der verschiedenen Umstände, das Betrachtungsbild schon etwas eindeutiger zu den Kernfragen hinführte. Wir konnten dann mit zwar unsicherer, vager, aber doch einigermaßen nachvollziehbarer Ahnung feststellen, wie diese Seele mit einem inneren Konflikt, der aus einem vergangenen Leben kommt, ringend in dieses Leben inkarniert ist und infolge der mangelnden spirituellen Ausrichtung sich auf äußerste Wege verstricken musste. Die Lösung lautete: Die Frau sucht sich eine Weite, eine Freundschaftlichkeit mit anderen Menschen. Sie möchte nichts mehr als sich intensiv mit anderen Menschen verbinden. Aber diese Freundschaftlichkeit, diese Verbindungsmöglichkeit ist durch Misstrauen, Schmerz, eventuell durch ein Trauma und durch eine Anlage, nur einseitig auf Frauen zugehen zu können, eingeschränkt. Es wurde bei diesem Beispiel erwähnt, dass in der karmischen Sichtweise das Ergebnis hervorkommt, dass die Sexualkräfte zu einem früheren Zeitpunkt falsch gebraucht, falsch eingesetzt wurden, und deshalb in diesem Leben jene charakteristische Enge mit Krankheit und psychischer Verzweiflung entstehen musste. Mit dieser selbst gewollten Blockade, die sich über den physischen Leib mit der Krankheit ausdrückt, entsteht für sie die Anforderung, eine neue Orientierung zu einer tieferen geistigen Sichtweise der Umstände anzustreben.

Dieses Fallbeispiel zeigte für die Betrachtung der esoterischen Thematik, wie sehr das vergangene Leben mit einem Willenskeim in dieses Leben hereinwirkt. Es ist untergründig im Willen das Motiv des vergangenen Lebens tätig, und dieses Motiv sucht sich eigentümlicherweise die allerstärksten und sogar tragisch anmutenden Blockaden. Die äußeren Erscheinungen, wie beispielsweise die Vermännlichung im Wesen oder die Gefühle nach Unabhängigkeit, sind dabei nicht immer als der wesentlichste Maßstab zu werten. Wichtig ist es, den inneren Willen innerhalb einer äußeren Begebenheit oder eines äußeren Erscheinungsbildes, eines äußeren Schauspiels oder einer äußeren Lebensrichtung richtig zu deuten. Ein Gefühl muss entstehen, was dieser innere Wille, dieser innere Keimling, dieses innere *bīja* aussagen möchte, was es im Schauspiel des Lebens bewirken sollte. Hierzu muss tatsächlich die Seelenübung, die allgemein mit dem Begriff »Das rechte Urteil«[1] benannt ist, auf eine Stufe der inneren Schau und einer ersten wirklichen geistigen Wahrnehmung gebracht werden. Diese geistige Wahrnehmung ist tatsächlich Übungs- und Schulungsangelegenheit.

Im weiteren Verlauf der Betrachtungen stellten wir fest, dass es zwei wesentliche nennenswerte Unterschiede gibt in der Ausrichtung des karmischen Gesetzes. Es gibt Begegnungen im Leben, die auf einer Art Wiederholung beruhen. Es begegnen sich Menschen oder Menschengruppen oder es treten Menschen in eine bestimmte Gruppe oder Institution ein, zu denen sie aus der Vergangenheit eine besondere Beziehung aufgebaut haben. Diese besondere Beziehung, die aus der Vergangenheit bereits aufgebaut wurde, ist aber nun in diesem Leben unbedingt zu überwinden. Da jedoch eine Beziehung zu diesen Formen, Gruppen oder Menschen besteht, müssen jene, die in diesem *karma* gegründet sind, sich selbst überwinden und ihre gesamte Lebensbeziehungsfrage neu entwickeln. Sie müssen für die Zukunft bessere, höhere Ideale formen lernen, sie müssen über sich selbst und über eine Gruppe oder über eine bestimmte Lebensform hinauswachsen. Wenn die Zeit des Abschieds gekommen ist, so kommen dem Menschen in der Regel Beziehungskonflikte, Konflikte innerhalb der Gruppen, Konflikte innerhalb der Institutionen entgegen und helfen gewissermaßen zur Neuorientierung. So muss sich beispielsweise jemand aus den alten, traditionellen oder gewohnten, bekannten Verhältnissen herausarbeiten und eine neue Formung, eine neue Etablierung seines ganzen Wesens entwickeln. Die Konflikte, die sich in diesen Szenen der Neuorientierung und Loslösung herausarbeiten, sind notwendig, denn sie fordern das verwickelte, gebundene Ich zu einem größeren Schritt in die Freiheit und Weiterentwicklung auf.

1 Grill, Heinz: Yoga und Christentum, Lammers-Koll-Verlag

Anders ist es aber, wenn eine Herausforderung nun an das Leben herankommt, die ebenfalls aus einem karmischen Hintergrund entsteht und die durch Verhältnisse verursacht ist, durch Menschen oder Einflüsse, die zu dem Inneren der Seele vorerst einmal gar keine Beziehung aufweisen. Es kann beispielsweise an das Leben ein Schicksal oder eine Tragik herantreten, die etwas ganz Groteskes, ganz Unheimliches, Schmerzliches, ganz Oppositäres, ganz Unerklärliches darstellt und die keine sichtbare Beziehung zu dem inneren Wesen der Seele besitzt. Es können an sehr gute Menschen sehr destruierende Ereignisse herantreten, die scheinbar mit dem eigenen Bewusstsein, sowohl des untergründigen als auch des normal gewöhnlich fassbaren, nichts zu tun haben. Es sucht sich jemand im Leben beispielsweise das gravierendste Gegenteil, das Oppositärste oder vielleicht sogar das Allerunheimlichste. Er sucht sich aber dieses ganz andere deshalb, da er im gesamten Dasein eine besonders heftige Anforderung für sein Ich sucht. Er sucht sich deshalb das denkbar Unmöglichste aus, um im Leben eine besonders hohe Stufe der Entwicklung zu erringen. Das Eigentümliche, das sich in diesen Wegen des *karma* ausdrückt, ist jenes, dass sich zu diesem anderen, zu diesem Fremdartigen, zu diesem Oppositären in keinster Weise eine Sympathie zeigt, sondern lediglich nur Antipathie, sogar gesteigerte Antipathie bis hin zu heftigster Aggression. Es ist das Ich, die Individualität, die Unabhängigkeit der Individualität, die nun auf ganz besondere Weise durch das Gegenübertreten eines unheimlichen oder oppositären oder dekadenten Prinzips angeregt wird.

Der Einzelne, der diese Art des *karma* aufsucht, muss schließlich auf dieser Grundlage der besonders intensiven Individuation eine Tugend und Liebeskraft entfalten, die Rudolf Steiner auch erwähnt hatte und die für den Individuationsweg unabdingbar ist. Er muss die Liebe im Inneren als eigenen Schatz erleben lernen und er muss sich dafür im eigenen Innersten in einer Zornesglut erhitzen, er muss das Fremdartige aus seinem Umkreis entfernen, er muss Abwehr und Reaktion zeigen können. Der Zorn ist in diesem Sinne nicht Hass, sondern eine Art Immunabwehr in produktiver Weise. Es gibt auch eine negative Form des Zornes, die sich zum Hass steigert, sie wird in Sanskrit mit *krodha* bezeichnet. Aber diese sei nun nicht gemeint, denn es soll sich die positive Welt des Zornes, die als eine wirkliche Abwehr gegenüber dem Negativen geschieht und die eine sehr gesunde, sehr natürliche Reaktion darstellt, angesprochen sein. Der Blutorganismus soll zum Pulsieren kommen, und das psychische Immunsystem sollte wie eine heftige

Wallung reagieren, damit es das Fremdartige, das Unduldsame nach außen befördert. Die Reaktionen eines gesunden, heiligen Zornes sind heilsam und förderlich für die Seele, denn sie steigern das Gefühl, im Schatz einer Liebe gegründet zu sein. Jene Menschen, die sich diesen Gefühlen im rechten Sinne hingeben können, ja, die sich hineingeben können in diese Gefühle, fühlen bald die Liebe als einen inneren Schatz, sie fühlen sich auf diese Weise auf eine natürliche Weise inkarniert.

In beiden Fällen wünscht sich die Seele die Anziehung des Negativen und sie sucht sich schließlich eine Berührung mit der Außenwelt, die zu einem Konflikt gedeiht. Bei beiden Fällen sucht sich das Ich eine Neuorientierung. Der Unterschied in den Beispielen besteht jedoch darin, dass sich bei dem ersten Beispiel eine innere Verwandtschaft zu dem äußeren Konflikt zeigt und bei dem zweiten Beispiel keine innere Verwandtschaft zu der Außenheit finden lässt. Deshalb muss bei dem ersten Beispiel derjenige, der in diese karmische Krise gelangt ist, eine gewisse Sympathieform in seiner Seele überwinden und bei dem zweiten Beispiel muss der Betroffene dasjenige überwinden, das mit einer heftigen Antipathie an ihn herankommt.

Es ist in diesem Sinne erwähnenswert, dass es häufig im Leben Verhältnisse gibt, in denen jemand immer das Gegenteil zu seiner Seele sucht. Sehr häufig ist das in Partnerschaften der Fall. In Partnerschaften sucht sich so mancher das gravierendste Gegenteil zu seinem eigenen Wesen. Man könnte sich fragen: Was haben beide zu lernen, indem sie auf besonders eigentümliche, auffällige Weise das ganz andere, das Fremde im Wesen des anderen aufsuchen? Wenn zwei Menschen zusammenkommen und der eine ist beispielsweise von überaktivem Temperament gezeichnet und der andere ist mehr von der phlegmatischen Behäbigkeit in der Konstitution geprägt, dann können sich diese Personen in der Regel gar nicht leicht erdulden, aber es ist doch häufig so, dass sie sich inniglich lieben, inniglich anziehen, nicht loslassen können voneinander, vielleicht heimlichst sogar eine Bewunderung, eine zarte Admiration füreinander haben. Gegenteilige Charaktere wollen sich immer wieder anziehen, sie wollen durch ihre besondere seelische Verfasstheit besondere Entwicklungsschritte in das Leben hineinbringen, sie wollen aus karmischer Notwendigkeit sich selbst in der Herausforderung erleben.

Es kann sein, dass sich die beiden Personen mit ihren gegenteiligen Anlagen früher nicht gekannt haben und dass sie sich lediglich aus ihrem Fasziniertsein füreinander besonders sympathisch finden, aber es kann auch sein, dass sie sich gekannt haben. Für die Betrachtung bleibt es einerlei, ob es sich um den ersten oder um den zweiten karmischen Beispielsfall handelt. Wenn sich zwei Personen, die sich vollständig konträr gegenüberstehen, mit ganz unterschiedlichen Anlagen gegenüberstehen, begegnen und sich aufsuchen, sich zu gemeinsamen Lebensentscheidungen bewegen, dann hat das in der Regel den Hintergrund, dass auch hier das Ich auf das höchste Maß herausgefordert werden soll. Sie wollen ihr Ich fordern, indem sie den gegenteiligen Menschen suchen. Wie geschieht diese Anregung, diese Erkraftung im Ich?

Wenn zwei gegenteilige Personen zusammenkommen, dann müssen sich beide am meisten von ihren ursprünglichen Anlagen, von ihren Erbanlagen, von ihrem Vater- und Mutterhaus ablösen, damit sie aus den starken dualen Positionen ein Miteinander formen können. Sie wollen tatsächlich wie in einem Dreieck zu einer neuen Spitze kommen, zu einer neuen Mitte, zu einer neuen Ausrichtung. Beide wollen sich ablösen, beide wollen sich befreien, beide wollen eine neue Unabhängigkeit finden. Nicht nur einer will aufgehen in dem anderen, nicht nur eine Wegstrecke in der Mitte wollen sie für sich finden, sondern sie wollen sich beide herausheben zu einer wirklichen, unabhängigeren Dimension des Erlebens, zu einer gemeinsamen, neuen Einheit wollen sie gelangen. Das ist die Bedeutung vom Karmischen her gesehen zu der eigentlichen Erscheinung der Anziehung aller Gegenteile in Partnerschaften. Es ist nicht unwahr, aber die Menschen, die so sehr das Gegenteil in der Verbindung zum anderen Geschlecht suchen, suchen unbewusst eine größtmögliche Unabhängigkeit und eine Neuformung ihres Schicksals. Sie wollen eine neue Bewusstheit gegenüber der Außenwelt und auch gegenüber ihrem eigenen Inneren entwickeln.

Das Ich ist auf diese Weise gerade durch das Gegenteil zu einer steilen Aufwärtsentwicklung aufgefordert. Das Ich will sich nicht fordern, indem es immer nur an dem anderen Anstoß nimmt, an den gegenteiligen Eigenschaften des anderen, sondern das Ich will sich formen, indem etwas Neues in die Geburt gehoben wird. Aber auch in diesem *karma*, das wir zum zweiten Teil erwähnt haben, in dem jemand in heftigem Zorn das Unduldsame abwehrt, das Unerträgliche abwehrt, will das Ich nicht nur das Eigene wahren, sondern will das Ich um eine hohe Stufe aufsteigen, will sich das Ich erheben. Diese Ich-Kräfte werden dann am meisten herausgefordert, wenn jemand im Leben mit den allerschlimmsten denkbaren Gegenteilen, mit den unerträglichen, unduldsamen Gegenteilen konfrontiert wird. Deshalb kann es sein, dass es in einer geistigen Schulung relativ häufig vorkommt, dass die Schüler mit ziemlich schmerzlichen Attacken oder mit sehr unliebsamen Bedrohungen, sehr eigenartigen Forderungen der Außenwelt oder sehr hässlichen Bildern der Außenwelt konfrontiert werden. Die Ich-Kräfte werden auf diese Weise am stärksten herausgefordert. Die Individuation wird gerade im Sinne des Ertragens oder des Begegnens mit gewaltsamen oder schmerzlichen Ungerechtigkeiten zu der Kraft und Willensführung in eine neue Richtung getrimmt.

Am gestrigen Tage erwähnten wir die Möglichkeit einer Gliederung, die auf sehr einfache Weise angefertigt werden kann, um in die zwei Willensverhältnisse des Seelenlebens besser hineinschauen zu können. Es wurde erwähnt, dass die Ausrichtung so geschehen soll, dass als Erstes einmal die Zielorientierung am besten in einer Dreigliederung von geistigen Zielen, seelischen Zielen und materiellen Zielen aufgeschlüsselt wird, und dann als ein ganz anderer Punkt jener Teil aufgelistet wird, der am meisten Angst bereitet, am meisten Sorge, am meisten Konflikt bereitet. Insgesamt sind es schließlich vier Punkte, die am besten mit einer kurzen schriftlichen Skizze auf ein Blatt Papier notiert werden. Die ersten drei Punkte unterliegen den bewussteren Willensmöglichkeiten, während der vierte Punkt sich automatisch als ein schicksalsbeladener Teil eröffnet und unabhängig von den äußeren Möglichkeiten des Willens in das Leben kommt. In diesem vierten Punkt soll die größte Widersprüchlichkeit zur bildhaften oder zumindest begrifflichen Darstellung und Einschätzung kommen. So sind die ersten drei Punkte tatsächlich jene, die der suchende Schüler in allen Fällen entfalten muss, während der vierte Punkt derjenige ist, der in das Leben eindringt und einen Unfrieden herbeiführt. Der vierte Punkt ist deshalb am Wesen des *karma* beteiligt.

Ein Therapeut, der dieses Schema anwendet, kann entsprechend mit leichten Abänderungen ein erstes Gefühl für die bestehenden Bewusstseinskräfte entwickeln und darüber hinaus eine Möglichkeit entfalten, wie unbewusste Mächte in einem untergründigen Willen in der Seele arbeiten. Auf diese Weise kann gerade in einer therapeutischen Sitzung ein erstes Gefühl entstehen, wie diese beiden Willenskräfte in der Seele arbeiten, wie sie sich einerseits durchdringen, andererseits gegenseitig bearbeiten und wie aus

I Konstruktive Bewußtheit

1. geistiges Ziel
   das universale Wollen
2. seelisches Ziel,
   erstrebenswerte Tugenden
   ästhetische Ideale

3. materielle Wünsche
   beisp. Gesundheit, Beruf
   Beziehung, Erfolge usw.

II Kalamität

4. Worin besteht die größte
   Angst; Konfliktlage
   persönliche Schwierigkeit

den gesamten Prozessen des Werdens ein neuer Mensch, ein Mensch, der in dieser Inkarnation gedacht ist, in dieser Inkarnation gewünscht ist, erkraften soll. Nicht der alte Bürger, der alte, vergangene Mensch soll sich wiederholen, nicht Leidenschaften, althergebrachte Wünsche sollen auf den Plan treten, sondern der neue Bürger soll sich in der Leiblichkeit manifestieren. Es soll die Seele neue Erfahrungen in dieser Inkarnation entwickeln, neue Errungenschaften, unabhängig von der alten Inkarnation, kennen lernen.

In den Betrachtungen der beiden letzten Tage hatten wir weitere Beispiele in genauerem Detail analysiert, damit es deutlich wird, wie unterschiedliche Verhältnisse wirken können. Manchmal ist es notwendig, sich von persönlichen Verhältnissen zu distanzieren, das heißt, manchmal ist es notwendig, sich tatsächlich von Gewohnheiten zu entfernen, von Arbeitsverhältnissen, von Traditionen, von Institutionen loszulösen, oder es kann sogar einmal notwendig sein, sich von nahen Freunden, von den Eltern oder von der Familie, oder sogar auch von den eigenen Kindern zu verabschieden. Manchmal ist das notwendig, aber es ist nicht immer notwendig. Eine Regel gibt es in dem Sinne nicht, die grundsätzlich schematisch besagen würde, wann und unter welchen Bedingungen sich jemand distanzieren muss. Aber wenn die Betrachtung des *karma* und die Betrachtungen der verschiedenen Willensmotive, der inneren Verhältnisse der Seele angestellt werden, so wird es doch in diesem Inneren ersichtlich, wie und wann sich jemand von ganz bestimmten Verhältnissen einmal distanzieren muss. Häufig ist es sogar so, dass man sich von gewissen Bindungen oder gewissen althergebrachten Formen lösen muss, damit man überhaupt das neue Dasein im Werden annehmen kann. Es ist aber für die Umgangsweise mit der Seele eine ganz wichtige erwähnenswerte Forderung, dass es grundsätzlich keine Regel gibt, sondern es muss auf der Grundlage von Weisheit und rechter Beurteilung in Erfahrung gebracht werden, ob sich nun jemand wirklich verabschieden sollte von alten Verhältnissen oder ob sich jemand sogar mehr integrieren, mehr hineinarbeiten sollte in die bisherigen Verhältnisse, und auf diese Weise seine Seele, seine Unabhängigkeit und seine Freiheit findet. Die Freiheit ist wahrlich ein vielseitiges Seelenbewusstsein. Je tiefer, je klarer, je rechter die Betrachtungen in der Seele sind, um so deutlicher kommt ein Therapeut zu einem objektiven Bewusstsein und kann von diesem ausgehend seinem Klienten Weisungen zur Ordnung seines inneren Astralleibes geben und ihm damit verhelfen, sich selbst, sein früheres Dasein und seine gegebene Möglichkeit in dieser Inkarnation verstehen zu lernen.

Manchmal muss die Integration gesucht werden und manchmal muss erst einmal die Loslösung gesucht werden und später erst die Integration. Jede Form der Integration aber, wenn sie im richtigen Sinne und im richtigen Maß eintritt, ist heilsam. Wie die Verhältnisse angelegt sind, das lässt sich im Allgemeinen nicht schematisieren, es können nur verschiedenste Beispiele dazu anregen, um Einblicke in die Art der Lebenswogen, in die Lebensbewegungen zu geben.

Wir hatten ein Beispiel am gestrigen Tage angeführt, bei dem die irdische Situation ausschlaggebend war für die Konfliktsituation. Der Konflikt der Frau begann mit der Heirat und Familiengründung. Nun könnte es gerade, wie das Beispiel zeigte, eine Idee sein, dass gerade diese irdische Situation auf negative Weise auf die verheiratete Frau gewirkt hat und es notwendig wäre, eine Trennung herbeizuleiten. Die Frau spekulierte nach Trennung, um ihre Probleme lösen zu können. Bei genauerer Betrachtung aber kamen alle hier Anwesenden doch zu der leisen Ahnung, dass es viel mehr notwendig ist, das integrative, das durchdringende Prinzip herzustellen und gar nicht so sehr die Loslösung, gar nicht so sehr die Distanz zu suchen, sondern mehr den rechten Weg eines Hineingehens zu entfalten. Inniglich sucht sich die Frau einen Weg in die Welt. Sie suchte sich den Konflikt mit der Ehe nicht, um sich einmal von der Ehe loslösen zu können, sondern um eine Synthese mit der Welt durch eine eigenständige schöpferische Aktivität zu finden. Die Frau war im früheren Leben im Priesterberuf tätig und konnte infolge dieses Standes innerhalb der Gesellschaft ein intensives Hineingehen in die Welt vermeiden. Nun lässt sie sich auf die Ehe ein, aber sie kann in der Ehe nicht sogleich die Erfüllung finden, sondern sie muss zunächst erst einmal an ihrem eigenen Charakter, an ihren eigenen Vorstellungen, an ihren eigenen Gefühlen arbeiten, um diese Welt des Ehelebens mit ihren verborgenen religiösen, geistigen Idealen in Übereinstimmung zu bringen. Nicht Loslösung, sondern langsame, integrative Gestaltung ist ihr Aufgabenziel mit der gegebenen Krise.

Auf diese Weise können die Ergebnisse einer tieferen Sicht, einer tieferen seelischen Sicht, einer Sicht, die heranklopft an das *karma* oder die sogar das frühere Leben langsam in eine reale Betrachtung bringt, fruchtbar für die gesamte Lebensgestaltung und auch für die Entwicklung eines gesunden moralischen Bewusstseins, eines gesunden, gebenden und weitenden Bewusstseins genützt werden. Es ist aber notwendig, sorgfältig zu arbeiten. Leichtfertige Spekulationen, an der Oberfläche abgelesene Eindrücke sind in der gesamten *karma*-Forschung und Deutung der Inkarnationen nicht unbedingt zulässig.

Es ist auch erwähnenswert, um einige Beispiele heute hinzuzufügen, dass es niemals darum geht, von außen, von dem äußeren Erscheinungsbild auf die frühere Inkarnation zu schließen. Wenn jemand von der Physiognomie her oder von einer etwas dunkeltönigen Hautfarbe aussieht wie, sagen wir, ein Inder, dann würde das nicht heißen, dass er in der früheren Inkarnation ein Inder war. So einfach dürfen Schüler diese Deutungen nicht vornehmen, das wurde bislang ausreichend erklärt. Es muss hinter die Gestalt der Blick erfolgen, es muss intensiver in das Detail vorgedrungen werden und anhand des Details die Konzentration zur eigentlichen Sache erfolgen. Dann erst kommt ein rechter Blick für die wirklichen, wahren Umstände in die Geburt. In der Regel ist es notwendig, einen Menschen kennen zu lernen, um Aussagen über ihn zu tätigen.

Wir könnten einmal eine Frage stellen: Warum ist jemand in einem Leben mit einer sehr schönen, äußerlich sehr anmutigen, anziehenden Gestalt des Körpers in dieses Leben hereingestellt? Es ist doch ein gutes Zeichen beziehungsweise ein angenehmer Vorteil, wenn jemand als schönes Kind geboren wird, als schöner Jüngling gedeiht, als schöne Person im Beruf oder im Gesellschaftsleben steht. Woher kommt dieses Schöne? Ohne dabei narzisstisch zu werden, ohne dabei einen Anspruch zu prägen, ohne dabei in eigenartigen, eitlen Gefühlen zu schwelgen, aber wenn jemand den Vorteil oder die freudvolle Gabe bekommt, schön im Leben zu sein, dann scheint es auch irgendeinen Verdienst im früheren Dasein gegeben zu haben. Was könnte das für ein Verdienst sein?

Die Beobachtungen des Lebens können auf Weisheitsgesetze Rückschlüsse zulassen. Anhand der Beobachtung des äußeren Daseins lässt sich bereits eine Steigerung oder eine Art Aufstieg des Opfers beobachten, oder wie es Rudolf Steiner bezeichnet hat, eine Metamorphose beobachten, eine höhere Verwandlung der Form. Es ist das Opfer, und je nachdem, wie es hineingeht in die Schöpfung, mit einer Steigerung der Qualitäten oder mit einer Verminderung der Qualitäten verbunden. Es kann ein Opfer aufsteigen und neue, höhere Formen hervorbringen, oder es kann ein Opfer dorthingehend gebracht werden und niedrigere Formen herbeiführen. Jedes Opfer bringt eine Steigerung oder eine Veränderung der Qualitäten hervor.

Betrachten wir einen Menschen – und solch eine Betrachtung ist unter Umständen ganz hilfreich, um auf indirektem Wege dann zu einer tieferen Anschauung der geistigen Disziplin, des geistigen *dharma*, der Gesetze, zu kommen – betrachten wir einmal einen Menschen, der in mutiger Tatkraft durch das Leben geht und einen Sinn für Gerechtigkeit in seinen mutigen Handlungen wahrt. Betrachten wir ganz besonders einmal einen Menschen, der diese Fähigkeit des Mutes besitzt, der sich nicht leicht zurückzieht, der sich in die Konfrontation zu begeben wagt, der sich in eine wirkliche Bewegung des Miteinanders, des Gegenübertretens wagt. Betrachten wir solch einen Menschen, der sich nicht scheut, sich auch alleine in seiner Meinung vor einer ganzen Gruppe Andersgläubiger hinzustellen, betrachten wir einen Menschen, der diese Courage als Seelenanlage hat, sich zu offenbaren, der den Mut zur Wahrheit und Wahrheitsfindung in sich trägt, Mut zur Ehrlichkeit in der Haltung, dann stellen wir doch an diesem Menschen fest, dass er sich verschönert, dass er sich im gesamten Ausdruck der Schönheit belebt.

Dann nehmen wir zum Vergleich das Gegenbild, das gravierendste Gegenbild, und stellen uns ganz deutlich einmal einen Menschen vor, der feige ist, der in jeder Form zurückweicht, zum Rückzug sich entschließt, dem Dialog ausweicht, der in keinster Weise bereit ist zu einem Gegenübertreten, der nicht zur Konfrontation, zur klaren, wenn man es so ausdrückt, männlichen Duellbereitschaft bereit ist. Wenn sich jemand feige in sein Inneres, bieder von der Gesellschaft, nachgiebig von der Wahrheit zurückzieht, dann wird er in der Regel im Ausdruck seiner selbst minderer, er beginnt Züge anzunehmen, die sein Antlitz verschatten, die sein gesamtes Wesen mehr mit dem traurigen Blick oder mit den eigenartigen Verhältnissen eines ersten strahlungslosen, verzerrten Daseins benetzen.

Anhand dieser Beobachtungen von zwei unterschiedlichen Reaktionsweisen lässt sich sowohl der Aufstieg als auch der Abstieg des Opfers erkennen. Menschen, die mutig sind, werden in ihrem Elemente schöner, Menschen, die im einfachen Sinn gesagt feige sind, verlieren ihre Anziehung, verlieren ihre Anmut, ihre Ästhetik. Diese einfache Beobachtung zeigt eine Wirkung, die bis hinein in die Ausstrahlung des leiblichen Wesens führt.

Der Mut ist eine Qualität, die der Planet Mars symbolisiert. Die Ebene, die der Mars für die Seelenentwicklung einnimmt, ist außerordentlich wichtig, denn in dieser findet eine Läuterung sowie auch ein Aufbau für das nächste Leben statt. Der Mensch lebt sich nach seinem Abscheiden mit der Seele einmal in die Marsebene hinein. Es wurde dies in dem letzten Schulungsbuch[2] ausführlicher zur Darstellung gebracht. Er lebt sich zuerst in die

2 Grill, Heinz: Initiatorische Schulung in Arco, Die Seelsorge für die Verstorbenen, Lammers-Koll-Verlag.

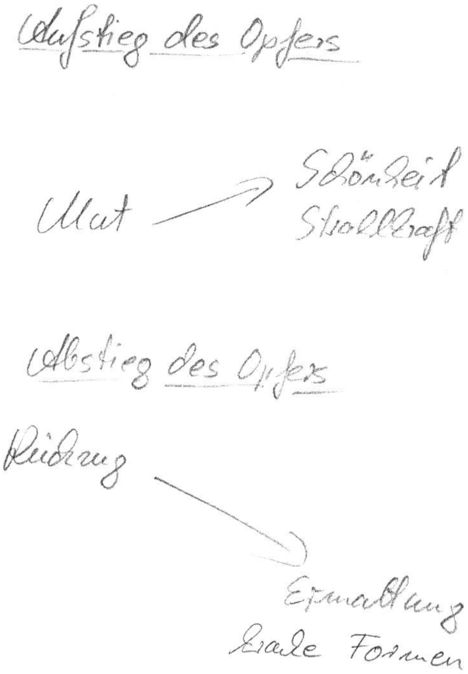

Mondenebene, danach in die Merkurebene, in die Venusebene, schließlich in die Sonnenebene und dann in die Marsebene, in die fünfte Ebene, hinein. In dieser fünften Ebene, in dieser Marsebene nun, wird er gerade mit dem, was sein eigenes Rückgrat, was seine persönliche Kraft ist, konfrontiert. Er wird mit der Eigenschaft des Mutes besonders intensiv konfrontiert. War er nun mutig, fortschrittlich, tapfer, konnte er sich wirklich aktiv in das Beziehungsfeld hineinbringen, konnte er neue Möglichkeiten erringen, so wird er leichter in sein eigenes Wesen hineindringen, in seine eigene Mitte kommen und wird eine Verbindung zu seinem Wesen finden. Ist er aber nicht mutig gewesen, zog er sich vorschnell zurück, verschanzte er sich hinter dem Materialismus, hinter Institutionen, hinter der Kollektivmeinung oder hinter seinen Freunden, zog er sich von Pflichten und Aufgaben zurück, zog er sich vorschnell aus halbfertigen Begegnungen zurück, dann wird er in dieser Marsebene, in dieser fünften Ebene des astralen Daseins, verstärkt auf dasjenige blicken müssen, was er selbst erzeugt hat, nämlich eine hässlichere Erscheinung. Er muss dort hinblicken auf diese hässlichere Erscheinung und er nimmt dadurch nicht teil an sich selbst, an seiner Einigkeit der Seele, an seiner eigenen, wohligen Mitte, sondern nimmt immer mehr teil an dieser hässlicheren Erscheinung, die er selbst erzeugt hat und nimmt aus diesem Feld heraus nun auch gewisse Kräfte wahr, die er dann in die nächste Inkarnation herüberbringt. Er bringt diese Erscheinungen mit und er wird damit aus seinem feigen Dasein, aus seinem zurückgezogenen, passiven Dasein im nächsten Leben eine von der Ästhetik mindere Ausstrahlung gewinnen. Obwohl die Marsebene für die Schönheit des Leibes nicht allein ausschlaggebend ist, so ist sie erwähnenswert und prägt doch auf entscheidende Weise die nächste Inkarnation im irdischen Dasein mit einer genau bemessenen Schönheit und Anziehungskraft.

Es wurde bereits erwähnt, wie der Mut auch hier an der Schule unbedingt eintreten soll, und der Mut ganz besonders im Sinne eines friedvollen Geisteslebens zur Entfaltung kommen muss. Ohne Mut, Tapferkeit und einem klaren Bekenntnis zu Wahrheit, kann der Schüler keine großen Fortschritte erringen. Beispielsweise ist dasjenige, was Mahatma Gandhi gebracht hat, nicht eine passive Form der Begegnung, sondern ein höchst aktiver Widerstand, den er gegenüber den Ungerechtigkeiten der Welt demonstrierte. Das, was Mahatma Gandhi in seiner passiven Widerstandsbewegung geleistet hat, erfordert höchsten Mut. Es ist ein höchster Mut zur Selbstheit, zur Selbstbekenntnis, zur Begegnung, und dieser nimmt gewisse Grenzen des Todes in Kauf, um der Wahrheit willen. Die Form aber, die er wählte, war hohe Gewaltlosigkeit, *ahiṃsā*, das heißt, er reagierte nicht mit dem gleichen inneren Motiv wie die Machthaber, sondern brachte auf intensive, konfrontative und doch friedvolle Weise ein neues Motiv gegen die Ungerechtigkeiten der Welt hervor. Er stellte den Mut gegenüber der Gewalt dar.

Mut ist in allen Lebenslagen und ganz besonders in der spirituellen Entwicklung notwendig, denn ein Schüler muss sich aus ganzer Seele und ganzer Klarheit zu den Wahrheiten bekennen, er muss sich zu den Wahrheiten des Lebens, zu den Wahrheiten der Spiritualität, zu den Erfahrungen, die er errungen hat und auch zu einem ordentlichen Miteinander und anerkennenden Dialog entscheiden können. Der Mut in der Begegnung und der Mut zu Wahrheit machen den Menschen schön. Es soll dieser Mut als die blaue, erstrahlende Tugendeigenschaft gedeihen. Mut ist das Gegenteil von Gewalt und Lüge, und diese Tugend führt zur Wahrheitsliebe, Wahrheitsrede, Wahrheitsempfindung und einem größeren Selbstgefühl in der Seele.

Das ist eine Forderung, die ebenfalls in der Individuation notwendig ist. Notfalls darf auch ein gewisser Zorn gegen Ungerechtigkeit und Lüge aufwallen, denn wenn man seinen Zorn immer wieder unterdrückt, so kann das Ich nicht wirklich pulsieren, nicht in die Stellung gehen. Der Zorn darf aber nicht niederschmetternd wirken, der Zorn darf nicht zum Hass werden, er darf nicht zur Attacke der Vernichtung werden, der Zorn soll eine lebendige Darstellung der Wahrheit sein, eine lebendige Darstellung des wirklichen Verhältnisses. Dazu darf er dienen, er darf aber nicht als Waffe zur Vernichtung dienen. Diese Unterscheidung muss getroffen werden, denn wenn sie nicht richtig getroffen wird, so kann der Einzelne sehr schwer umgehen mit dem, was sich aus seinem Selbst willentlich positiv entfalten möchte und dem, was eine Glaubenslehre oder eine Formel von außen auferlegt.

Es ist dies ein Beispiel, wie eine Seeleneigenschaft aus dem jenseitigen Reich erfahren wird und sie herübergeht in die Gegenwart des Lebens. Rückzug, Mutlosigkeit, Feigheit führen zu einer Verminderung des Äußeren. Schönheit beruht aber auf dem, dass einmal Mut in früheren Zeiten als Charaktermerkmal bestanden hat.

Abstieg des Opfers

Feindseligkeit

→

Bindungen zwischen Eltern und Kind

Eine häufige Frage in bezug auf das *karma* besteht, wenn Kinder und Eltern in einer Lebensgemeinschaft zusammenwohnen. In der Regel sind die Eltern mit den Kindern nahe verbunden und in der Regel gab es in früheren

Zeiten eine wesentliche Verbindung, vielleicht sogar über mehrere Inkarnationen hinweg. Dabei muss es nicht immer so sein, dass Mann und Frau miteinander verbunden waren. Am häufigsten ist es so, dass Eltern und ihre Kinder miteinander verbunden waren, oder zumindest ein Elternteil mit den Kindern wesentlich verbunden war. Mann und Frau können sich eventuell im Früheren schon begegnet sein, müssen aber nicht zwingend schon im früheren Leben zusammengekommen sein.

Nun gibt es Verhältnisse, bei denen eine sehr nahe, sehr bindungsvolle Verbindung besteht, eine sehr intensive Anbindung der Kinder an die Eltern, und von den Eltern auch eine starke Fürsorge, eine deutliche Verwöhnung zu den Kindern besteht. Wenn diese starken Bänder des Miteinanders gewoben werden und die Kinder dann im weiteren Verlauf, in der Jugend und in der früheren Erwachsenenzeit eher noch gebunden bleiben, zumindest psychisch gebunden bleiben an das Elternhaus, dann ist es für sie schwerer, in die freie Beziehung nach außen zu treten, den anderen zu erfassen, frei zu denken hinüber zu dem anderen. So ist das verwöhnte Elternhaus nicht unbedingt der beste Vorteil für das Leben, denn die Kinder müssen aus dieser Verwöhnung heraus erst einmal mühsam lernen, sich auf andere gedanklich und empfindungsmäßig einzustellen. Wir sehen ganz häufig – es muss nicht so sein, aber ganz häufig sehen wir bei diesen starken, verwobenen Bindungen zwischen Mutter und Tochter, Mutter und Sohn, Vater und Sohn, Vater und Tochter – dass in der Regel nicht wirklich im früheren Dasein eine gute Verbindung bestanden hat, sondern sogar das Gegenteil, nämlich Feindschaft. Und die Personen kommen dann in Form der Bindung in unmittelbarer Blutsverwandtschaft wieder zusammen, so dass es sich auch um eine Art Opferentwicklung, um eine Opferaufstiegshaltung beziehungsweise um eine Form der Metamorphose handelt, um eine Opferhineinentwicklung. Das, was früher Feindschaft war zwischen Menschen, das kommt in Blutsverwandtschaft wieder zusammen und es entsteht innerhalb der Blutsverwandtschaft dann eine heftige Bindung. Die Bindung ist dann, wenn wir von dem *bīja*-Keim ausgehen, von dem inneren Motiv ausgehen, nicht wirklich ein Ausdruck für das tragende Element der Sympathie, sondern eigentlich für das Wesen der Antipathie, das aus dem früheren Dasein herausrührt. Wenn nun die Betrachtung der sehr verbundenen, gebundenen, sehr symbiotischen Eltern-Kind-Verhältnisse genauer erfolgt, dann wird bei der Betrachtung, bei der imaginativ-konzentrierten Betrachtung immer ein Gefühl entstehen, dass diese nicht aus Sympathiegründen zusammen sind, sondern aus Antipathiegründen. Dass diese Antipathie, die darin lebt, in Wirklichkeit auf einer Feindseligkeit, die von früher her rühren muss, beruht.

Bei einer Erziehung, die sehr freischaffend, nicht zügellos, sondern recht diszipliniert in das Leben hineinführt, ist meistens eine tendenzielle Sympathie aus dem früheren Leben sichtbar, so dass sich diese Personen aus dem Früheren gekannt haben und sympathisch gegenübergestanden sind, förderlich gegenübergestanden sind und nun aus diesem förderlichen Bewusstsein eine Erziehung erbauen, die mehr in die Integrativität des Lebens hineinführt, die zu einer guten Willensbildung für die Zukunft beiträgt. Denn eine gute Erziehung oder eine gute Förderleistung in dem Sinn, dass den Kindern Disziplin auferlegt wird, aber nicht Überlast, sondern wirkliche Disziplin auferlegt wird, führt auch zu einer besseren Entwicklung der Seelenkräfte und zu einer klareren Stellung des Ich, so dass das Kind dann im weiteren Verlauf des Werdens, im weiteren Bewusstseinsentwicklungsweg sich auf andere einstimmen, einstellen und in Beziehung bringen kann, und so sympathische Fähigkeiten an den Tag legt. Auf der Grundlage von Bindungslosigkeit können die Tugendwerte der Toleranz und Güte, des Mutes und Gerechtigkeitsfühlens leichter gedeihen.

So gibt es einen Aufstieg des Opfers, bei dem Fähigkeiten aus einem Vergangenen in eine nächste Stufe veredelt werden. Und so gibt es einen Ab-

Aufstieg des Opfers

Opfer → Freundschaft → Ethos

stieg des Opfers, bei dem gewisse Gefühle aus dem vergangenen Leben zu nächsten Wirkungen in den Daseinsbedingungen führen. Das, was Menschen in einem vergangenen Leben positiv gelebt haben, das kann sich in einem nächsten Leben in gesteigerten Fähigkeiten, zum Beispiel in künstlerischen Fähigkeiten, ausdrücken. Das, was an Denkleistungen getätigt wurde, das kann dann in einem künstlerischen, empfindsamen Edelmut ausgedrückt werden. Das ist zum Beispiel eine einfache Stufe der Metamorphose, wie es sich feiner ausdrückt, oder ein Aufstieg des Opfers.

Interessant ist es noch einmal, darauf hinzuweisen, wie beispielsweise Verhältnisse der Freundschaftlichkeit wirken. Wenn jemand fähig war zu Freundschaftlichkeit in einem vergangenen Leben, zur Anteilnahme an den Mitmenschen, zu wirklich freundschaftlichen Gefühlen, die tendenziell mehr zum Jupiter gehören – der Jupiter, der mit dem Zeigefinger als dem Jupiterfinger gewertet wird, aber nicht ein Zeigefinger, der auf die Leute deutet, sondern der tatsächlich für das Selbstsein, für das Selbstbewusstsein steht – wenn jemand zu richtiger Freundschaftsgüte, Freundschaftsanteilnahme fähig war, dann wird er in der Regel im nächsten Dasein in eine Entwicklung gehen, wo zunächst einmal diese Menschen gar nicht so leicht zusammenfinden, aber dann zu irgendeiner späteren Zeit, in den mittleren oder sogar in den späteren Jahren, doch zusammentreffen. Sie treffen dann zusammen, nachdem sie schon einige Erfahrungen im Leben erleiden haben müssen und gerechte und ungerechte Verhältnisse tragen mussten. Und nun finden sie sich im Ethos der Seele, in der Seele mit gemeinsamen Gefühlen wieder. Auf diese Weise entwickelt sich der Jupiter im Sinne eines Gefühls der Innerlichkeit, des seelischen, ethischen Wertempfindens weiter. Auch ein ehrwürdiges Selbstbewusstsein kann in den rechten Freundschaftsgefühlen erwachen und in der Metamorphose des Daseins zwischen Tod und neuer Geburt zu einer guten Manifestation gelangen.

Wechseln wir nun die Seiten der Betrachtung und nehmen wir wieder ein unangenehmeres Beispiel von einem Abstieg eines Opfers, von einer unausgeglichenen Entwicklung der Seele. Als Beschreibung kann uns das Dasein des *kāmaloka*, des Mondendaseins, dienen. Das *kāmaloka* wurde bereits in ersten Zügen in dem Buch »Die Seelsorge für die Verstorbenen« skizziert. In dieser Ebene erlebt der Einzelne etwas sehr Eigentümliches, denn er erlebt seine Begierdensubstanz unabhängig vom Körper und er erlebt dadurch den Schmerz, die Qual der Begierde. *Kāma*, das Sanskritwort, heißt begehren.

Der Mensch erlebt in der Ebene, die im Christlichen »Fegefeuer« genannt wird, die Begehrensglut, die er aber ganz besonders schmerzlich erlebt, weil er keinen Körper mehr hat, weil er körperlos ist, er nicht mehr an einem Wesen, an einer Genusssucht, an einer sinnlichen Leidenschaft, an irgendeinem Vergnügen teilhaben kann. Dadurch lebt er inmitten der Begehrensglut selbst, und diese Begehrensglut zehrt an seinen Empfindungen. Diese Begehrenssubstanz, die nun bei ihm so deutlich in den Mittelpunkt des Erlebens tritt, zeigt ihm aber noch etwas anderes. Ganz besonders wird die damit verbundene Wirklichkeit erlebt, wenn der Abgeschiedene schon etwas geistige Erfahrungen gemacht hat. Sie zeigt sich ihm in einer Form, dass alles unangebrachte Begehren, alles genusssüchtige, nehmende Begehren, alles Begehren, das nur zur eigenen Selbstzufriedenheit eingesetzt wurde, alles Begierdenvolle, alles Reizende, wie es gesagt wird, ein jegliches *rasa*, das nur Reiz über Reiz bringt, zur Ausgrenzung von anderen Menschen führte. Es ist wahr, dasjenige, was im Leben unerlaubt genommen wird durch beispielsweise Egoismus oder durch besondere Begehrensleidenschaftswünsche, das führt zur Ausgrenzung von anderen. Ausgrenzen kann der Mensch tatsächlich nur dann, wenn er etwas nimmt, das ihm nicht zusteht. Deshalb ist das *kāmaloka* so sehr mit dem Wesen der Ausgrenzung beschattet. Derjenige, der in diese Ebene nach dem Tod eingeht, erlebt die Begehrensmächte und gleichzeitig die Mächte der Ausgrenzung.

Auch diese Tatsache kann einen annähernden Vergleich im irdischen Leben finden. Wenn zwei Menschen beispielsweise sehr symbiotisch miteinander leben, dann wird sich ein Dritter, der hinzukommt, immer ausgegrenzt erleben, er wird sich nicht zugehörig erleben. Aber das *rasa*, das in der Symbiose lebt, die Macht der Gefühle, des Nehmens, verschaffen sich eine Genugtuung beispielsweise in Form von Masochismus und Sadismus. Dies trifft auf beide zu, auch der Masochist sucht sich eine gewisse Befriedigung in Form von Unterwürfigkeit. In symbiotischen Bindungsformen suchen sich die Menschen eine Befriedigung. Es ist eine alltägliche Beobachtung, die sehr leicht vorzunehmen ist, denn das ausgrenzende Wesen ist bei allen symbiotischen Beziehungsformen sichtbar.

Für die eingehendere, intensivere Betrachtung des karmischen Wesens ist es sehr hilfreich, wenn die Schüler das Wesen in ihrer ursprünglichen Kraft erleben lernen. In dem Nehmen oder in dem Begehrensprinzip lebt der Mond. Diesen Mond kann der geschulte Betrachter bereits in verschiedenen

Verhältnissen eines masochistischen oder sadistischen Bezugsverhältnisses wahrnehmen. Der Mond kann als der Regent in den Gefühlen vorherrschen und die Gefühle selbst an den Leib binden. Wie viele Menschen gibt es beispielsweise, die diesen Zustand, ein *karma*, ein Schicksal, von einem früheren Dasein in das jetzige mit herübergenommen haben? Betrachten wir einmal das Leben. Wie viele Menschen gibt es, die in ihrem Dasein stehen und in ihren Gefühlen gefangen sind und zurückgeworfen sind auf ihre eigenen leibgebundenen Emotionen und mit ihrem Willen selbst in sich gefangen sind? Die unproduktiven, gebundenen Gefühle können zu einer Droge oder zu einem Sog werden und den Menschen in tiefsten Depressionen festhalten. Wie viele Menschen gibt es, die in einer Bindung stehen und in der Bindung leiden und sogar wissen, dass sie leiden, wissen, dass sie abhängig sind und immer wieder in erwartender Hoffnung auf bessere Zustände verweilen? Sie sind zurückgeworfen auf das astrale Prinzip des ureigenen Mondes. Sie müssen in den Gefühlen verweilen und kommen nicht aus ihrer eigenen Emotionalität heraus. Es ist das, was sie erleben, aus einem vergangenen *kāmaloka*, was sie herübernehmen und wo sie Anteil nehmen an der Weltenschöpfung, in dem sie gerade das Begehrensprinzip innerhalb ihrer eigenen Gefühle durchleben, durchleiden und sich selbst in der Unfähigkeit des irdischen Daseins erfahren.

Aber dieser Zustand des Zurückgeworfenseins auf das eigene Gebundene und das Gefesseltsein an die eigenen Emotionen dauert nicht ewig, sondern es ist ein Zustand, der im Maß und in der Dauer variiert, der einmal ein Jahr, zwei Jahre, fünf Jahre, vielleicht lange Zeit sogar in der Daseinsperiode eines Lebens dauern kann. Er kann einmal intensiver, einmal schwächer sein, es ist aber so, dass dieser Zustand nicht unbedingt ein ewiger Zustand für das gesamte Leben sein muss. Durch geistige Schulung, durch Ausdauer können alle diese Verhältnisse transformiert werden.

Zwei Verse aus der *Bhagavad Gītā* weisen auf die Möglichkeit der freien Bewusstseins- und Willensentfaltung hin:

api cet sudurācāro bhajate mām ananya-bhāk
sādhur eva sa mantavyaḥ samyag vyavasito hi saḥ (IX/30)
kṣipraṁ bhavati dharmātmā śaśvac-chāntiṁ nigacchati
kaunteya pratijānīhi na me bhaktaḥ praṇaśyati (IX/31)

Selbst wenn der schlimmste Sünder Mich allein in Liebe verehrt, so soll wahrlich auch er als rechtschaffen angesehen werden, denn er hat sich recht entschlossen.

Bald wird er auf den rechten Weg kommen und ewigen Frieden erlangen. Sei gewiss, o Arjuna, der Mir Ergebene wird niemals zugrunde gehen.

Diese Verse aus der *Bhagavad Gītā* sprechen ganz häufig zu der jenseitigen Welt und auch ganz häufig zu den schöpferischen Wirklichkeiten, denn sie beziehen beständig die verschiedenen Inkarnationen ein. Das Kommen und Gehen des Menschen wird in den Versen deutlich aufgezeigt. Es wird allgemein aufgezeigt, aber es wird überdeutlich als eine Wahrheit angenommen.

Diese Beispiele, die hier angeführt wurden, sollen einmal zeigen, wie der Mensch in das Leben durch eine frühere Inkarnation hineingeboren ist und wie er durch die geistige Entwicklung die Möglichkeit hat, eine Zielsetzung in ganz neuer Form aufzubauen. Die drei oben erwähnten Ziele sind für ihn eine Möglichkeit der Entfaltung. Selbst das materielle Ziel ist nicht ganz unwichtig, aber es müssen geistige, seelische und materielle Ziele für das Dasein erfolgen. Die Ziele führen den Einzelnen aus der sogenannten großen Gefahr, aus *bhaya*, aus der Tiefe seines organischen Wesens heraus. Durch die geordnete, anhaltende Zielsetzung, gefolgt mit Schritten der Verwirklichung, kann jemand seine eigene Gefangenheit im Leibe überwinden.

Erwähnt wurde in verschiedenen Schriften bereits, dass karmische Zusammenhänge bestehen und sich über den Körper ausdrücken. In manchen Verhältnissen sind bestimmte Organe geschwächt. Es wurde im Anatomiebuch[3] schon davon geschrieben, dass die Organschwäche, beispielsweise die Lungenschwäche oder die Schwäche des Stoffwechselbereiches, die Schwäche der Nieren, die Schwäche der Verdauungsorgane oder andere Schwächezonen meist darauf beruhen, dass in einem früheren Leben die Handlungen zu sehr auf das äußere Dasein, für materialistische, nehmende Zwecke, ausgerichtet waren. Die Gesundheit leidet dann in einem nächsten Leben. Es besteht in den meisten Fällen eine Organschwäche. Durch eine bessere Gesundheitspflege und durch die Entfaltung von besonderen Willenskräften kann diese Schwäche im Leibe überwunden werden. Es muss

3 Grill, Heinz: Kosmos und Mensch, Lammers-Koll-Verlag

deshalb eine Kompensation durch gesteigerte psychische Fähigkeiten erfolgen und es muss auf körperfreierer Stufe eine Kraft, die nicht vorhanden ist, ersetzt werden. So ist das, was jemand verausgabt im früheren Leben, meistens dann als körperliches Defizit spürbar. Das nächste Leben erfordert einen höheren Ausgleich, einen Ausgleich durch größere Bewusstseinsleistungen.

Auffällig dabei ist die Leberschwäche, die sehr viel mit dem *kāmaloka* zu tun hat, aber nicht nur mit dem *kāmaloka* zu tun haben muss, sondern auch mit anderen Ebenen zu tun haben kann. Wenn eine Leberschwäche gegeben ist, dann befindet sich meistens auch eine Verdauungsschwäche und eine gewisse Enzymschwäche im Bereich des Stoffwechsels. Die Leberschwäche ist eine häufige Erscheinung der gegenwärtigen, modernen Zeit. Die Leber ist sehr schnell überlastet, sie kann dann ihre Arbeit nicht mehr harmonisch bewerkstelligen und in der Folge ergeben sich Anwandlungen von Müdigkeit, Depression und eventuell auch Stauungen im gesamten Wasserorganismus. Die psychische Eigenschaft, die aufgrund dieser Organschwäche im Leberbezirk besteht, ist dann eine Überempfänglichkeit gegenüber den Einflüssen von den sogenannten Wesenskräften. Jene, die diese Leberschwäche in sich tragen, übernehmen gerne von anderen unerwünschte Gedanken und Gefühle. Sie gehen in eine Gruppe und übernehmen sofort die Wesensmächte mit ihren ganzen Eigentümlichkeiten und leiden infolge dessen unter der Natur der zu intensiven Empfänglichkeit. Im Inneren der Leber geschieht eine Störung, die sehr feiner Art ist und sich in der Glucosespeicherung und Glucosefreisetzung ausdrückt. Es kann tatsächlich der Zuckerstoffwechsel in seiner ganz feinen Abstimmung nicht mehr richtig arbeiten. Dieser Zuckerstoffwechsel ist in einer Verbindung mit der richtigen Ich-Führung, Ich-Organisation oder Führung der Seelenkräfte. Die natürliche Wachheit und Reaktionskraft stören sich. Feine depressive Stimmungen oder Reizzustände begleiten dann den Menschen. Innerhalb dieser überdeutlichen Empfänglichkeit nimmt der Mensch Anteil an Kräften, die er normalerweise nicht freiwillig aufnehmen würde. Er nimmt teil an den Strömungen der Außenwelt und kann sich vor ihnen nicht schützen. So, wie jemand, der in gesundheitlich geschwächter Kondition ist, wetterfühlig ist und sofort die Schwingungen des drückenden Wetters aufnimmt, so nimmt jemand, wenn er in seiner Leberorganisation geschwächt ist, sofort die Schwingungen des anderen auf. Das Tragische ist es, dass dieser fast nur die negativen Schwingungen aufnimmt und weniger die positiven. Die Leber ist wie ein großer

Empfangsapparat, der den Menschen in seinem Gemüt mit der Außenwelt verbindet. Es ist auch wie ein großer, schläfriger Zustand, in dem das organisierende Bewusstsein die organische Innenwelt und die wesenhaften Schwingungsprozesse nicht mehr beherrschen kann.

Wie ist die karmische Voraussetzung, die zu einer Organschwäche im Leberbezirk führt? Die Leberschwäche ist häufig zurückzuführen auf einen Zustand, der aus einem früheren Leben kommt und bei dem jemand im früheren Dasein zu sehr sein eigenes, materielles Ich abgeschirmt hat, zu sehr in seiner Welt bei sich war und seine Persönlichkeit zu geschlossen gehalten hat. Er war zu unnachgiebig, hat zu wenig Empathie gelebt, hat sich zu wenig hineingefühlt in den anderen, hat sich zu wenig mit Kriterien auseinandergesetzt, mit denen er den anderen hätte berücksichtigen, respektieren, achten oder erleben müssen. Nun nimmt der Zuckerstoffwechsel in der Leber eigentümliche, irritierende Formen an, die meist noch nicht pathologisch nachweisbar sind, dennoch aber das Wohlbefinden beeinträchtigen und die Ich-organisierende Kraft herabsetzen. Ein schläfriger, überempfänglicher, übersensibler Zustand gegenüber den äußeren atmosphärischen Strömungen beginnt einzutreten. Der Einzelne nimmt dann verstärkt all dasjenige auf, was er früher durch Vitalität oder durch Männlichkeit oder durch fehlende Empathie abblocken konnte. In der Überempfänglichkeit des Daseins entsteht auf wesensnahe Anteilnahme eine Verbindung zu der Außenwelt. Jener, der eine Leberschwäche in sich trägt und gerade diese Kondition des überempfindsamen Empfänglichseins erlebt, kann sich nicht mehr abschirmen, er muss eine größere Führungskraft in seinem Bewusstsein entwickeln lernen. Der Einzelne möchte das sechste Energiezentrum entfalten.

Diese Beispiele lassen sich herausskizzieren, sie lassen sich entwickeln und können Anhaltspunkte geben für die Forschungsarbeit mit früheren Inkarnationen. Das frühere Leben spielt sich mit einem Keim in das jetzige hinein und wirkt mit einem innersten Motiv schicksalsweisend, schicksalsführend in die Zukunft. Aber auch in diesem Dasein gibt es nicht nur das Schicksal, sondern es gibt die Kraft dessen, was geheimnisvoll aus einem Allerinnersten zu einer Vollkommenheit führen möchte. Es gibt von oben herein den Keimling des Willens, der ganz anderer Art ist und der in der Zukunft ein Bewusstsein vorbereitet, das integraler ist, der ein Bewusstsein vorbereitet, indem sich ein göttlicher Kern, ein Feuerfunke des Geistes mit den bisherigen Schicksalsneigungen verbindet. Wir tragen deshalb im Leben schmerzliche Eigenschaften und Schicksale mit tragischem Ausgang in uns. In gewöhnlicher Hinsicht können wir uns ein Bewusstsein aneignen, dass uns in irgendeiner Weise ein göttlicher Weg zu diesem Schicksal hinführt, und so tragisch wie dieses auch sein mag, wir können uns auf der anderen Seite vergegenwärtigen, dass wir auch durch diese Neigungen zu einer höheren Weisheit aufsteigen wollen. Und es ist weiterhin ebenfalls eine Wirkung aus einem früheren Leben, denn wir tragen gewisse Sympathien, Freuden und Fähigkeiten in uns. Aber diese Geschenke sollten wir nicht werten als etwas, das nur uns selbst eigen ist, sondern wir sollten diese Geschenke, diese Freuden oder diese Gaben des Lebens tatsächlich als stille Strahlen der geistigen Welt werten. Denn wenn wir stolz sind auf das, was uns durch den Kosmos zufließt, stolz sind, beispielsweise, weil unser äußeres Erscheinungsbild schön geworden ist, dann besteht die Gefahr, in die Eitelkeit zu kommen und die Gaben der geistigen Welt, den heiligen Aufstieg des Opfers nicht wirklich mit Würde anzunehmen. Wir würden diesen heiligen Aufstieg des Opfers zu immer weiterer Vollkommenheit, zu Schönheit, Wahrheit und Reinheit mit Füßen treten, wenn das Ich mit seinen Ansprüchen zugreift. Die Leiden führen zu einer größeren Weisheitsentwicklung, und die Freuden geben uns ein Recht, in der Erde zu sein, aber sie ermahnen uns vor einem eigennützigen Anspruch.

Wir können uns auch, und damit will ich schließen, vergegenwärtigen, wie wir Arbeiter auf dem physischen Plan sind und unsere Arbeit ohne das Recht auf einen Anspruch im Ich gedeiht. Es ist ein großes Ich, ein Welten-Ich, und das Opfer ist *yajña*, es ist im Ich gegründet und es ist die Schöpferkraft selbst. Aber wer kann dieses Ich für sich selbst im irdischen Sinne beanspruchen? Es ist Teil der geistigen Welt, und so ist der Körper, so ist das ganze Wesen ein Ausdruck der geistigen Gabe. Wir sind in letzter Konsequenz nur Geist, wir sind gar nichts anderes als Geist. Wir können diesen Anspruch nur in dem Sinne leben, indem wir sagen: »Diese geistige Welt möchte uns immer vollkommener machen, wir wollen einen Einblick in die geistigen Wahrheitsgesetze finden.« Dieses Wollen nach Teilhabe, nach Wissen, das sei unser Anspruch. Wir wollen Wissen, Wahrheit und Vollkommenheit erwerben. Hier können wir den Anspruch an uns tätigen, aber wir können nicht an unser eigenes Ich den Anspruch legen, denn das Ich ist die Schöpferkraft selbst und es ist die Natur des Geistes, der universal und transzendent ist.

Gerade Sai Baba spricht in diesem Sinne etwas ganz Besonderes aus. Er spricht aus, dass man die fünf Tugenden oder die fünf Werte, *dharma, prema, satya, ahiṃsā* und *śānti,* leben und entwickeln soll. Sathya Sai Baba spricht aber über die lebendigen Worte mit einem deutlichen Wissen. Er meint: Die Menschen sollen diese Werte pflegen, ob sie mündig oder unmündig sind, aber sie sollen um alles in der Welt ihre Werte in die Mitte stellen und sie sollen Verehrung zu den heiligen Welten pflegen, sie sollen Verehrung zum *guru,* zum Meister, zum Gottesideal unablässig tätigen, sie sollen niemals ablassen, gleich, ob sie sündhaft oder nicht sündhaft sind, ob sie einmal bei guter oder bei schlechter Laune sind. Sie sollen immerfort eine Hingabe und eine Mühe um die Werte der Vollkommenheit in ihre Mitte hineinbringen.

Wie viele Schüler sind wirklich sündhaft, unvollkommen, ja, man möchte fast sagen, töricht im Benehmen und ungeschickt in ihren Handlungen? Für die geistige Welt aber ist das ungeschickte, törichte Stolpern auf einem Entwicklungsweg nicht unbedingt ein realer Maßstab. So ringen die Menschen um die hohen Werte eines Ideals und müssen aber noch durch die größten Spannungen von Egoismus und Leidenschaftlichkeiten hindurchgehen. Aber gerade auch diese Spannung, das Ringen nach höchsten Werten und gleichzeitig das Verharren im egoistisch gebundenen Wesensteil ist für Sathya Sai Baba nicht unbedingt ein großes Problem, denn er sagt sich: Wenn die Menschen nur lange genug, Jahre, Jahrzehnte, diese Werte pflegen, dann werden sie in der geistigen Welt, wenn sie nach dem *kāmaloka* in die merkuriale Sphäre kommen, in die zweite Himmelssphäre, mit ihren Werten erstmals eins werden und diese Werte dann für die nächste Inkarnation viel intensiver hinübernehmen können. Eine Haltung zwischen Egoismus und Ringen um das Ideal ist bei den meisten Menschen der Gegenwart vorzufinden. Mit einem ehrlichen Ringen aber wird das Ideal nach dem Tode zu seinem Recht gelangen.

Ob ein Schüler in diesem Leben zu einem Erfolg kommt oder ob er erst in einem späteren Leben an den höheren Gaben der Weltenschöpfung teilnimmt, muss er selbst den geistigen, weisheitsvollen Hierarchien überlassen. Aber ringen sollten alle, trotz der größten Egoismen, um das höchste Wahrheitsgeheimnis. Der Lohn ist das Opfer, der Lohn ist das, was der Mensch hineinbringt in die schöpferische Welt. Alles dasjenige, was zum Opfer wird, das, was der Einzelne erarbeitet, das, was er aus sich macht, das wird eine Gabe sein, und diese Gabe wird ihm entweder schon in diesem Leben oder zumindest im Nachtodlichen und dann im nächsten Leben zufließen. Das Arbeiten und das Ringen nach Vollkommenheit soll grundsätzlich in der Mitte stehen und soll grundsätzlich die Tage der Zukunft prägen.

Ich will mit diesen Worten schließen, die zuletzt noch einmal auf die Meditationssätze hinweisen:

»Das Opfer ist Gottes Eigentum, das Ich ist Gottes Eigentum, das Ich ist schließlich Gott selbst. Es ist Gott selbst, und dieses Ich ist Eigentum des Menschen. Aber es ist nicht ein Eigentum wie ein physisches Haus, sondern es ist das Eigentum der immerwährenden Gabe, die niemals vergehen wird und deshalb immer gegenwärtig bleiben wird.«

Mensch und Tier, eine Gemeinschaft des sensiblen Gefühlserlebens

Die Tiere leben mit den Menschen seit ehernen Zeiten in einer nahen Lebensgemeinschaft. Es sind die Haustiere, die uns heute vielleicht als Lebensgefährten am nähesten stehen, und es sind die Nutztiere, die in einer untrennbaren Zusammengehörigkeit das Leben auf dem Lande prägen. Erst in den Städten ist die Tierwelt von dem Menschen zurückgewichen, und dennoch bewahrt sich in den Tierparkanlagen, den Zoos, eine Art kulturelle und historische Erinnerung von ihnen. Wir wollen die Tiere aus unserer Empfindungswelt nicht verlieren. Unser Gemüt ist mit ihrer lebendigen, kraftvollen, heimaterinnernden und faszinierenden Regsamkeit verbunden.

Die große Faszination und Bewunderung, die wir dem Tierreich entgegenbringen, liegt in den erstaunlichen Fähigkeiten, die jede spezifische Art mit ihrer instinktiven Intelligenz hervorbringt. Ein jung geborenes Kalb kann bereits kurz nach der Geburt auf den vier Füßen stehen, und es bedarf nur geringfügiger Trainingsschritte, bis es sicher laufen kann. Welch ein großer Unterschied besteht von diesen instinktiven Fähigkeiten zum Menschen, der alle seine einzelnen Schritte erlernen muss. Die Bienen erbauen ihren Stock mit sechseckigen Waben, in denen sie den Honig ablegen. Sie sind durch die Intelligenz ihres Naturgeistes großartigste Baukünstler. Im Gegensatz zum Menschen müssen sie ebenfalls ihre Handwerks- und Lebenskunst nicht mühsam erwerben. Die Tiere sind alle nach ihrer artspezifischen Anlage, wie Rudolf Steiner dies auch angibt, durch eine Gruppengeistigkeit mit einer hohen und vollkommenen Intelligenz in ihrem Verhalten und ihren Tätigkeiten ausgestattet.

Für uns ist es möglich, die Tiere in ihrem Verhalten zu studieren, sie in ihrer Nähe kennen zu lernen, Freundschaft mit ihnen zu schließen und die angenehme Mildtätigkeit der Tierliebe auszuprägen. Die Delphine, die wohl intelligentesten Tiere des Wassers, die sich dem Menschen freundschaftlich, nahezu wie Haustiere annähern können, gelten als Zeichen des Friedens. Sie geben gerade den Kindern einen Eindruck von Milde und friedvoller Versöhnung mit der Natur, mit den unendlichen und unfassbaren Weiten der Meere. Sie nehmen die Angst vor dem Unfassbaren und Unheilvollen. In Amerika wurden deshalb bereits die Delphine für Kinder zu heilstherapeutischen Zwecken eingesetzt, indem Sendungen, Bilder und Filme ihre Lebens- und Intelligenzwelt und ihre nahe Beziehung zum Menschen aufzeigten.

Die Tierliebe fordert oder erlaubt eine Art elementare Grundlage für die wahre menschliche Nächstenliebe, für die christliche Liebe, für die Barmherzigkeit zu anderen oder für ein Mitfühlen, Mitleiden, wie es die Buddhisten in ihrer Lehre sehen. Wer die Tiere liebt, empfindet die Erde und die Welt und schätzt das seelische Erleben im menschlichen Zueinander. Jene Menschen, die in den Tieren lebensvolle Geschöpfe und mitfühlende Kameraden sehen, tragen einen tiefen Wunsch nach Gemeinsamkeit und Gemeinschaftsgefühl, nach Solidarität, Verbundenheit und wahren sozialen Gefühlen in sich. Die Tierliebe ersetzt nicht die menschliche Liebe, aber sie schenkt ein wichtiges und grundsätzliches Empfinden, auf dem sich in der weiteren Entwicklung die große Tugend der Barmherzigkeit entzünden kann.

Das fromme Gefühl der Seele, das sich in einer inneren, warmherzigen Empfindsamkeit ausdrückt, äußert sich ganz besonders, wenn der Anblick von gequälten Tieren, von Schlachtungen, Knechtereien, von Arbeitstieren oder Unfällen mit Tieropfern die Augen betrübt. Ein auf der Straße überfahrenes Reh oder auch nur ein Igel, der dem Verkehr zum Opfer gefallen ist, lassen für Minuten dem vorbeigehenden Passanten einen Schmerz des Mitfühlens in die Glieder gleiten. »Was kann dieses arme Geschöpf der Welt für die rauschenden Geschwindigkeiten?«, fragen wir uns beim Anblick des blutigen Tieropfers. Ein Grauen vor der Gewalt, ein kurzes, kaltes Beben im Blutkreislauf übermannt uns, wenn wir das überfahrene Tier auf der Straße liegen sehen. Ein Hauch der seelischen Verbundenheit zu den Tieren und auch zu der Natur ergreift unsere Sinne, und uns wird vielleicht für wenige Sekunden die Grausamkeit des übertriebenen und überkronten Menschseins bewusst. Sind wir nicht zu hochmütig, zu eingebildet, zu brutal, zu hastig im Fordern und Nehmen, zu unvorsichtig auf den Wegen unseres Fortschrittes, zu getrieben im Verlangen nach besseren Rechten und übersehen dabei die Ordnung der Natur? Unweigerlich regen sich in der Seele diese Gefühle und Fragen. Sie sind ein Ausdruck der verborgenen Frömmigkeit des Gemütes.

Was bezeichnet die Tiere in der Weltenschöpfung? Wie stehen sie mit unserer Seele in Verbindung? Sind wir Menschen, wie es die Lehre nach Darwin ausdrückt, aus dem Tierreich durch Selektion geboren? Zweifellos tragen wir als Menschen ein Selbstbewusstsein und können uns der Fähigkeit eines bewussten Denkens und einer freien Schaffenskraft dieses Denkens bedienen. Die Tiere sind in der Evolution zu dieser Fähigkeit nicht gekommen, und selbst die hohen Säugetiere, wie beispielsweise die Schimpansen, die bereits das Rückgrat zu einem geringfügigen Grad aufrecht tragen, können sich dem Denken und der Freiheit des Selbstseins noch nicht bedienen. Aber wir dürfen die Lehre des Darwin, die auf sehr weit verbreitete Weise unserem wissenschaftlichen Denken immanent ist, nicht als die verifizierende Konklusion nehmen, denn sie würde doch die wesentliche Aussage machen, dass das menschliche Sein aus dem tierischen abstammt. Müssen wir uns nicht vielmehr verdeutlichen, wie das Tierreich um der Evolution des Menschseins willen eine Stufe zurückgeblieben ist, sich gegenüber dem Selbstbewusstsein des Anthropos erniedrigt hat? Ist nicht alle Schöpfung auf Stufen und Ordnungen aufgebaut, die aus einem Ich-Zentrum, aus einem Mittelpunkt des Selbstbewusstseins und damit aus einem reinen geistigen Sein entsprungen sind? Der Mensch steht mit seiner Geistigkeit doch am Anfang und nach ihm differenzieren und selektieren sich die verschiedenen Reiche der Naturschöpfung. Würden wir die Lehre des Darwin nehmen, so wäre die Schöpfung aus dem Gröberen oder Ungeistigeren zu einem Geistigen entstanden, und wir wären im Selbst und somit in unserem eigenen Zentrum nicht ewig und frei. Das Tierreich ist eine Ordnung, die unter der menschlichen Selbstentwicklung steht und sich durch die Evolution mit dem Menschen in Verbindung fühlt. Nach einer spirituellen Erkenntnis stammen wir aber nicht von dem Tierreich ab, sondern von einem Geistigen, das sich aus einer transzendenten Weltenschöpfung über die verschiedenen Stufen der Entwicklung in die Welt hinabsenkt, inkarniert und sich schließlich auf den verschiedensten personalen und apersonalen Stufen manifestiert und organisiert. So gibt es verschiedene Reiche, die unter dem menschlichen Selbstbewusstsein liegen.

Bei der Betrachtung der Tabelle ersehen wir die Schwierigkeit eines Denkens, das durch verschiedene Konklusionen geprägt ist, die sich aus der sichtbaren und für unsere Verhältnisse logisch erfassbaren Wirklichkeit ergeben. Würden wir beispielsweise von den Stoffen ausgehen, so würden wir nur die irdischen Gesetze und wissenschaftlichen Informationen über die Erde und ihre wägbare Wirklichkeit gewinnen. Das wahre und auf allen

Das sichtbare Reich	Die wissenschaftliche Erfassbarkeit	Die geistige Erfahrung
1. Das Reich des Festen, der Erde	*Stoffe, Stoffkunde*	*Inkarnation, Ich*
2. Die Botanik	*Wachstum, Rhythmen, Chemie*	*Signatur*
3. Die Tierwelt	*Verhaltenskunde*	*Gefühls- und Wesenskunde, Charakterkunde*
4. Der Mensch (Ich)	*Philosophie*	*Gesetz des Lebens*

Ebenen ganzheitliche Gesetz erfassen wir aber erst, wenn wir den Menschen in seiner tiefsten Philosophie, in seinen innersten Werdeprozessen studieren und dabei seinen geistigen Radius sowohl in der verkörperten wie auch nachtodlich-entkörperten Dimension des Seins erwägen. Diese Wissenschaft würde zu einer ganzheitlichen Erkenntnis führen und würde damit eine vergeistigte Wissenschaft oder eine in allen oder für alle Reiche übereinstimmende Logik und Wahrheit geben. Die Mittel aber sind dann nicht mehr reine Konklusionen, sondern bewusste Erfahrungsschauungen und Erfahrungserlebnisse.

Betrachten wir beispielsweise die verschiedenen Stoffe in den Erdschich ten wie dies in der Geologie der Fall ist, so können wir Rückschlüsse auf die Entstehung der Erde gewinnen. Wir erleben die Begegnung mit den festen Umrissen, den Substanzen der Natur und erfahren uns selbst dabei in der Körperlichkeit. Wir erleben unser Erden-Ich, unsere irdische Eingebundenheit in die Stoffeswelt der Mineralien und des Blutes.

Ganz anders prägt sich aber die Erfahrung, wenn wir die geistige Natur unseres Menschseins, die weit über die psychologische Erfassbarkeit hinausreicht, erkunden. Wir streifen die übersinnlichen Ordnungsprinzipien und erleben eine Kausalität vom Geiste ausgehend zu der Seele und zu dem Körper. Wir erfahren deshalb die Universalität der Lebensgesetze und finden eine Erklärung für die Existenz der verschiedenen Naturreiche. Wir können uns die Existenz des Körpers aus einem logischen und übersinnlichen

Zusammenwirken von fortwährenden transzendierenden und bewegten Einflüssen einer realen aber unwägbaren Welt des Geistes erklären.

Studieren wir die Erde, erleben wir uns in Beziehung zu allem Festen, Greifbaren und wir gewinnen eine Logik, die wir wissenschaftlich nennen können und die zunächst auf Analysen, Beobachtungen und Konklusionen beruht. Wir erleben uns mit einem Ich in Beziehung zu diesem Reich der Erde.

Wenden wir uns der lebensdurchfluteten botanischen Welt hin, dem Reich der Pflanzen, den Gewächsen der Natur, den Blumen auf den Wiesen, den Kräutern im Garten, so erleben wir ebenfalls eine irdische Erscheinungsweise, wir erleben die Blätter des Salates, die Blüten der Malve, die aufsteigenden Zweige der Tanne und empfinden das Irdische. Gleichzeitig aber bemerken wir im stillen Urgrund unserer Seele den verborgenen Strom des Lebens und die Ausdrucksweise eines imperituren Wachstumskreislaufes. Jedes Frühjahr sprießen und sprossen die Pflanzen aus ihren Keimlingen empor, sie gedeihen mit dem Lichte der zunehmenden Sonne und sie welken mit der abnehmenden Sonne. Sprießen und Welken, Zunehmen und Abnehmen, saftige Fülle und karste Vertrocknung sind Beispiele für die Expressionen, die uns das Pflanzenreich in der Seele widerspiegelt. Wir erleben den elementaren Ätherstrom eines untergetauchten Lichtwebens, einer sich im Kreislauf befindenden, fortpflanzenden und wechselseitig in den Säften verborgenen kosmischen Kraftfülle. Dieses verborgene, in den Säften organisierte Licht ist ein stiller, unbenannter Ausdruck eines kosmischen Lebens oder, wie wir es bezeichnen können, einer Signatur, eines elementaren, für sich meditativ sprechenden geistigen Gesetzes. Im Inneren unserer Seele spüren wir bei der Betrachtung der verschiedenen Bäume, Pflanzen und Blumen nicht nur die reine Stofflichkeit, sondern die Sprache der Lebensinnerlichkeit des Lichtes der Schöpfung. Wir begegnen mit jeder Pflanze einer sogenannten Signatur.

Indem eine Hinwendung zu den Tieren erfolgt, begeben wir uns in das lebendige Reich der Gefühle, Stimmungen, Launen, Sympathien, Antipathien und erleben die verschiedenen Wesensmerkmale durch die jeweilige Verhaltensmodifikation. Die Tiere tragen einen Organismus mit pulsierendem Blut, der sie zu Bewegungen und Äußerungen fähig macht. Eine Pflanze kann noch keine wirkliche Angst empfinden, während das Tier durch die

Anlage des Nervensystems auf nervöse Einflüsse unmittelbar reagiert und in die Umgebung Töne aussendet, wie es das Bellen beim Hund ist, oder mit Angriff, wie es bei einem Raubtier möglich ist, antwortet. In der Fachsprache sprechen wir von einem Astralleib, den die Pflanzenwelt oder Mineralwelt noch nicht kennen. Der Astralleib bezeichnet im Physischen das Nervensystem, das die Übermittlung von Reizen wie Schmerz und Wohlgefühl, Traurigkeit und Freude, Scheu und Mut, Unruhe und Ruhe, Deprimierung und Hochmut bringt. Jedes Tier besitzt daher die Eigenschaften im Positiven wie auch im Negativen. Mit einem Raubtier ist eine Gefahr verbunden, da es den Menschen oder die nutzbringenden Tiere wie zum Beispiel Hühner angreifen kann. Gleichzeitig aber sind gerade die Raubtiere sehr edle Tiere, wie der Marder oder der Fuchs des Waldes, die eine ökologische Funktion in der Natur einnehmen. Die Tiere besitzen Launen und Stimmungen und können durch diese Ärgernisse wie auch Sympathie erwecken.

Der Astralleib besitzt die beiden großen Pole von Sympathie und Antipathie und darf als der große Kreierer von Tag und Nacht angesehen werden. Da ein jedes Tier vorwiegend durch den Astralleib geprägt ist, offenbaren sich die Gegensatzpaare von Sympathie und Antipathie, von Lust und Unlust, von Wohlwollen und Aggression auf eine jeweils spezifische Art. Der Esel ist beispielsweise durch seine unermüdliche Zähigkeit und Lastentragfähigkeit bekannt. Er ist in Ägypten eines der wichtigsten Nutztiere. Seine Störrigkeit und sein Eigensinn bilden jedoch die andere Seite seines Wesens. Mit jedem Tier begegnen wir spezifischen Empfindungen, die sich in den Gegensatzpaaren von Positivem und Negativem ausdrücken. Das Studium der Tiere lässt wesenhafte Charaktermerkmale und sensitive Empfindungen erkennen.

Die Hinwendung zu den Tieren ist in unserer materialistischen Kulturperiode eine der bestmöglichen Disziplinen, jene verarmten und entschwundenen Empfindungen der Seele wieder neu zu entdecken und zu entwickeln. Die Tiere sind unsere Seelengefährten, die eine Spezifika der Seele tragen. Indem wir die Tiere studieren, sie in ihrem Verhalten kennen lernen, sie nahe in ihren Stimmungen erfassen, erleben wir eine Verhaltensweise, die in diesem Reiche unbewusst veranlagt ist und die sich bei uns durch das Selbstbewusstsein bewusst und kontrolliert erleben lassen möchte. Das Tier ist tatsächlich den Strömen des Nervensystems, den Stimmungen und Launen hilflos ausgesetzt. Es kann sich selbst nicht kontrollieren, da keine Ich-Instanz der selbstbewussten Führung, wie es beim Menschen gegeben ist, existent ist. Dennoch aber besitzt das Tier Seele und erlebt die verschiedenen Gefühle, die sich im Raume befinden. Jedes Tier verkörpert ein bestimmtes Gefühlswesen und trägt dieses sogar im Sinne der Sympathie wie auch der Antipathie in einer vollkommenen Verhaltensweise in sich. Die Biene offenbart beispielsweise das Ideal einer Gemeinschaftsordnung. Die Hummel mit ihrem beruhigenden Summen schenkt ein Gefühl der Gutmütigkeit und des Fleißes. Wir wenden uns den Tieren hin und erfahren die Eigenschaften, die auch in unserer Seele zum Erkraften kommen wollen.

Von diesem Zusammenhang seelischer Eigenschaften des menschlichen Reiches mit dem Tierreich wussten auch noch die alten Ägypter in ihrer vergangenen Kulturperiode. Auf den Hieroglyphen sind die Gottheiten mit Tierköpfen abgebildet. Die Menschen damals strebten in ihrer religiösen und spirituellen Ausrichtung nach einer höchsten Vollkommenheit der Seele. In den Tieren sahen sie die jeweiligen spezifischen Eigenschaften durch die Weisheit der Natur veranlagt. Sie sahen ein Idealbild. In einer bildhaften Weise beobachteten sie den Zusammenhang zwischen Tieren und Sternenhimmel und sehnten sich mit der Seele diesen hohen Intelligenzen des Kosmos entgegen. Sie wollten nicht werden wie ein Tier, sondern sie wollten die faszinierenden Intelligenzen und Weisheiten zur Vollkommenheit ihres Daseins erringen und deshalb meißelten sie die Gottheiten mit Tierköpfen in den Stein.

Tatsächlich ist eine sehr nahe Verwandtschaft in der Beobachtung der Tierwelt und in der Beobachtung des Kosmos oder Sternenhimmels gegeben. Die Lichtwelten des Kosmos tragen die vielen differenzierten Empfindungen, die sich jeweils in ihrer Art in den einzelnen Tieren manifestieren. Wir selbst sind mit dem Kosmos und mit dem seelischen Reich in unserem inneren Erleben einheitlich verwoben. Wir tragen die Seele in uns und deshalb tragen wir gewissermaßen alle Tiere wie auch den gesamten empfindungssensiblen Kosmos in uns. So wie aber die Sternenkunde durch eine zunehmend metaphysisch-spirituelle Anschauung erweitert werden müsste, so müsste auch das Studium der Verhaltensweisen von Tieren eine Erweiterung durch die sensible Empfindungs- und Charakterkunde erhalten.

Wir blicken in den geistigen Raum des Kosmos und erleben dort in den feinen Lichtwelten eine kosmische Erwartung, eine Erwartungshoffnung, nahezu eine Aufforderung zur Entwicklung höherer und edlerer Charaktereigenschaften. Dann blicken wir zurück auf die Tiere, auf das abgespaltene Reich von trauerumhüllten Augen und erkennen das im Astralen gebundene Begehrenswispern, das sehnsüchtige Tönen und Klagen der Tierstimme. Die Welt des Lichtes und Kosmos ist einheitlich mit der sichtbaren irdischen Offenbarung verbunden. Die Tiere bangen und hoffen im Begehrenswispern nach der Verwirklichung des Menschen zu größeren Charaktereigenschaften und Tugenden. Wir sehen im Tierreich durch die Anlage des Astralleibes den unendlichen Ruf des Begehrens. Das Tierreich ist gekennzeichnet durch das Begehrenswispern.

In der Seele bilden wir mit den Tieren eine Gefühls- und Existenzgemeinschaft und wir begeben uns mit der Betrachtung der spezifischen Verhaltensweisen und Wesensmerkmale, die signifikant durch das Begehrenswispern uns von dem beseelten Tierreich entgegenatmen in das Aufgabenfeld bei uns zu einer Entwicklung höherer Tugenden und Charaktereigenschaften. Äußerlich gesehen bilden wir sehr häufig mit den Tieren eine Nutzgemeinschaft. Wir brauchen das Tier zur Arbeit, zur Fortbewegung, zur Zierde oder für die Ernährung. Die Tiere aber benötigen wiederum unsere Zuwendung, unsere Aufmerksamkeit oder unseren Schutz.

Ein sehr bekanntes Beispiel für eine Nutzgemeinschaft zwischen Menschen und Tier schenken der Reiter und das Pferd. Das Pferd erhält die Fürsorge und Pflege von dem Menschen und dieses wiederum trägt den Reiter auf seinem Rücken. Die Nutzgemeinschaft hilft dem Menschen zu seiner Kultivierung und Verbesserung seiner Lebensbedingungen.

Neben der äußeren Bedeutung der Nutzgemeinschaft gibt es aber noch eine innere, vertrautere Beziehung zwischen Reiter und Pferd, die sich in der Regel für uns im unbewussten oder halbbewussten Zustand befindet. Das Pferd kennt uns als Reiter, ist auf uns eingestellt und kennt sogar auf unbewusste Weise unsere Gefühle. Es stellt sich das Pferd auf die Rhythmen, die wir in großen Zügen vorgeben, ein, indem es beispielsweise nach der Gewohnheit an unseren ausgewählten Rastplätzen beim Ausritt stehen bleibt. Geschichten erzählen wie das Pferd, als einmal der Besitzer krank war, entsprechend der morgendlichen Gewohnheit alleine lostrabte, um die Zeitung zu holen. Die Pferde sind außerordentlich begabte Tiere, die nach den vorgegebenen Gewohnheiten und nach einem eingeprägten Gedächtnis leben. Sie lehren uns aber auch die besondere kosmische Eigenschaft des Rhythmus, denn wir müssen uns beim Reiten und auch in der Pflege auf seinen Gang und seine Gewohnheiten einstellen. Das Pferd ist das Wesen des Rhythmus und es ist selbst wie ein großer Atem des Kosmos. Wenn es galoppiert empfinden wir einen Eindruck, wie die Atembewegung selbst sich in der Bewegung des luftigen, mähnenfliegenden Tierkörpers ausdrückt. In einigen Aphorismen lässt sich die innere Empfindung, die das edle Wesen des Pferdes ausdrückt, aufzeigen:

Das Pferd, *vātāyana*

Das verbindliche Gedächtnis
der rhythmische Trab
das Wiehern der Empfindsamkeit
der Stolz der Unnahbarkeit
der Galopp der Lüfte
der Atem aller Tiere
sind im zarten Wesen erkoren
der Venus der Erdentiere.

Das Pferd schenkt heimatliche und ferne Gefühle zugleich
und hilft dem Leben, in einen Rhythmus einzukehren.

Die Seelengemeinschaft könnte ganz besonders für therapeutische Zwecke eine besondere Bedeutung gewinnen. All jene Menschen, die unter Ängsten leiden, fühlen sich in ihren inneren Gefühlen verunsichert und erleben infolge der psychischen Schwankungen oftmals nur ganz selten eine wärmende Mitte in ihren Herzen. Durch die Hinwendung an die verschiedenen Gefühle, die eine Nutzgemeinschaft mit Tieren ergibt, kann zwar eine schwere Angst und Depression keine Heilung finden, jedoch können wieder vertrauensvollere und beruhigendere Empfindungen in die Mitte einkehren. Das Pferd nimmt eine gewisse Angst, die viele sensible junge Menschen vor einem Inkarnieren haben, zu einem geringen Grade hinweg und hilft ihnen schützend im Gemüt vor den depressiven Stimmungen oder allgemeinen Lebensängsten, vor den Ängsten z. B. vor zu großer Weite oder vor der Ungewissheit der Zukunft. Es ist ein Gefühl des heimatlichen Vertrautseins und gleichzeitig auch ein majestätisches Schönheitsgefühl in der Begegnung mit dem von dem Planeten Venus geprägten Tier gegeben.

Mit dem Thema der Seelen- und Empfindungsgemeinschaft, die wir zu den Tieren leben, ist es besonders erwähnenswert, dass die Tiere uns nicht mit gleichen Augen und Wahrnehmungen anblicken, wie wir dies tun. Wir Menschen besitzen, wie bereits gesagt, ein Selbstbewusstsein, und von diesem ausgehend richten wir die Aufmerksamkeit in einer gedanklich belegten Sinnestätigkeit auf das Gegenüber. Wir erkennen die Formen, die Farben und Verhaltensweisen des Tieres nach der typischen reflektierten Wahrnehmung. Das Tier aber, das mit seinen trauerumschleierten Augen zu uns heraufblickt, und es ist eigentlich immer ein gewisses Heraufblicken und nicht Gegenübertreten, nimmt nicht in diesem Sinne die Formen, Farben und scharfen, körpergeprägten Umrisse wahr, sondern es erlebt über die Sinne, über den Geruchs-, Bewegungs-, Gehör- oder Gesichtssinn die Impulse in unserem Nervensystem und beginnt, darauf zu reagieren. Instinktiv ist der Astralleib des Tieres mit dem menschlichen verbunden. Aus diesem Grunde kann der Hund sofort die Angst registrieren, die ein Mensch vor ihm hat, und wird vielleicht mit angreifender Gestik reagieren. Der Hund erlebt weniger die Größe unseres Körpers oder unsere Waffen, die wir in der Hand halten, sondern er erlebt unseren inneren Gemütszustand und richtet seinen Angriff nach diesem aus.

Die Tiere schauen zu uns herauf oder sie nehmen uns mit den übrigen Sinnen im Gemüte wahr. Sie nehmen unsere Stimmung, unsere Laune, unsere Angst, Besorgnis, Nervosität, unsere freiheitlichen und unsere gebundenen Gefühle wahr. Diese Gefühle, die wir im Leben tragen, dürfen wir nicht nur als unser ausschließliches individuelles und abgeschlossenes Eigentum bezeichnen. Der Astralleib, den wir tragen, steht mit den Mitmenschen unserer Umgebung und sogar auch mit den Verstorbenen, die in einem Freundschafts- oder Verwandtschaftsverhältnis zu uns gestanden sind, in einem wesenhaften Austausch. Die Tiere bemerken das Wesen, das bei uns ist, das uns führt, uns überstrahlt, und nehmen unmittelbar mit instinktiven Reaktionen an diesem teil. In der astralen Wirklichkeit des seelischen Wesensfeldes besteht ein fortwährender Zusammenhang und regsamer Empfindungsaustausch. Die Tiere sind unsere seelischen Brüder. Sie teilen astrale Stimmungen mit uns.

Allgemein sind die Tiere in der Naturordnung gebende Wesen, die viele Spannungen und Ängste von den Menschen forttragen. Wir blicken beispielsweise am Morgen hinaus in den taufrischen Garten und erleben die

Vögel, wie sie einmal nach Kleintierbeute suchen und dann wieder hinausschwingen und den Luftraum erfüllen. Welches Gefühl ist damit verbunden? Das Zwitschern dieser frohsinnigen und leichten Vogelwelt mag uns erquicken und zu morgendlichen Taten beflügeln. Wären keine Vögel im Luftraum wahrnehmbar, so würden wir sicherlich von der Welt der materiellen Schöpfung einen ganz anderen, trockeneren und nüchternen Eindruck gewinnen, wie sie wirklich ist. Die Vögel, und dieses Gefühl lässt sich in der Tiefe der menschlichen Seele finden, erfüllen den Luftraum mit Willen. Sie beseelen die nahe Atmosphäre und gleichzeitig spiegeln sie dem Menschen seine eigene Körperlichkeit und Eingebundenheit, die innerhalb der Grenzen der Materie besteht, wider. Wenn wir die Vögel beobachten, fühlen wir in uns selbst den eingekörperten Willen. Wer zum Beispiel eine Anlage zum Idealismus, zum Idealisieren von allen Lebenssituationen, zu Weltenflucht und Ferne besitzt, sollte öfters auf die Vögel des Luftraumes blicken. Die Vögel nehmen eine gewisse Versuchung, die wir als kosmische Versuchung bezeichnen können (luziferische Versuchung), von dem menschlichen Gemüt. Die Vögel übermitteln ein heilsames, materienahes Identitätsgefühl für die Welt. Es gibt viele Enthusiasten und Idealisten, die nach ihrem inneren Wesen sehr materialistisch eingestellt sind und dennoch kein nützliches Gefühl für die Materie besitzen. Sie träumen noch mehr in der Welt und kön-

nen auch infolge einer inneren Angst sich nicht ganz auf die Welt und ihre Prinzipien einlassen. Der Blick auf die Vogelwelt ist gerade für jene, die ein materielleres, geordneteres Identitätsgefühl mit der Erde suchen, heilsam, da die Vögel die Grenzen zwischen Erden- und Luftraum widerspiegeln und den Luftraum selbst mit Willen beseelen.

Der Blick auf die Tierwelt löst manche Spannungen und Ängste von unserem Gemüt und öffnet leichter einen Zugang zu unseren inneren, frommen, heimatlichen und nahen Erdenempfindungen. Die Tiere nehmen tatsächlich Ängste, Sorgen und nervöse Unruhezustände von unserem Nervensystem hinweg und tragen diese in den Kosmos hinaus. Sie heilen unser Nervensystem. Sie helfen uns im Unbewussten freier von den Lasten der nervösen Spannungen zu werden.

Aber auch von unserer Seite können wir eine heilsame Erlösung an die wartende Tierwelt herantragen. Obwohl es viele scheue Tiere, die den Menschen meiden, gibt, so hoffen auch diese auf eine Begleitung in Form von einer Hinwendung des Bewusstseins zu seinen Erdenaufgaben. Wir können unsere menschliche Aufgabe in jener Weise verstehen, dass wir auf der einen Seite nicht den Begierden, den Forderungen und Machenschaften des Gemütes einen freien Lauf gewähren und auf der anderen Seite auch allen idealistischen Ausschweifungen und erdabgewandten Träumereien Einhalt gebieten. Die Aufgabe sollte zu der Erde, zu den Mitmenschen und auch zu den anderen Schöpfungsreichen ausgerichtet sein. So lange wir aber den beiden großen Versuchungen, die wir mit Ahriman und Luzifer benennen, durch Unbedachtsamkeit und Unbewusstheit huldigen, blicken die Tiere traurig in einem Begehrenswispern zu uns. Sie sind die Geschöpfe, die eine wehmütige Hoffnungslosigkeit erfahren, denn sie können sich selbst nur in dem Kreislauf des Begehrens ihrer eigenen Art bewegen. Beginnen wir aber die Tiere zu lieben und ihre Erwartung zu erkennen, ordnen wir unseren eigenen Astralleib und wir wenden uns auf eine erste und einfache Weise der befreienden und erlösenden Tätigkeit zu den unter uns liegenden Reichen hin. Die Tiere wollen einen geordneten Astralleib am Menschen wahrnehmen, denn sie fühlen sich durch diesen mit der christlichen Nächstenliebe aus ihrem abgespaltenen Begehrensdasein wieder rückverbunden. Die Einheit, die das menschliche Gemüt mit den Tieren erleben kann, bewirkt eine lichte Empfindsamkeit im Kosmos, es macht den Himmel über uns fromm und sanftmütig. Die Tierliebe und die Erkenntnis des Tierreiches beschreiben große Aufgaben, die aus einer geistgeprägten Wissenschaft und geisterfüllten Ethik entspringen. Sie schenken Innerlichkeit nach innen, in die Herzen und Gefühle und ein schönes mildes Licht der Sterne und der Sonne. Jene Menschen, die auf dem spirituell-mentalen Pfad ihre eigenen Grenzen der Veräußerlichung und materiellen Eifereien hin zu einer empfindsamen Innerlichkeit überschreiten lernen und eine Freiheit in der Seele durch die Veredelung des Astralleibes im Sinne einer mitfühlenden Teilnahme an den lebensbegabten Naturreichen entfalten, strahlen erlösend auf das Tierreich zurück. Wir beladen dann nicht mehr die Tiere mit unseren nervösen Spannungen, sondern nehmen sie in der Empfindung wie eine große Nachbarschaft auf.

Die Verinnerlichung der Gefühle stellt für die Zukunft eine große Disziplin für die Menschheit dar, die sich in einer rechten Anschauung und einem Erkenntnisleben der Umwelt, der Mitmenschen und der anderen Reiche, die uns umgeben, zeigt. Wahre Gefühle führen zu Frieden und zu Gemeinsamkeit, zu einer Verbindung des Gemütes mit der Außenwelt. Wahre Gefühle sind tatsächlich ein gegenteiliger Ausdruck von jenen Abhängigkeiten, die so leicht aus den einsamen Anbindungen, die wir häufig als Kompensation zu einem Haustier leben müssen, entstehen. Noch ist ein wahres Gefühl der Tierliebe nicht in der ganzen Freiheit möglich, wenn wir das Tier wie einen Ersatz für eine misslungene menschliche Beziehung nehmen und uns an dieses binden. Ein spiritueller Weg, der die Aufmerksamkeit und den Respekt zu den anderen und somit aber auch zu den angehörigen Kameraden des Tierreiches entwickelt, führt zu einer Befreiung von Abhängigkeiten und schenkt eine Verinnerlichung mit wahren Gefühlen.

Die Tiere nehmen gewisse Ängste, Spannungen und Unruhen von uns wie auch von der Erde hinweg und tragen diese. Sie tragen ein Schicksal mit ihrem empfindsamen Blutorganismus, das von uns Menschen verursacht ist. Wir selbst sind in die Erde eingebunden, und das Tier ist ebenfalls mit seinem Begehren an die Befriedigung der Bedürfnisse und mit dem Triebe an seinen eigenen Körper fixiert. Wir selbst blicken aber auf unsere Leidenschaften und Gefühle, während das Tier in einer vollkommenen Einheit eine Form der Leidenschaft, ein bestimmtes Gefühl und somit ein arteigenes Wesen darstellt. Durch unsere Eingebundenheit in den Körper erleben wir das Kreuz der Erde, das auch als großes Sinnbild in der christlichen Mystik und im Kreuzweg dargestellt ist. Viele Gefühle sind im Gange unserer Entwicklung nicht oder nur mangelhaft entfaltet, und deshalb stehen wir dem Leben oft mit einer mangelnden Innerlichkeit, Leere und Unerfülltheit gegenüber. Es fehlt uns so oft an Bewusstheit und Nähe zu einem vertrauten Gefühl. Die Gefühle entziehen sich, und wie verloren sind wir dann den Ängsten des Alltags, den Zwängen des Willens, den nervösen Launen der Leidenschaft oder den Grübeleien des kreisenden Egoismus ausgeliefert. Wir bräuchten dann nichts mehr als das lebendige verkörperte Gefühl, das in einem Tierwesen zur unmittelbaren Expression wird. Deshalb wäre es hilfreich bei bestimmten Ängsten mit ihren reaktionären Verunsicherungen auf die Tiere zu blicken. Das Bild des Raubvogels, des Habichtes oder Falkens, der mit seinen scharfen Augen und seinem eleganten hochsteigenden Flug sich in die Lüfte erhebt, will uns zu dem Weitwerden des Gedankens und dem Freiwerden von Einschnürungen des fesselnden, bindenden, depressiven Lebens auffordern. Oder wir blicken auf das Schäflein, das auf idyllischer Weide ein Heimatgefühl spendet und Treue, Gemeinschaftsangehörigkeit und die daraus resultierende Geborgenheit schenkt. Die Tiere sprechen oder besser gesagt wispern ein Gefühl der Begehrlichkeit zu uns herüber und erinnern uns in der Seele an diese Entfaltungsmöglichkeiten der empfindungsfreudigen Eigenschaften. Der Menschwerdeprozess zu einem reifen, mitfühlenden, miterlebenden und reinen Bewusstsein führt durch die verschiedensten Gefühle hindurch und lässt schließlich alle Gefühle in einem bewussteren, lichten und eigenständigen Erleben erkraften. Durch unser Selbstbewusstsein entfalten wir in der Innerlichkeit der Seele schließlich einmal alle Wesen des gruppenabhängigen Tierreiches zu einem einheitlichen Ganzen.

Aber die Tierliebe darf nicht zu sentimental, zu romantisch oder übertrieben dargestellt werden. Es wäre nicht richtig, wenn wir niemals eine Mücke töten dürften. Beobachten wir beispielsweise das Wesen einer Mücke, eine antipathische, im Dämmerlicht summende Stechmücke, so kommen wir sicherlich nicht zu einem anderen Entschluss, als zur zornigen Gegenwehr. Die Mücke will angreifen, und wir wehren uns zu Recht gegen den blutig stechenden Schmarotzer.

Alle Tiere haben eine angenehme, sympathische Wesensart und eine antipathische, unangenehme oder störende. Ganz besonders bei einem Hund sind diese beiden Pole eines Gegensatzes, der die Wirkung eines existenten Astralleibes beschreibt, sichtbar.

Der Hund, *śvāna*

Gehorsamkeit und Zorneswall,
jene beiden gegensätzlichen Pole
im Menschenwesen charaktervoll situiert
äußern sich im melancholischen Spiegelbild
auf dem einen Pole
mit treuen, traurigen, erwartungsvollen Tieresaugen,
auf dem anderen Pole
mit marshaftem, hellem, starken Bellen,
einmal wispernd klagend,
einmal zornig angreifend.
Zwischen beiden Polen aber
liegt die Hoffnung des Menschenherzens,
einen spielenden, gestikulierenden Gefährten
für die Gemeinsamkeit zu finden
und zu verdecken und zu stillen jene emotionale Sehnsucht
nach Verwandlung aller tristen Gefühle
in künstlerische, philosophische Edelmut.
Der treue Gefährte an der Seite
im Heim und auf den Wegen
heilt den übergreifenden Jähzorn,
der so arg den Kehlkopf peint,
denn das Tier nimmt nahe teil
an den marshaften Emotionen
des überladenen, eingeengten Menschengemütes.

Jedes Tier besitzt darüber hinaus eine besondere Verbindung zu einem oder auch mehreren Planeten. Die Katze, deren Abstammung bis zum heutigen Tag noch nicht eindeutig geklärt ist, ist nahe mit dem Wesen des Fuchses verwandt. Sie ist deshalb sehr schlau, wendig und jagt in der Dämmerung. Die Katze ist ein Geschöpf des Mondes:

Die Katze, *marjara*

Das geschmeidige Bewegungsgeschöpf
schleicht im silbernen Mondenlicht
zwischen fahlen und dunklen Schatten
hellhörig wachend, elegant, dynamisch

funkelnd im elektrischen Fieber
des atmosphärischen Kosmos.
Sie ist die empfindliche Antenne
für Mondenwesen, Mondenstimmung.
Heilend auf den Schleier der Erde
wirkt sie mit ihrem elektrischen Fell
astrale Substanz der Unruhe entnehmend
mit plötzlichem Zucken, lautlosen Sprüngen
schleichendem Tappen, wendiger Eleganz.

Als den König der Tiere bezeichnen wir in der Regel den Löwen. Dieser zählt zu den südlichen Tieren des Globus. Wenn wir ihn den Hauptorganen zuordnen wollen, ist er das Sonnentier, das mit dem Sonnenorgan des Herzens übereinstimmt. Der Löwe ist auch einer der vier Cherubine der Johannesapokalypse. Suchen wir in den nördlichen Himmelssphären nach einem vergleichbaren Tier, müssen wir die Wälderzone erforschen und dort entdecken wir ebenfalls im Rotwild einen König. Dies ist der Hirsch mit seinem erhabenen Geweih, der im Kampfe sein Revier verteidigt und seine Stärke und Vorherrschaft gegenüber den Schwächeren demonstriert. Ein mächtiges Röhren seiner Erhabenheit tönt durch die Wälder während der Brunftzeit.

Das Erdentier, das ganz besonders in Indien geheiligt ist, ist die Kuh. Die knöchernen Beine zeigen diese nahe Verbindung zu dem Erdenelement. Die Milch, die die Kuh abgibt, gibt ein Urbild von Mütterlichkeit und Nahrung. Der Mensch hatte sich die Milch zunutze gemacht, und so entstand eine große Gemeinschaft zwischen den Kühen und der Landbevölkerung.

Ein besonderes Ereignis für Kinder ist der Besuch des Rehleins am ländlichen Gartenzaun. Das scheue Reh des Waldes erweckt in den Kindern ein besonderes, zartes Gefühl nach Berührung mit einem geheimnisvollen Unbekannten. Es ist für die Kinder, wie wenn eine andere Welt, die sie noch nicht kennen, zu ihnen kommt. Das Märchen, das von Tieren und Geheimnissen spricht, beginnt plötzlich durch den Besuch des Rehleins wirklich zu werden, und die unbekannte Seelenwelt aus einem für das Kind noch angenommenen märchenhaften Jenseitigen nähert sich dem Auge. Die Kinder leben noch in einer Unschuld und sie wissen noch keine Grenze zwischen Diesseits und Jenseits oder zwischen der irdischen Sinnenwelt und der übersinnlichen Welt zu ziehen. Das Reh ist das Sinnesorgan des Waldes und spricht zum Menschen mit einer zarten, nahezu märchenhaften Stimme. Die Scheu der übersinnlichen Welt, die sich allen irdischen Zugriffen des Intellektes entzieht, ist mit dem Besuch des Rehleins wieder für einen Augenblick der Erinnerung in das Herz eingekehrt. Das Reh nimmt deshalb dem Menschen den schweren Intellektualismus und lässt eine zarte erquickende Herzensstimmung zu. Wir horchen in den Wald hinein, denn wir spüren die Scheu dieser Welt und wagen uns nicht zu bewegen. Der Augenblick der Begegnung ist wirklich meditativ und märchenhaft und zeigt eine Sublimierung und Reinheit in den Sinnen auf. Das Reh bewegt sich tatsächlich auch so zart über den Erdboden, dass man fast eine Erdenberührung dabei vermissen könnte. Wir selbst dürfen uns auch beim Anblick des Rehes nicht mehr bewegen, da dieses sofort mit seinem außerordentlichen Bewegungssinn auf jede Veränderung reagiert und die rapide Flucht ergreift. Das Reh ist das märchenhafte empfindsame Sinnesorgan des Waldes.

Wieder ein ganz anderes Tier ist die flinke Eidechse. Sie gehört zu den Reptilien und nimmt so eine ganz andere Gattung von Wesen ein. Wir könnten uns die Frage stellen, was die Welt ohne Eidechsen wäre. Vielleicht würden wir sie gar nicht vermissen, denn wie selten kommt sie uns zu Gesicht. In der Regel bemerken wir sie mehr in den sonnigen, südlichen Zonen, in den italienischen Berghängen oder in natürlich gebliebenen Gärten. Aber die Eidechse, die gewissermaßen die gute Schwester der Schlange ist, signalisiert das Erwachen der Erde. Sie ist weniger mit einem Gefühlswesen verbunden, als vielmehr mit der Elementarhaftigkeit des Feueräthers. Die Schlange kriecht am Boden und besitzt noch keine Gliedmaßen. Sie ist von der Erscheinung undifferenziert, und der Kopf hebt sich nur geringfügig von dem übrigen gewundenen Körper ab. Die Eidechse dagegen trägt bereits eine klar ausgeprägte Differenzierung und sie ist vom Bewegungsleben auch außerordentlich rasch und schreckhaft. Die Eidechsen versinnbildlichen die Vigilanz des Tages, sie nehmen der Erde den Traum, die Dumpfheit und so geben sie auch uns beim kurzen Anblick ihres Wesens eine spontane, meist unbewusst bleibende, wache Regung. Es ist das Erwachen des Empfindungszaubers, des elementarischen Feuers der Erde, das in der Sonne zum Gedeihen kommen möchte. Gäbe es keine Eidechsen und keine Salamander, ihre nahen Verwandten, so hätte der sogenannte Feueräther keine so große Existenz. Die Eidechsen bezeichnen die Blüte im Elementarreich aller Wesen der Erde und sie geben deshalb einen besonders entzückenden und spontanen Anblick für die Sinne. Der neugierige Blick würde gerne länger auf ihnen weilen, wenn sie sich von der Sonne aufladen, aber sie sind scheu und entwischen in Sekundenschnelle im Laub oder in den Ritzen des Gesteines.

Der Feuersalamander weicht bei der Begegnung dem Menschen aus, indem er entweder nach oben oder nach unten entlang eines Berghanges läuft. Da die Salamander mit den atmosphärischen Witterungsverhältnissen unmittelbar in Verbindung stehen, sind sie die besten Wetterprognostiker. Läuft der Salamander nach unten, so ist schlechtes Wetter zu erwarten, und läuft er nach oben, so ist in der Regel eine gute Prognose gegeben.

Die Schlange selbst ist von der Evangeliengeschichte bekannt als das diabolische Tier, das den Menschen verführt. Sie kriecht am Boden, während der Mensch mit seiner Wirbelsäule ganz aufgerichtet ist. Von den anatomischen Voraussetzungen ist die Schlange deshalb das große Gegenbildnis zum Menschen. Wenn wir einen Menschen nicht mögen, da dieser intrigant, unehrlich und heimtückisch aus dem Hinterhalt agierend ist, bezeichnen wir ihn auch als eine Schlange. Die Schlange aber hat sich in der Evolution für den Menschen dahingeopfert und jegliche Aufrichtekraft abgegeben, damit der Mensch schließlich die Würde und Ehre der Aufrichtigkeit für sich selbst in Anspruch nehmen kann. Die Tiere sind tatsächlich um des Menschen willen in der Evolution eine Stufe zurückgeblieben. Wenn wir auf die Schlange blicken, so sehen wir ein Beispiel für ein Tier oder Reptil, mit dem es undenkbar und unmöglich erscheint, eine direkte Lebensgemeinschaft zu bilden. Die Schlange ist eines der weitest entfernten Geschöpfe vom Menschenreich.

Wir haben als Menschen häufig Angst vor den Schlangen, und dies nicht nur wegen der giftigen Zähne, die manche Arten von ihnen besitzen, sondern mehr wegen der unangenehmen Gefühle, die eine Schlange mit ihrer glatten und kriechenden Art ausdrückt. Tatsächlich stehen die Schlangen mit einem Gefühlsleben in Verbindung, das wir ihnen beigeben und das zu ihren reptilienartigen Lebensreichen charakteristisch führt. Die Könige des Unterreiches sind die Schlangen, und im Menschen sind die Könige des untergründigen, antipathischen Gefühlslebens all jene Gedanken des Verwünschens anderer, des Erniedrigens und Schuldzuweisens gegenüber den Mitbrüdern. Wir halten deshalb das Reich der Schlangen als ein gewisses königliches Reich aufrecht, und die Schlange selbst lebt in den Gefühlen, vor denen wir wahrhaft eine Furcht und Abneigung besitzen können.

Angst oder einen Gräuel, einen Ekel oder Schrecken besitzen viele Menschen auch vor den Spinnen. In der Psychologie wird die sogenannte Spinnenphobie als eine typische Urangst bezeichnet, die symbolisch für die Angst vor übermächtigen Zugriffen einer einnehmenden und besitzergreifenden Mutter gelten. Wir wehren tatsächlich mit der Spinnenphobie insgeheim gewisse Gefühle von der Mutter ab, da sie einen Charakterteil besitzt, den wir nicht tolerieren wollen oder können, vor dem wir Antipathie oder sogar unbewusst Ekelgefühle haben. Die Spinne lockt ihr Opfer in ihr Netz und saugt es aus. Es ist eigentlich ein sehr grausames Wesen, wenn wir dieses vom menschlichen Ermessen beurteilen. Die Spinne beschreibt ein Reich der Abgespaltenheit. Wenn wir sie sehen, können die Gefühle des Ekels in uns erwachen, und wir werden insgeheim an uns selbst erinnert, da wir in uns ein Gefühl tragen, das aus der realen und fassbaren Bewusstheit in die psychologische Spaltung entglitten ist.

Schwer ist es, Tiere wie eine Schlange oder eine Spinne zu lieben, denn sie verkörpern Reiche, die sich weit von allen menschlichen Gefühlen und nahbaren Wirklichkeiten absondern. Was ist aber eine Liebe zu dem Tierreich? Ist sie nicht mehr als ein Streicheln, als ein sentimentales Begeistertsein? Die

Tiere in ihrem Sein, in ihrem Reich zu erkennen und zu erfühlen, hilft uns zur Erkenntnis der Seele und der seelischen Zusammenhänge. Wir lieben die Tiere, wenn wir die Zusammenhänge unserer Seele verstehen und das Opfer der Tierwelt erkennen. Mit manchen Tieren werden wir eine nahe Gemeinschaft suchen und andere werden wir wieder um ihres Fremdseins in der Nähe meiden. Alle Reiche finden in einer Weltenschöpfung jenen Platz, der für sie ausgewählt ist.

Das Tieropfer

In früheren Zeiten der religiösen Kulthandlungen insbesondere bei Nomaden und Heiden gab es das für uns heute so sehr unverständlich erscheinende Opfern von Tieren. Dies wurde praktiziert, um die verderbenbringenden Dämonen und den Zorn der Naturgewalten oder, wie sie es damals nannten, den Zorn der Naturgötter abzuwenden. Das aus dem Heidentum fortgesetzte Brauchtum des Tieropfers erhielt im alten Testament einen neuen Sinn mit einem gemeinsamen Gedenken an die Befreiung Israels aus der Sklaverei und wurde mit Feierlichkeiten, Zeremonien und Gebeten zu bestimmten festgelegten Zeiten zum Beispiel zum Passahmahl an Ostern vollzogen. Es war ein Opferritus, bei dem ein Tier geschlachtet und im Familienverband verzehrt wurde.

Aus älterem überlieferten Wissen, aus den Ahnungen kosmischer Zusammenhänge, in denen die Schöpfung eingebunden ist, sollte das Tieropfer den Menschen vor einem zu tiefen irdischen Abstieg, vor einem Gefesseltwerden von den Mächten, die als dämonisch und bindend zu bezeichnend sind, bewahren. Wenn ein Tier stirbt, so wusste man früher, kann der Mensch noch leichter die kosmische Identität aufrechterhalten. Der Tod des Tieres besagte für den Menschen einen Schutz vor dem bindenden Inkarnieren in den irdischen Leib. Gleichzeitig wussten die Nomaden und Heiden noch den Zusammenhang des astralischen oder kosmischen Gesetzes, dass alles Unheilbringende, alles dämonische Wirken, alle üblen Geister in der Schöpfung existent sind und sich auf den Menschen herabsenken und ihm Krankheit oder Verderben bringen wollen. Sie wussten oder ahnten eine Form der Gefahr, die sich, wie wir es in der geistigen Wissenschaft bezeichnen können, in einer astralischen Gier dieser Dämonen zeigt. Sie erlebten sie als existente Wesen, die in der Schöpfung auftauchten und eine Form der Sünde, ein Elend, eine Besetzung oder eine Katastrophe der Natur brachten und antworteten mit der besänftigenden Geste der Gegenopferung. Alles Unheil, das einmal entstanden war und sich in einem dämonischen Angriff auf den Menschen zeigen wollte, benötigte wieder einen Ausgleich. Ein Tier oder mehrere Tiere mussten sterben. Durch diese Maßnahmen der Opferung konnte der Astralleib wieder eine Ausgeglichenheit erfahren. Das Unheil ließ leichter von dem Menschen ab.

Wenn Tiere sterben, ist das etwas ganz anderes als wenn eine Pflanze verwelkt. Das Tier besitzt einen Blutorganismus und empfindet über die Nerven die Ängste und Launen der Umgebung. Es nimmt teil an den astralischen Strömungen, die in der Atmosphäre, in einem Gebiet oder um den Menschen wirksam sind. Wenn nun das Blut des Tieres auf die Erde tropfte, gingen diese Wesen auch auf die Erde herunter, und die Menschen erhofften sich durch die bewusste Opferung eine Freiheit von den hereinbrechenden und drohenden astralen Übeln. Der Astralleib der Erde konnte auf diese Weise zu einem gewissen Grad besänftigt und umgelenkt werden, und der Mensch musste nicht so tief in seine Inkarnation eintauchen. Er hielt sich den Druck von üblen Geistern und unheilbringenden Dämonen fern.

Heute wäre das Tieropfer eine vollkommen vergebliche Mühe und würde sogar das Gegenteil, und das wäre eine Apathie, eine Teilnahmslosigkeit am sozialen Weltgeschehen und allgemeinen weltlichen Dasein, fördern. Die Tiere müssen ohnehin sterben. Würden wir sie um irgendeines rituellen Grundes willen töten, so könnten wir nicht eine Gefahr, die auf dem Menschengeschlechte ruht, mit dieser Handlung abwenden. Denn nicht das Tier, sondern wir selbst als Menschen müssen einmal in den Todesprozess der Erde eingehen und wir müssen uns durch sinnvolle Taten und charaktervolle Beziehungsverhältnisse für die Vervollkommnung einer ganzen Liebe dahinopfern. Die Tiere sind die Wegbegleiter und sie sterben ohnehin mit uns auf dem Weg. Sie schwingen in den Empfindungen und Gefühlen nahe an unserer Seite, sie leiden gemeinsam mit unseren Begierden und Leidenschaften und müssen sich dann, wenn für sie die Stunde des Endes gekommen ist, von dem Menschen zurückziehen. Ihre Seele geht in ihr Reich zurück, und wenn sie nicht gerade durch einen unnatürlichen Unfall ums Leben gekommen sind, so sterben sie ohne Blutvergießen. Die Tiere sind in einer Lebensgemeinschaft mit dem Menschen, die sich nach ihrem Abscheiden wieder löst.

Heute benötigt die Tierwelt einen ästhetischen und ethischen Sinn der Kultivierung. Indem wir verantwortungsvoll die Begegnung mit den Tieren aufsuchen und sie als Mitbrüder einer gemeinsamen Schöpfung und einer in den Begierden stehenden, in dem vom Trieb gebundenen Reiche sehen, können wir leichter die Tierliebe entfalten. Die Tiere brauchen unsere Fürsorge und Aufmerksamkeit. Sie benötigen eine Kultur und müssen auf harmonische Weise in das Leben eingegliedert werden. Durch die Tierliebe finden wir in unsere eigene Kultur leichter hinein und können auf diese Weise auf einer vorbereitenden elementaren Stufe unseren eigenen Astral- oder Begierdenleib ordnen. Es muss sich das ehemalige Tieropfer in eine Kultur der Tierliebe umwandeln und diese mit Weisheit verwirklichen. Die Ordnung des Astralleibes hilft uns zu einer besseren Inkarnation oder zu einem besseren Gleichgewicht zwischen dem Leib und der Seele. Dieses Gleichgewicht, das einer ersten elementaren Ordnung der Gesamtheit aller Lebensbereiche entspricht, wurde früher durch die Tieropferung in jenem Sinne hergestellt, indem die Dämonen oder unheilbringenden Mächte durch das Blutvergießen in der Opferung von dem Menschen ferngehalten wurden. Die Menschen suchten früher nicht die Inkarnation und die darin bestehende harmonische Beziehung zur Erde, zu ihrem Körper und Wohlgefühl, sondern sie versuchten frei zu bleiben und eine kosmische Unversehrtheit aufrechtzuerhalten. Dieser Weg würde dem Anachronismus einer Entwicklung unterliegen und gegen die Liebe des Erdenauftrages arbeiten. Die Tiere dürfen deshalb nicht mehr geopfert werden, sondern sie müssen in Harmonie und Bewusstheit in ihrem Reich in Beziehung zu dem Menschlichen leben können. Die Kultivierung eines rechten Sinnes für Natur, Tierreich und Leben ist heute ein zeitgemäßer Auftrag für jeden Menschen.

WEITERE TITEL VON HEINZ GRILL:

Kosmos und Mensch – ein Weg der Selbsterkenntnis und Selbstheilung durch das Studium des Yoga, der Anatomie und Physiologie des Körpers
3-935925-63-8

Erkenntnisgrundlagen zur Bhagavad Gita
Der östliche Pfad des Yoga und der westliche Pfad der Nachfolge Christi
3-935925-62-X

Erziehung und Selbsterziehung
Die Seele als schöpferisches Geheimnis der werdenden Persönlichkeit
3-935925-66-2

Erklärung, Prophylaxe, Therapie der Krebskrankheit aus ganzheitlicher medizinischer und spiritueller Sicht
3-935925-67-0

Initiatorische Schulung in Arco, Band V
Die Seelsorge für die Verstorbenen
3-935925-68-9

Initiatorische Schulung in Arco, Band IV
Der Hüter der Schwelle und der Lebensauftrag
3-935925-69-7

Initiatorische Schulung in Arco, Band III
Ein neuer Yogawille für ein integratives Bewusstsein in Geist und Welt
3-935925-70-0

Initiatorische Schulung in Arco, Band II
Übungen zur Erkenntnisbildung der höheren Welten
3-935925-71-9

Initiatorische Schulung in Arco, Band I
Die Herzmittelstellung und die Standposition im Leben
3-935925-72-7

Verborgene Konstellationen der Seele
Wie wirken das Ich, der Engel, Erzengel und Archai im Werden der Seele?
3-935925-73-5

Der Archai und der Weg in die Berge
Eine spirituell-praktische Anleitung in der Ergründung der Wesensnatur des Berges
3-935925-65-4

Cass. Die Wirkungen von Karma aus seelisch-geistiger Sicht
3-935925-75-1

Die Orientierung und Zielsetzung des »Yoga aus der Reinheit der Seele«
Eine exoterische Arbeitsgrundlage
3-935925-77-8

Die geistige Bedeutung des Schlafes
3-935925-78-6

Cass. Die Philosophie des Yoga und die verschiedenen Arten der christlichen Einweihung und der Einweihung der Bhagavad Gita
3-935925-79-4

Cass. Die Zunahme von Ängsten und ihre Heilung – Selbsterziehung und unterstützende Maßnahmen bei Ängsten
3-935925-81-6

Cass. Die Bedeutung von Gebeten und spirituellen Übungen auf die jenseitige Welt des Totenreiches
3-935925-83-2

Über die Einheit von Körper, Seele und Geist
Vorträge vom Frühjahr und Sommer 1997
3-935925-84-0

Geistige Individuation innerhalb der Polaritäten von Gut und Böse
Das Bewußtsein an der Schwelle zur geistigen Welt
3-935925-85-9

Die Wirksamkeit des Heiligen Geistes in Sakrament und Wort – Ein ökumenischer Beitrag
3-935925-87-5

Lebensgang und Lebensauftrag für Religion und Kirche – Eine autobiographische Skizze
3-935925-88-3

Die Kirche und ihr geistiger Weltenzusammenhang
3-935925-89-1

Die Angst als eine jenseitige Krankheit
Praktische und spirituelle Grundlagen zur Überwindung von Depressionen und Ängsten
3-935925-91-3

Die Heilkraft der Seele und das Wesen des selbstlosen Dienens
3-935925-92-1

Die Vergeistigung des Leibes
Ein künstlerisch-spiritueller Weg mit Yoga
3-935925-93-X

Die sieben Lebensjahrsiebte, die sieben Energiezentren und die Geburt aus Geist und Wasser
3-935925-94-8

Die Offenbarung nach Johannes
Vorträge über das geheimnisvolle Dokument
3-935925-95-6

Yoga und Christentum
Grundlagen zu einer christlich-geistigen Meditations- und Übungsweise
3-935925-96-4

Lieder in Hingabe an Gott
3-935925-97-2

Das Hohelied der Asanas – Fortgeschrittene Asanas – ihre geistige Bedeutung und praktische Ausführung
3-935925-98-0

Ernährung und die gebende Kraft des Menschen
Die geistige Bedeutung der Nahrungsmittel
3-935925-99-9